西南联大的人物及成就
Academy and People in National Southwestern Associated University
page.9

联大师生的南迁路线
The Migration Route of Lianda
page.13

知中《西南联大的遗产》特集 · 言论
ZHICHINA *The Great Heritage of National Southwestern Associated University* Expressions
page.17

01 决意南迁，长征路途
The Southward Migration of the National Southwestern Associated University
page.23

02 三校合并，流亡蒙自
Lianda in Mengzi
page. 29

03 联大八年，四个阶段
The Four Period of Lianda
page.35

04 安得广厦千万间：联大的办学条件
School Conditions of Lianda
page. 42

05 南雁北归，三校复员
The Return of National Southwestern Associated University
page.47

06 国立西南联合大学博物馆：每个物品都承载了一段记忆
Interview with The Museum of National Southwestern Associated University
page.53

07 大学者，有大师之谓也：联大的三位校长
The Three Principals of the National Southwestern Associated University
page.64

08 教授治校，通才教育：联大的办学理念
The Principle of Lianda's Education: Faculty Governance and Generalist-Oriented
page.77

09 巍巍上庠，国运所系：联大的学制与学风
When Studying at National Southwestern Associated University
page.82

10 易社强：乱世堡垒中的自由价值
An interview with John Israel : The Value of Freedom inside a Wartime Fortress
page.88

11 灿若星辰，不可具表：联大文学院
Faculty of Arts，A Galaxy of Talents
page.99

12 实用学科，法商学院
School of Law and Business
page.108

13 弦诵不绝，则复兴有望：联大理学院
Lianda's Faculty of Science: The Foundation of National Regeneration
page.112

14 设备齐全，巨擘济济：联大工学院
Institute of Technology：A Well Equipped Faculty with Talents
page.123

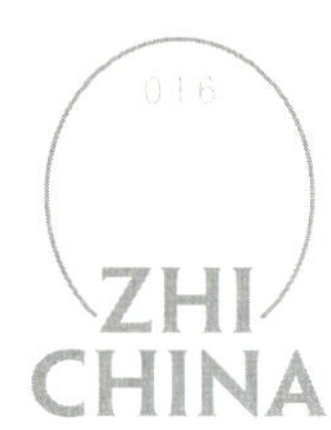

15 桃李向荣实累累：联大师范学院
Normal College of Lianda
page.134

16 昆明茶馆新茶客
New Guests of Kunming Teahouse
page.149

17 联大的师生生计
Daily Life in Lianda
page.154

18 星星之火：联大的学生运动
Sparks of Fire：The Student Movement in Lianda
page. 160

19 投笔从戎：联大学子的从军之路
Road to Military: Turning Point for Lianda Students
page.165

20《满江红》：战火中的民族魂
Man Jiang Hong: The National Soul in the War
page.170

21 西南联大的文学社团及主要刊物
A Brief Probe into the Literary Associations in The National Southwestern Associated University
page.173

22 未生即死的甜蜜言语：联大的诗人与诗
Poet and Poems in National Southwestern Associated University
page.177

23 西南联大的学生演剧活动
Drama Activities in National Southwestern Associated University
page.182

24 邵泽辉：戏剧始终应该表达当下
Interview with Shao Zehui: Drama Should Always Express the Present
page.186

25 历史建构下的疏离：民国时期的大学
The Alienation under Historical Context: Universities in the Period of the Republic of China
page.194

26 吴宝璋：战时高校出路与知识分子的选择
Interview with Wu Baozhang: How Colleges and Universities Chose During China's Anti-Japanese War
page.200

27 闻黎明：抗战时期西南联大对“五四”精神的理解与继承
Interview with Wen Liming: The Spirit of the May Fourth Movement in Lianda
page.206

参考文献
REFERENCES
page.213

知中

西南联大的遗产 特集

The Great Heritage of National Southwestern Associated University

中信出版集团 · 北京

图书在版编目（CIP）数据

知中：西南联大的遗产 / 罗威尔主编. -- 北京：中信出版社，2018.8（2022.1 重印）
ISBN 978-7-5086-9086-5

I. ①知… II. ①罗… III. ①西南联合大学－校史 IV. ① G649.287.41

中国版本图书馆 CIP 数据核字 (2018) 第 124605 号

知中·西南联大的遗产

主　　编：罗威尔
出版发行：中信出版集团股份有限公司
（北京市朝阳区惠新东街甲 4 号富盛大厦 2 座　邮编 100029）
承 印 者：鸿博昊天科技有限公司

开　　本：787mm×1092mm 1/16　　印　　张：13.5
字　　数：200 千字　　插　　页：8
版　　次：2018 年 8 月第 1 版　　印　　次：2022 年 1 月第 4 次印刷
书　　号：ISBN 978-7-5086-9086-5
定　　价：59.80 元

西南联大的遗产

出版人 & 总经理
苏静
Publisher & General Manager
Johnny Su

主编
罗威尔
Chief Editor
Lowell

艺术指导
汉堡
Art Director
Ariyamadisco

内容监制
陆沉
Content Producer
Yuki

品牌运营
元美
Brand Operation
Yuan Mei

编辑
史文思（实习）/ 王思涵（实习）/ 李汉臣 / 徐雅
Editors
Shi Wensi(intern) /Wang Sihan(intern) /Li Hanchen/Xu Ya

特约撰稿人
刘天宇 / 李艺 / 周加利 / 林若羽 / 绪颖 / 罗兆良 / 李亦凡
Special Correspondent
Liu Tianyu/Li Yi/Zhou Jiali /Lin Ruoyu/Sui Wing/Paul /Li Yifan

插画师
DOUNAI/ 魏丹阳
Illustrators
DOUNAI/Wei Danyang

摄影师
任雨
Photographer
Ren Yu

策划编辑
叶扬斌
Acquisitions Editor
Ye Yangbin

责任编辑
叶扬斌
Responsible Editor
Ye Yangbin

营销编辑
叶扬斌
PR Manager
Ye Yangbin

平面设计
汉堡
Graphic Design
Ariyamadisco

封面设计
黄梦真
Cover Design
Huang Mengzhen

联系我们
zhichina@foxmail.com

商业合作洽谈
（010）67043898

发行支持
中信出版集团股份有限公司，北京市朝阳区惠新东街甲 4 号，富盛大厦 2 座，100029

受访人 / Interviewees

李红英

李红英，云南师范大学西南联大博物馆馆长，在西南联大旧址工作 18 年，长期从事西南联大旧址的保护和利用工作。在西南联大的历史研究与当代应用上，始终主张西南联大作为中国近代历史人文资源的重要组成部分，其当代的价值和意义不仅在文化、教育层面有重要影响作用，还连接了城市发展等时代命题，是近代高等教育史上的经典历史文化遗产。

易社强

易社强（John Israel），生于 1935 年，美国弗吉尼亚大学历史系荣休教授，曾就读于威斯康星大学和哈佛大学，师从费正清教授（John King Fairbank）。从事中国现代历史研究已 50 多年，其中对西南联大的调查研究已有 30 多年，著有《战争与革命中的西南联大》一书，被授予“西南联大荣誉校友”称号。

邵泽辉

邵泽辉，1999 年毕业于北京大学信息管理系，2004 年毕业于中央戏剧学院，获导演学硕士学位，现任北京理工大学艺术教育中心讲师。主要戏剧作品有《太阳·弑》《在变老之前远去》《如果，世界瞎了》《1988：我想和这个世界谈谈》《玩偶之家》。

微博账号
@ 知中 ZHICHINA

微信账号
ZHICHINA2017

吴宝璋

吴宝璋，1947年9月1日生，云南师范大学历史学教授，中国古代史、中国近代史硕士生导师。1982年毕业于昆明师院（现云南师范大学）历史学专业。代表作有《一二·一运动与西南联大》（主编）、《云南抗日战争史》（主编）、《云南红十字会史》（主编），是近年来云南师范大学校史宣传主讲人。

闻黎明

闻黎明，1950年9月生，闻一多先生的长孙，闻一多先生次子闻立雕之子；现任中国现代史学会副会长、全国闻一多研究会副会长、中国现代文化学会闻一多研究工作委员会主任；1977年7月毕业于北京大学历史系；1977年9月至中国社会科学院近代史研究所工作；1998年10月至1999年10月，任日本庆应义塾访问研究员；著有《闻一多传》（中日文版）、《闻一多年谱长编》《闻一多画传》《第三种力量与抗战时期的中国政治》《抗日战争与中国知识分子——西南联合大学的抗战轨迹》等。

协力机构 /Cooperative Organizations

云南师范大学西南联大博物馆

西南联大博物馆位于云南师范大学一二一西南联大校区内，是为纪念抗战期间国立西南联合大学在滇八年的办学历史而建，隶属于云南师范大学，属行业性国有博物馆，现为全国重点文物保护单位。馆藏文物一千多件（套），采用现代化声、光、电陈列布展方式布展，是目前全国有关西南联大图片资料最多，最集中的展馆。西南联大博物馆现每年免费接待海内外观众达16万人次以上，是传承和弘扬西南联大精神的重要物质载体和教育场所。

⇨ 昆明市一二一大街298号云南师范大学

北京大学档案馆

北京大学档案馆前身为北京大学档案室，建于1958年11月，是党委办公室的内设机构，1982年12月成立北京大学综合档案室。1993年4月建立北京大学档案馆。北京大学档案馆馆藏档案非常丰富，有北京大学、西南联合大学、日伪占领区的北京大学、北平大学、燕京大学等五个全宗。

⇨北京大学西门办公楼南边

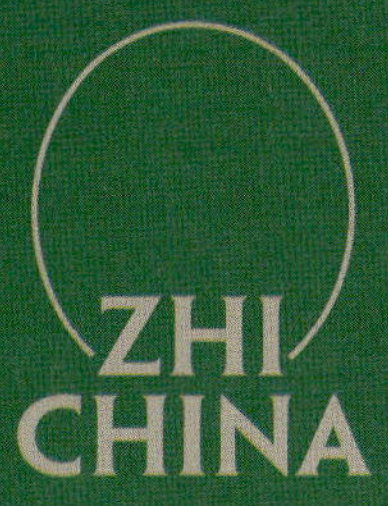

Words of Editor

编辑的话

救国经世，尤必以精神之学问为根基

陆沉

去年冬，和昆明友人夜宵闲聊当地人文风土时，说到了西南联大。

国立西南联合大学是战争时期的特殊产物，前身为长沙临时大学。尽管其时条件恶劣，但联大群贤毕至，灿若星辰，“转移社会一时之风气，内树学术自由之规模，外来民主堡垒之称号”，成就辉煌。

1937年，卢沟桥事变爆发，平津失守，位于北平的国立清华大学、国立北京大学与位于天津的私立南开大学为保国家文脉，奉命南迁至湖南，是为长沙临时大学。但很快，战火延烧至长沙。1938年，长沙临大再奉命迁滇，于昆明建校，正式更名国立西南联合大学，迄今80年。

据闻一多先生回忆，战事刚起时，大家都一样地紧张和愤慨。学校虽然照常筹备开学，但不少人却幻想着能投身前线或后方，为抗战尽力。只是政府的征调迟迟不达，师生也就回到了日常教学里。危亡之际，必然有投笔从戎亲赴战场者，但也有像陈寅恪这样认为“救国经世，尤必以精神之学问为根基”的读书人，他们相信此时的学术研究是为战后重建做准备。

为保存文化火种，200余师生从长沙出发，68日徒步3500里才抵昆明。这儿不像已经失守的北地那样危险，但条件仍极艰苦。没有宿舍，新生可能到饭厅混上几夜；没有教室，就借地方上课、自习；没有教材，剑桥才子燕卜荪便凭记忆默写《奥赛罗》，为学生讲课。后来赵瑞蕻回忆这事说：“战事倥偬之中，上燕卜荪的课，让人恍然觉得如秦火之后，天下无书，儒士背诵整部经书授徒。”

如此种种，不一而足。

流离的苦和一切的缺乏，必让生活的兴趣与活力极快丧失，后来许多人回忆起在联大的岁月时都坦言，联大自由民主的空气最可宝贵。不过联大的学习氛围亦是一流，这里师资“奢华”，英才辈出；大家不党不群，可以同许多优秀的人钻研切磋。据《除夕副刊》统计，联大179位教授中，有97位留美，38位留欧陆，18位留英，3位留日；学生的素质也极好，汪曾祺、杨振宁、李政道、邓稼先等等均是联大毕业生。

今年是西南联大建校80周年，我们制作了这本《西南联大的遗产》特集，从联大建校、发展、办学、生活条件、知名人物及其成就等等方面进行呈现，向硕果累累的联大八年致敬。当然，这些并不是联大的全部，但我们希望这本特集能从尽量多的角度介绍它，让更多人了解它。毕竟这所“旷百世而难遇”的大学留给我们的实在太多了。

西南联大
ZHICHINA
The Great Heritage
of National Southwestern
Associated University
知中·《西南联大的遗产》特集
The National Southwestern Associated University

联大师生的南迁路线

The Migration Route of Lianda

文：刘天宇 编：陆沉 edit: Liu Tianyu edit: Yuki

1937 年“七七事变”之后，华北的高校纷纷南迁。时年 8 月，中华民国教育部计划设立一至三所临时大学，其中第一区位于长沙，由北平的北京大学、清华大学与天津的南开大学组成。一时间，平津的师生纷纷南下，前往长沙，成立长沙临时大学，是为西南联大的前身。

联大学生的南迁大体可以分成两个阶段，第一阶段由平津至长沙，而二阶段则由长沙至昆明。同年 12 月，民国首都南京沦陷，为避战火，长沙临大决议向西南大后方迁移，终点在云南昆明。临大师生开始了第二次转移，最终在昆明组成了西南联合大学。

联大师生的南迁大体可以分成两个阶段，第一阶段是三校由平津迁至长沙，组成长沙临时大学。第

研发，被称为『中国之父』。

大猷（1907—2000）名洪道、学立，广东番禺人。物理学家、教育家。

联大任教期间，讲学、古典力学、量等科目，培养了李政振宁等杰出人才。研原子和分子理论、相经典力学和统计力学代表作有《理论《科学与科学发展》

罗庚（1910—1985）江苏常州人。数学家。

西南联大任教期间，完成了第一部专著素数论》。中国解析矩阵几何学、多元复的奠基人，国际上最力的中国数学家之表作有《优选学》三角谈起》等。

竹溪（1911—1983）治淇，号竹溪，湖公安县人。物理学家、教育家、

大任教期间，讲授理学。作为古文字著有《新部首大字代表作有《热力学》函数概论》等，前者联大期间的讲稿，经的整理方出版。

九章（1907—1968）河南开封人。地球物理学家、大气学家、空间物理学

大任教期间，把数理的方法引进气象成了中国第一篇动学论文——《信风带热力学》。开辟了许研究领域，如臭氧观浪观测、探空火箭和星等，还是『东方红的总设计师，对中国、人造卫星事业都影响。

省身（1911—2004）年生，浙江嘉兴人。

美籍华裔数学家、几何学家。

西南联大任教期间，讲授微分几何、拓扑学等。他在微分几何和数学教育领域都有重要贡献，生前获得了诸多国际荣誉。代表作有《微分几何讲义》《微分流形》等。

马大猷（1915—2012）广东潮阳人，生于北京。物理学家。

西南联大工学院教授，中国现代声学的奠基人之一，代表作有《矩形室内低频简正频率的分布》，奠定了声学中应用简正波理论，严格室内声学的基础。

吴大观（1916—2009）原名吴蔚升，江苏扬州人。航空发动机专家。

曾就读于西南联大航空系。中国航空发动机事业的开拓者，长期从事航空发动机的仿制和研发工作，有『中国航空发动机之父』之称。

吴征镒（1916—2013）生于江西九江，原籍安徽歙县。植物学家。

曾就读于西南联合大学理科研究所。从事植物学研究七十多年，发表了植物新分类群1766个，极大地推进了中国植物学的分类与发展。代表作有《中国植物志》《云南植物志》《西藏植物志》等。

叶笃正（1916—2013）天津人。大气物理学家。

曾就读于西南联大地质地理气象系。中国现代气象学、大气物理学、全球气候变化研究的奠基人，创立了大气长波频散理论，代表作有《大气环流的若干基本问题》《青藏高原气象学》《大气运动中的适应问题》等。

刘东生（1917—2008）生于辽宁沈阳，原籍天津。环境地质学家。

曾就读于西南联大地质地理气象学系。在地质科学，特别是黄土研究方面取得了重要的研究成果，被誉为『黄土之父』。

黄昆（1919—2005）浙江嘉兴人，生于北京。物理学家。

曾就读于西南联大物理系。中国固体物理学和半导体物理学的重要奠基人之一，提出了多项重要理论，主要作品有与诺贝尔奖得主玻恩（Max Born）合著的《晶格动力学理论》等。

杨振宁（1922—）安徽合肥人。理论物理学家。

曾就读于西南联大物理系。与李政道共同提出『宇称不守恒』原理，1957年获得诺贝尔物理学奖。在统计力学、量子场等领域都有突出贡献，并为中国物理学带来了国际前沿的知识，极大地促进了教学科研水平的发展。

邹承鲁（1923—2006）生于山东青岛，祖籍江苏无锡。生物化学家。

曾就读于西南联大化学系。近代中国生物化学的奠基人之一，世界首次人工全合成结晶牛胰岛素的贡献者之一，『邹氏公式』『邹氏作图法』的发明者，在国内外重要期刊发表论文200余篇。

郑哲敏（1924—）宁波鄞县人，生于山东济南。物理学家、力学家、爆炸力学专家。

曾就读于西南联大电机系、机械系。致力于水弹性力学、固体力学、爆炸力学的研究，提出了流体弹塑性体模型和理论，并在爆炸加工、岩土爆破、核爆炸效应等方面取得了重要成果。

邓稼先（1924—1986）安徽怀宁人。理论物理学家、核物理专家。

曾就读于西南联大物理系。1964年成功试爆第一枚原子弹，两年多后成功制造出氢弹，有『两弹元勋』之称。除邓稼先外，联大师生中的『两弹一星』元勋还有赵九章、郭永怀、朱光亚、王希季、陈芳允、屠守锷和杨嘉墀。

李政道（1926—）江苏苏州人，生于上海。华裔物理学家。

曾就读于西南联大物理系。与杨振宁共同提出『宇称不守恒』原理，获诺贝尔奖。此外，还在李模型（Lee Model）、相对论重离子（RHIC）物理、量子场论等领域有突出贡献，代表作有《粒子物理和场论引论》《物理的挑战》等。

潘际銮（1927—）江西瑞昌人。机械工程专家、焊接工程专家。

曾就读于西南联大机械系。中国焊接事业的奠基人，创建了我国第一批焊接专业，完成中国第一套核反应堆焊接工程，并研究出第一台电子束焊机。2003年，成功研制出爬行式弧焊机器人，达到国际领先水平。

The Great Heritage of
National Southwestern Associated University
· 西南联大的人物及成就

文化进行研究。此外，在陈达的主持下，学院还在呈贡建立了『国情普查研究所』，出版了大量调查报告与社会学研究，包括陈达本人的《现代中国人口普查》《现代中国人口》等著作。由于条件的限制，经济学、政治学和法学的学者们很难追踪外界最新的学术成果。而在战争的影响下，相应期刊的出版也不得不中断。尽管如此，还是有很多学者把焦点转向了中国本土的社会论题，并取得了丰硕的学术成果。例如：法学家蔡枢衡出版了《中国法律之批判》《刑法学》大部头著作；经济学家伍启元、杨西孟则关注了价格问题、生活消费的研究。

陈岱孙（1900—1997）原名陈总，福建省闽侯县人。经济学家、教育家。

从事经济学教育七十余年，在财政学、统计学、经济学说史等方面都有深入研究。主要作品有《经济学说史》《从古典经济学派到马克思：若干主要学说发展论略》等。

钱端升（1900—1990）字寿朋，上海人。法学家、政治学家、教育家。

西南联大任职期间，对中国政治体制进行了全方位的研究，发表了《比较宪法》《民国政制史》等著作。中国现代政治学和比较宪法研究的开创者之一，代表作有《德国的政府》《法国的政府》等。

潘光旦（1899—1967）原名潘光，又名保同，字仲昂，上海人。社会学家、民族学家。

曾任西南联大教务长，其间写作了数本优生学著作，在十多家报刊发表了大量文章，收录在《自由之路》一书中。他涉猎广泛，在优生学、性心理学、民族史、教育制度、婚姻制度等领域都有突出成果。代表作有《优生学》《家谱学》、译作《性心理学》等。

陈序经（1903—1967）字怀民，海南文昌人。历史学家、社会学家、教育家。

曾任西南联大法商学院院长，注重文化研究，是『全盘西化论』的提倡者。对中国农村、亚洲华侨、东南亚史、匈奴史等领域都有较深入调查。主要作品有《中国文化史略》《疍民的研究》《文化学概观》《南洋与中国》等。

费孝通（1910—2005）江苏吴江人。社会学家、人类学家、民族学家。

西南联大任教时期，对云南风土人情进行深入探索，发表了《禄村农田》《中国内地》等书。他是中国社会学、人类学研究的重要奠基人，代表作有《乡土中国》《江村经济》《中华民族多元一体格局》等。

张奚若（1889—1973）字熙若，陕西大荔人。政治学家、教育家、民主人士。

西南联大政治系主任，主讲西方政治思想史。一生中留下的专著很少，主要作品有《社约论考》《主权论》《卢梭与人权》《自然法则之演进》等文章。

燕树棠（1891—1984）字召亭，河北定县人。法学家、教育家。

西南联大法律系主任，讲授过法理学、宪法、民法、国际法等基础科目，培养了众多法学人才。曾参与过民国法律的起草，其发表在各期刊上的文章被整理成《公道、自由与法》一书。

自然科学 Sciences

相比人文、社会科学，自然科学研究面临的限制很多。书籍文献的不足、实验设备的稀缺、实验环境的简陋，都对研究的顺利进行造成了很大障碍。尽管如此，教授们仍然尽其所能，优化教学质量。由于不需要进行大量实验，基础理论方面的研究有相当大的进展，为中国科学的未来发展奠定了有力基础。各院系中，最为成绩斐然的是物理与数学系，不仅培养出杨振宁、李政道两位诺贝尔奖得主，还造就了邓稼先、华罗庚等著名科学家。

吴有训（1897—1977）字正之，江西高安人。物理学家、教育家。

西南联大理学院院长，培养了王淦昌、钱三强、钱伟长、邓稼先、杨振宁、李政道、冯端等一大批杰出科学家。中国近代物理学研究的先驱，曾发表多篇重要论文，并建立了中国近代第一所物理研究实验室。

叶企孙（1898—1977）名鸿眷，以字行，上海人。物理学家、教育家。

西南联大理学院院长，中国近代物理学奠基人之一，杨振宁、李政道、邓稼先、陈省身等人都是他的学生，华罗庚也受到过他的提携。建国后23位『两弹一星』奖章获得者中，他的学生有半数以上，因此也被称为『大师的大师』。

周培源（1902—1993）江苏宜兴人。理论物理学家、力学家。

西南联大任教期间，专攻流体力学的研究。从事教育六十余年，为中国物理学界培养了许多优秀人才，如王竹溪、彭桓武等人。代表作有《理论力学》等书。

赵忠尧（1902—1998）浙江诸暨人。核物理学家。

中国中子物理、加速器和宇宙线研究的先驱，核物理学的启蒙者。1930年，首次捕捉到正电子，该发现直接促成了安德逊（C. D. Anderson）在1936年获诺贝尔奖。为国家培养了大批人才，促进了原子弹、

The Great Heritage of The National Southwestern Associated University

第二阶段则指的是长沙临大由长沙迁至昆明，最终成为西南联合大学。

北京
天津
青岛
浦口火车站
南通
南京
上海
汉口
长沙
衡阳
梧州
香港
L i a n d a
铁
在第
路线
路线
路线
路线
第二
路线
路线
路线

nd People in National Southwestern A
语音韵学导论》《中原音韵声类考》《莲山摆夷语初探》等。
王力（1900—1986）
原名祥瑛，字了一，广西博白人。
语言学家、翻译家、诗人、散文家。
中国现代语言学的奠基人之一，对汉语的音韵、训诂、文字等方面都有广泛研究，有1000多万字的学术论著，40余种专著，近200篇论文。代表作有《古代汉语》《诗词格律》《汉语音韵学》等。
唐兰（1901—1979）
原名张佩，曾用名佩兰、景兰，号立厂、立庵，笔名曾鸣，浙江嘉兴人。
历史学家、文字学家、青铜器专家。
在古文字学、音韵学方面建树颇丰，主要作品有《殷墟文字记》《中国文字学》《古文字学导论》《西周青铜器铭文史征》等。
陈寅恪（1890—1969）
字鹤寿，生于湖南长沙。
国学家、历史学家。
西南联大任教期间，曾创作《隋唐制度渊源略论稿》等学术名著。他对隋唐史、游牧文明、古典文学都有广泛研究，代表作有《寒柳堂集》《金明馆丛稿》《唐代政治史述论稿》《元白诗笺证稿》《柳如是别传》等。
钱穆（1895—1990）
字宾四，江苏无锡人。
国学家、历史学家、教育家。
抗战期间创作了《国史大纲》，提倡国人对历史怀有温情和敬意，是中国史入门的必读书。一生致力于弘扬国学，有80余种专著，代表作有《先秦诸子系年》《中国历代政治得失》《中国近三百年学术史》《宋明理学概述》等。
傅斯年（1896—1950）
字孟真，山东聊城
人。历史学家、学术领导人。
胡适的学生，中山大学『历史语言研究所』的创办者。为人耿直，疾恶如仇，针砭时弊，语出惊人，时人称他为『傅大炮』。代表作有《东北史纲》《性命古训辨证》，论文《夷夏东西说》等。
雷海宗（1902—1962）
原名雷得义，字伯伦。
历史学家。
曾任联大历史系教授，其学兼顾综合与考据，代表作有《中国文化与中国的兵》《文化形态史》《西洋通史》《中国通史》等。
吴晗（1909—1969）
原名春晗，字伯辰，浙江义乌人。
历史学家，社会活动家。
现代明史研究奠基者，主要作品有传记《朱元璋传》，论著《读史札记》《明史简述》，杂文集《历史的镜子》等，其文以暗含褒贬而著称。
汤用彤（1893—1964）
字锡予，湖北黄梅人。
哲学家。
西南联大哲学心理学系主任，任职期间创作了《魏晋玄学论稿》《汉魏两晋南北朝佛教史》等重要论著，对魏晋玄学、中国佛教研究都有很大贡献，代表作有《隋唐佛教史稿》《印度哲学史略》等。
冯友兰（1895—1990）
字芝生，河南南阳人。
哲学家。
在西南联大担任文学院院长，其间创作了《新理学》《新事论》等『贞元六书』，弘扬儒家传统。一生著述收录于《三松堂全集》中，代表作有『三史』：《中国哲学史》《中国哲学简史》《中国哲学史新编》。
金岳霖（1895—1984）
字龙荪，生于湖南长
沙，祖籍浙江诸暨。
哲学家、逻辑学家。
西南联大任教期间出版《论道》一书，兼具系统性与创造性，是中国现代哲学中最重要的本体论专著。代表作还有《逻辑》《知识论》等。
朱光潜（1897—1986）
字孟实，安徽桐城人。
美学家、文艺理论家、翻译家。
中国现代美学研究开拓者之一，代表作有《西方美学史》《谈美》《悲剧心理学》，译作《美学》《拉奥孔》等。
贺麟（1902—1992）
字自昭，四川金堂人。
哲学家、教育家、翻译家。
西南联大期间，发表了《谢林哲学简述》等论文。『新儒家』代表人物，『新心学』体系创建者。代表作有《文化与人生》《当代中国哲学》，译作《小逻辑》《黑格尔学述》《精神现象学》等。
任继愈（1916—2009）
字又之，山东平原县人。
哲学家、宗教学家、墨学专家。
1939年考取西南联大北京大学文科研究所研究生，后留校教学，曾任国家图书馆馆长、中国无神论学会会长。代表作有《汉唐佛教思想论集》《中国哲学史论》等，还曾主编《中国哲学史简编》《中国佛教史》。
穆旦（1918—1977）
原名查良铮，生于天津，祖籍浙江海宁。
诗人、翻译家。
曾就读于西南联大外文系。九叶诗派的代表人物，诗歌的思想和艺术成就很高。作品集包括《探险队》《旗》《穆旦诗集》，还有普希金、雪莱、拜伦等人的译作。
殷海光（19
1969）
本名殷福生，湖
冈人。
哲学家、逻辑学
曾就读于西南联大哲学
1949年前往台湾，在
报纸担任主笔，批判
的统治，曾受打压。
湾大学任教期间，培
大量知名学者与作家，
敖、林毓生、陈鼓应
杨、龙应台等。主要作
引》《思想与方法》
作《通往奴役之路》
之未来》等。
吴讷孙（19
2002）
笔名鹿桥，福
人。
华裔作家、学者
曾就读于西南联大外
著有长篇小说《未央
讲述了在西南联大的
活。代表作还有短篇
《人子》。
汪曾祺（19
1997）
江苏高邮人。
小说家、散文家
曾就读于西南
中文系。读书期间开始
小说，发表了《小学校
声》《复仇》，教授沈
还曾指导他写作。短篇
最高，如《受戒》《鸡
家》等，主要作品还有
集》《逝水》《蒲桥集》
间草木》，样板戏《沙
浜》等。
许渊冲（1921
江西南昌人。
翻译家、学者。
曾就读于西南联
文系。从事翻
作长达六十余年，译作
百部，代表作有《包法
人》《红与黑》，以
理论《翻译的艺术》等
社会科学
Social
Sciences
对于社会学家和人类
来说，广阔的西南地
天然的实验室。这里
足的空间，可以进行
丰富的田野调查。在
附近，联大师生对
的迁徙与城市化开展
查，还对当地的少数
Great Heritage
National
Southwestern Associated
University

Academy and People in
National Southwestern Associated University

西南联大的人物及成就

人文科学 Humanities

在风景秀丽、与世隔绝的西南联大，文学院的作家们进入了创作高峰期。沈从文、冯至、陈铨等人都在教书之余笔耕不辍，钱钟书也把这段战时经历写进了小说《围城》。朱自清是所有文人中最高产的一位，不仅发表了大量的诗歌、评论、学术论著和随笔，还创办了《国文月刊》杂志。而在粗犷、天然环境的熏陶下，闻一多对原始文化产生了浓厚的兴趣，对上古时期的《诗经》《楚辞》有了更深入的研究。八年的战争几乎没有影响学者们的创作。讲授历史、文学和哲学的教授们将自己的讲义编成了通论性著作，如钱穆的《国史大纲》、吴宓的《世界文学史大纲》等，在学术史上都占有很高的地位。外文系的翻译工作也进展顺利，如吴达元的译作《费加罗的婚礼》等。此外，哲学系的教授们也发表了许多重量级专著。西南民族多样性之丰富，为语言学系的学者们开辟了新的天地。例如，罗常培致力于考察少数民族的语言，并在学校增开了一门『藏缅语系研究』课程，将西南方言正式引入中国语言学研究的视野。

刘文典（1889—1958）
原名文聪，字叔雅，安徽合肥人。国学家、教育家。
毕生致力于古籍校勘学，主攻秦汉诸子，曾发表震惊学界的《淮南鸿烈集解》。此外，还有《庄子补正》《说苑斠补》等著作传世。

吴宓（1894—1978）
原名玉衡，字雨生，笔名余生，陕西泾阳人。文学家、文艺理论家。
西南联大任教期间，曾自编《欧洲文学史》等讲义。代表作还有《吴宓诗文集》《空轩诗话》等。最得意的弟子是才高气盛的钱钟书。

朱自清（1898—1948）
原名朱自华，字佩弦，号秋实，江苏扬州人。诗人、散文家、学者。
在西南联大任教期间，与叶圣陶合著《国文教学》，还发表了《伦敦杂记》等书。散文广受关注，以抒情见长，代表作有《桨声灯影里的秦淮河》《荷塘月色》《背影》《匆匆》等。

闻一多（1899—1946）
原名家骅，字友三，湖北黄冈人。诗人、学者、爱国主义者。
致力于古典文化的研究，抗战期间著有学术论著《楚辞校补》《神话与诗》。代表作有诗集《红烛》《死水》。

沈从文（1902—1988）
原名岳焕，字崇文，湖南凤凰人。小说家、散文家、考古学家。
著名小说《边城》有极高的艺术成就，曾两度获得诺贝尔奖提名。主要作品还有小说《长河》、专著《中国古代服饰研究》等。

叶公超（1904—1981）
原名崇智，字公超，广东番禺人。学者、书法家、外交家。
西南联大外文系主任，新月派的代表人物之一，主推英美现代派诗歌。代表作有《中国古代文化生活》《英国文学中之社会原动力》《叶公超散文集》等。

冯至（1905—1993）
原名冯承植，河北涿州人。诗人，文学家。
西南联大外文系任教期间，著有诗集《十四行集》、散文集《山水》、小说《伍子胥》等。被鲁迅誉为『中国最杰出的抒情诗人』。代表作还有《杜甫传》、译作《海涅诗选》等。

李广田（1906—1968）
山东邹平人。诗人，散文家，文学批评家。
散文创作丰富，文风淳朴无华，富有乡土风情。代表作有《花潮》《悲哀的玩具》，与卞之琳、何其芳同著《汉园集》等。

钱钟书（1910—1998）
原名仰先，字哲良，后改名中书，字默存，江苏无锡人。小说家、文学家。
为人风趣、恃才傲物，精于文学批评，有《管锥编》《谈艺录》《宋诗选注》等论著。文学作品也广受好评，代表作有长篇小说《围城》、中短篇小说集《人·兽·鬼》等。

卞之琳（1910—2000）
笔名季陵，江苏海门人。文学评论家、翻译家。
西南联大任教期间，曾出版诗集《十年诗草》。新月派代表人物之一，诗作也受法国象征派的影响，代表作有诗集《三秋草》《鱼目集》，作品《断章》等。

陈梦家（1911—1966）
笔名陈漫哉，生于江苏南京，祖籍浙江上虞。诗人，考古学家。
新月派代表人物之一，作品有《梦家诗集》《铁马集》。主要学术著作有《殷墟卜辞综述》《老子今释》等。

陈望道（1891—1977）
原名参一，笔名佛突、雪帆，浙江义乌人。语言学家，修辞学家，教育家。
《共产党宣言》首位翻译者，《辞海》总主编。致力于语文改革与教学，中国现代修辞学的奠基人，代表作有《修辞学发凡》。对哲学、文艺学也有涉猎，著有《美学概论》《因明学概略》等。

罗常培（1899—1958）
字莘田，号恬庵，北京满族人。语言学家，教育家。
毕生致力于语言学研究，对中国音韵学、方言学都产生了深远影响，代表作有《汉

Southwestern Associated University

South

The Migration Route of

西南联大校门◎1946年春◎沈叔平摄◎云南师范大学西南联大博物馆藏

路 ═══ 公路 〰 水路 —— 步行 ⋯⋯ 混行

一阶段中，师生们的迁移主要有 4 条路线：

1：该条路线也是常规路线，师生们首先从北平乘火车至天津，然后转乘津浦线到达南京浦口火车站。抵浦口后，乘船横渡长江，至南京市中心，再由南京经水路至汉口，再搭乘汽车前往长沙。

2：从天津乘船至香港，再从香港辗转至长沙。

3：从天津乘船至上海，再转至南通，而后沿长江抵汉口，再乘汽车到长沙。

4：从天津乘船至青岛，转至香港，再至梧州，取道贵县、柳州抵桂林，改乘陆上交通经衡阳抵长沙。

阶段，由长沙迁至昆明，师生们也主要有 3 条路线：

1：这也是长沙临大步行团路线。师生们自长沙步行至常德，乘船至芷江，步行至晃县，乘汽车至贵阳，步行至永宁，乘汽车至平彝，步行至昆明。

2：自长沙乘车至香港，转至昆明。

3：自长沙经广西到越南河内，再转至昆明。

编：陆沉　绘：李建维
edit: Yuki　illustrate: DOUNAI

刘宜庆

笔名柳已青，文史学者

请用一句话概括你心中的西南联大。

西南联大堪称绝代风流。

在我看来，这风流包含了不党不官、人格独立、敢于批判的铮铮风骨，包含了弦歌不绝、为人师表、一身正气的泱泱风范，包含了沉潜专注、甘于奉献、光风霁月的谦谦风度。西南联大时期群星闪耀，那些特立独行、放浪形骸、个性卓异之士，才华与激情四射，谱写了一曲并不遥远的绝唱。

说到西南联大，你首先想到的三个人是？为什么？

第一位，梅贻琦。西南联大的船长，清华终身校长，寡言君子，他的风度令人心仪。他代表了西南联大的风度。

第二位，郑天挺。身兼数职，默默奉献。2018年1月，《郑天挺西南联大日记》出版，我正在读这部非常有价值的日记。他体现了联大校训"刚毅坚卓"之精神，代表了西南联大的风范。

第三位，吴宓。《吴宓日记》日记中有三多：恋情多，校花多，八卦多。他代表了西南联大的风流。

抗战时期的中国有许多优秀高校，你觉得是什么让西南联大脱颖而出，培养了那么多优秀人才？

西南联大的成功，一方面是共赴国难、同仇敌忾激发出的凝聚力和爱国主义精神，另一方面融合了三校的特色。北京大学"思想自由，兼容并包"的办学方针，清华大学"通才教育""教授治校"的治学理念，南开大学把解决中国现实问题、研究社会实际作为教育的目标。"同无妨异，异不害同，五色交辉，相得益彰"。组成西南联大的北大、清华、南开三校，特点不同，共有的是良好的传统，这就是陈寅恪所说的"自由之精神"和"独立之思想"。

请简单谈谈西南联大的历史意义。

谈联大的历史意义，绕不开联大的自由与民主。思想自由与教授治校是留给后人的文化遗产。西南联大教授有一个很好的传统，教授坚守学术的独立，不党不官，人格独立，为社会代言，为百姓请命，行使对政府的监督和批评的权利。"违千夫之诺诺 做一士之谔谔。"西南联大教授将双重身份——中国传统文化中士人的风骨与现代公共知识分子的担当——完美结合。

许渊冲
翻译家

联大所以成为世界一流大学，我看一是因为有一批学贯中西的大师，二是因为培养了一批有创造力的学生，三是因为学术自由，领导民主，员工精干。

陈岱孙
经济学家，教育家

这个草创的新大学有一个传统，那就是民主与科学的传统。在那强敌深入、风雨如晦的日子里，弦歌不辍确是一回事，但更重要的是精神境界。追求民主与科学确是当时我们的共同认识和信念。

张伯苓
教育家，南开大学校长

现在的考察教育便是考察社会。教育是解决社会问题的，各国的情形如何？一切政治经济的状况如何？教育怎样解决他们这些问题？所以教育与社会很有关系。

蒋梦麟
教育家，北京大学校长

教育如果不能启发一个人的理想、希望和意志，单单强调学生的兴趣，那是舍本逐末的办法。只有以启发理想为主，培养兴趣为辅时，兴趣才能成为教育上的一个重要因素。

郑天挺
历史学家，教育家

联大师生的敬业精神和友爱、团结的优良传统，是能造就众多人才，驰名于中外的主要原因。在抗战期间，一个爱国知识分子不能亲赴前线或参加战斗，只有积极从事科学研究，坚持谨严创造的精神，自学不倦，以期有所贡献于祖国。

胡适
学者，思想家，新文化运动领袖

我们今日所受的苦痛和耻辱，都只是过去种种恶因种下的恶果。我们要收将来的善果，必须努力种现在的新因。一粒一粒地种，必有满仓满屋地收，这是我们今日应该有的信心。

梅贻琦
教育家，清华大学校长

一个大学之所以为大学，全在于有没有好教授。孟子说：“所谓故国者，非谓有乔木之谓也，有世臣之谓。”我现在可以仿照说：“所谓大学者，非谓有大楼之谓也，有大师之谓也。”

杨振宁
物理学家，诺贝尔物理学奖获得

常常有同学问我做物理工作成功的要素是什么？我想可以归纳为三个p：perception，persistence and power。Perception——眼光，看准了什么东西，就要抓住不放；Persistence——坚持，看对了就要坚持；Power——力量，有了力量能够闯过关，遇到困难你要闯下去。

贺麟
哲学家，教育家，翻译家

学术在本质上必然是独立的自由的，不能独立自由的学术，根本上不能算是学术。学术是一个自主的王国，它有它的大经大法，它有它神圣的使命，它有它特殊的广大的范围和领域，别人不能侵犯。

钱穆

历史学家，思想家

向来只闻劝人读书，不闻劝人游山。但书中亦已劝人游山。孔子《论语》云，仁者乐山，智者乐水。即已教人亲近山水。读朱子书，亦复劝人游山。君试以此意再读孔子、朱子书，可自得之。

冯至

翻译家

为了理想采取一种生活态度，并且具有信心，受到什么样的折磨也不更改，可是在饥寒交迫，这种信心无法维持时，信心发生动摇，而经过一度思索，仍然坚持下去，在这决断的一瞬间，显示出崇高的人生的意义。

李政道

物理学家，诺贝尔物理学奖获得者

一个人想做点事业，非得走自己的路。要开创新路子，最关键的是你会不会自己提出问题，能正确地提出问题就是迈开了创新的第一步。

潘际銮

中国科学院院士，南昌大学校长

有人问，现在能不能把清华、北大、南开最优秀的教师，再合并到一个学校里去教书。但西南联大是不可能复制的，时代背景不一样，人的思想不一样，政策不一样。

华罗庚

数学家

科学的灵感，绝不是坐待可以等来的。如果说，科学上的发现有什么偶然的机遇的话，那么这种“偶然的机遇”只能给那些学有素养的人，给那些善于独立思考的人，给那些具有锲而不舍的精神的人，而不会给懒汉。

吴晗

历史学家

要读好书，必须先打好基础，读好了基础，才能在这基础上作个别问题的研究，基础要求广，钻研则要求深，广和深也是统一的，只有广了才能深，也只有深了才要求广。

涂光炽

地质学家，矿床学家

在联大的几年，给我脑海里打下烙印最深的是“穷则思变”四个大字，就是再穷也要拿出一流成果，出一流人才，学生要学出好名堂、好成绩。

任之恭

物理学家

正常的教学都如此困难，要进行研究几乎有些可笑。但我们这些避难的教授们坚定地相信研究是保持知识进步的最有效的方式。

陈寅恪

国学家，历史学家，语言学家

自昔大师巨子，其关系于民族盛衰学术兴废者，不仅在能承续先哲将坠之业，为其托命之人，而尤在能开拓学术之区宇，补前修所未逮。故其著作可以转移一时之风气，而示来者以轨则也。

国立西南联合大学新校舍 分层图

这部分是根据云南师范大学西南联大博物馆所提供的西南联大校园平面图资料重新制作的，以便大家读到后文相关内容时可以参看。图中可见联大当时的校舍及教室分布，以及当时同学们的主要活动区域及活动范围。

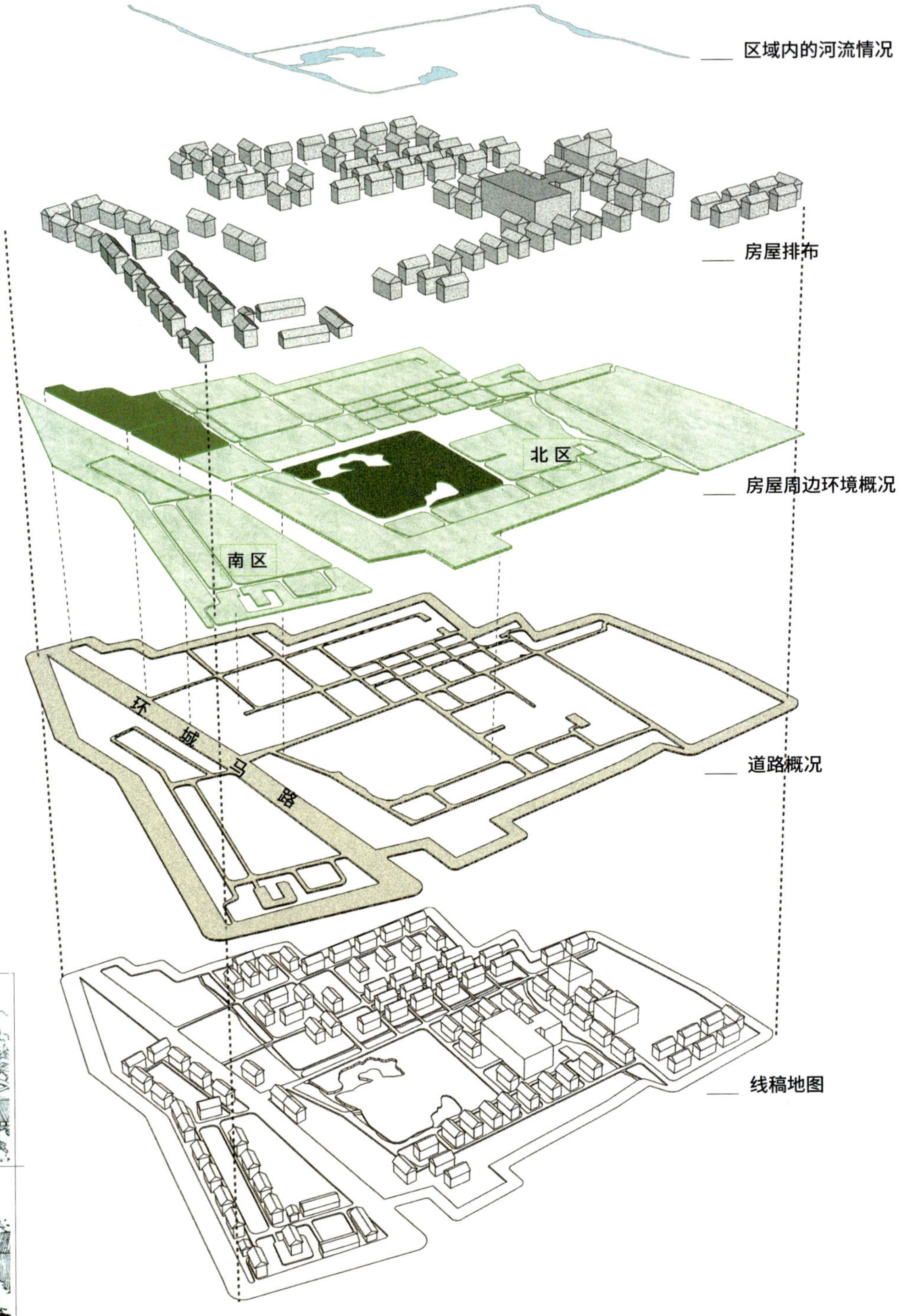

区域内的河流情况

房屋排布

北区

房屋周边环境概况

南区

环城马路

道路概况

线稿地图

校园手绘图 ◎王彦迪绘

◎王彦迪绘

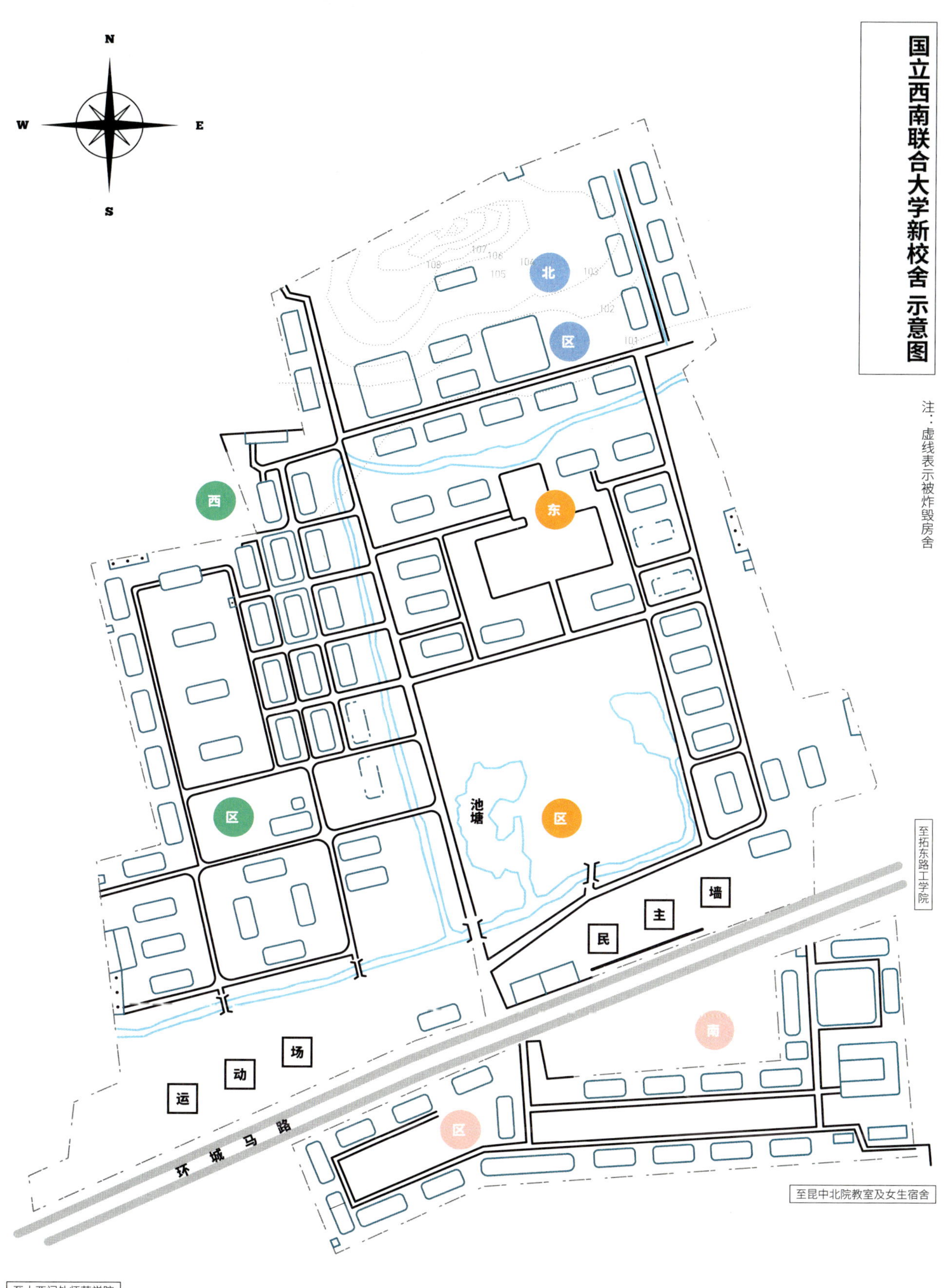

本图参照 民国廿八年工程处原图图示

西南联大昆明校舍 分布图

西南联大中后期在昆明的校舍分布

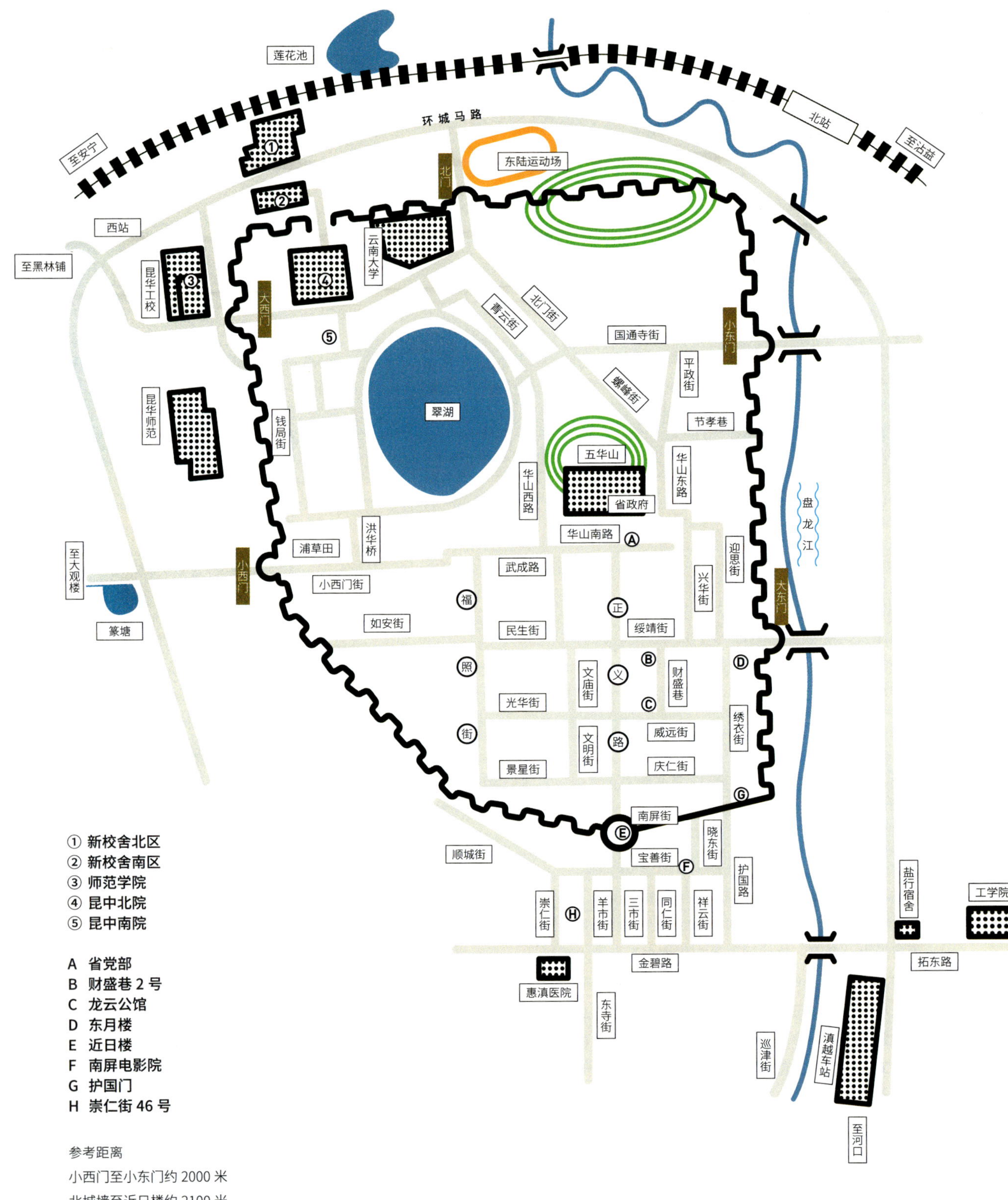

① 新校舍北区
② 新校舍南区
③ 师范学院
④ 昆中北院
⑤ 昆中南院

A 省党部
B 财盛巷 2 号
C 龙云公馆
D 东月楼
E 近日楼
F 南屏电影院
G 护国门
H 崇仁街 46 号

参考距离

小西门至小东门约 2000 米

北城墙至近日楼约 2100 米

北城墙至津碧路约 2500 米

本图参照 1995 年 2 月航空系贺联奎所绘图重制

1937年7月7日，抗日战争全面爆发。为延续文脉，高校纷纷内迁。
◎任雨摄

01

决意南迁，长征路途

The Southward Migration of the National Southwestern Associated University

文：刘天宇 编：陆沉 图：西南联大博物馆，北京大学档案馆
text: Liu Tianyu edit: Yuki photo: The Museum of National Southwestern Associated University, Archives of Peking University

1937年，随着抗日战争全面爆发，延续文脉亦成了战时一大要务。据清华大学的档案记载，1937年8月，民国教育部有一份《设立临时大学计划纲要草案》，其中说到“政府为使抗敌其中战区内优良师资不至无处效力，各校学生不至失学，并为非常时期训练各种专门人才以应国家需要起见，特选定适当地点筹设临时大学若干所”。这份草案计划成立一至三所临时大学，第一区设在长沙，第二区设在西安，第三区则是“地址仍在选择中”。8月28日，教育部下了一道密谕，“指定张委员伯苓、梅委员贻琦、蒋委员梦麟为长沙临时大学筹备委员会常务委员”。

南迁的决议

1935年“华北事变”后，平津的局势就已经紧张起来。高校是先进知识分子集中的地方，一向对局势敏感。那时的中国学生运动又有着相当的自由度和影响力，日本侵略者对高校从未放松过警惕。1935年，北大校长蒋梦麟便只身被唤到日军军营，演了一出“单骑退回纥”的好戏。面对时局，平津的高校早已纷纷做着一旦战事开启便迁移至别处的打算。

清华大学的态度最为坚决。一来是因为清华本身即为留美预读学校，亲美的立场显然不肯向日本做出任何妥协，日本也不会对清华“宽大”处理。二来则缘于清华校长梅贻琦个人的决策。梅贻琦是理工出身，不善辞令，个性低调，但执行力强，做事缜密有计划。早在1935年，梅贻琦便安排清华大学将物资和设备陆续南移。1937年，清华大学与湖南省教育厅厅长朱经农商议好，如果时局有变，大学需要南迁，长沙一定全力支持。

与清华的谋定后动相反，北平（京）大学多少有些举棋不定。这也可以理解，北大在中国的高校中历史最为悠久，其名号便让该校师生充满了“上京庠序”的优越感。很难想象，离开了北京，北大何以被称为北大？北大的校长蒋梦麟是江南才子，自身也有一些文人习气。1933年长城战役后，北大曾把物资运往南方，以备不时之需。而时局和缓之后，北大就又把这批物资运了回来。可以说，是走是留，这几年蒋梦麟的想法始终处于摇摆不定的状态。“卢沟桥事变”发生时，北大最有影响力的两个人——校长蒋梦麟与文学院院长胡适均不在北平，实际主持校政的是秘书长郑天挺。一时群龙无首，北大师生可说是“各自为政”“仓皇出奔”。对于联合办学，蒋梦麟起先也不是很愿意，还是清华出身的胡适说服了他，方才同意联合办学。

南开大学就没有这么多顾虑。南开的校训是“允公允能，日新月异”，强调学生学以致用、服务社会。南开的学生参加运动向来积极。校长张伯苓本人是老一辈的爱国教育家，出身北洋水师学堂，民族观念很重，南开的反日倾向也多少受此影响。“九一八”事变前，有一次南开的学生居然在日本军官面前喊抗日口号，日军要求张伯苓好好教训学生。张伯苓把为首的学生叫到办

南迁旅行团午间野餐。
◎云南师范大学西南联大博物馆藏

1938年2月14日，旅行团指导委员会成立。
◎北京大学档案馆藏

旅行团团员的统一着装：土黄色军服，绑腿，干粮袋，水壶，黑色棉大衣，油纸雨伞。
◎云南师范大学西南联大博物馆藏

湘黔滇旅行团吃晚饭。
◎北京大学档案馆藏

公室，只“训”了学生四句话：“你们讨厌，你们讨厌得好，你们下次还要这么讨厌，你们下次要更巧妙地讨厌。”在“卢沟桥事变”爆发后不久，张伯苓就料到南开有不保之虞，他说：“南开凝聚了我一生之心血，战端一开，难以保全。保不住就不保了，决不能向日本人屈服。”果然，不久之后南开大学被日本毁为平地，张伯苓听闻消息，表示：“敌人此次轰炸南开，被毁者为南开之物质，而南开之精神，将因此而愈益奋励！”并且，南开对于日军，不但有“国仇”，还有“家恨”。1938年，身为空军飞行员的张伯苓四子张锡祜在与日军的作战中牺牲，年仅25岁。于公于私，南开都是一定要转移到后方，与日军周旋到底的。

长征的路途

罗庸填词的《满江红》，是西南联大的校歌，其中所言，用1946年冯友兰所撰的西南联大纪念碑碑文中的话解释就是：“联合大学初定校歌，其辞始叹南迁流离之苦辛，中颂师生不屈之壮志，终寄最后胜利之期望”。“南迁流离之苦辛”如实地描述了联大“万里长征”之历程。

万里长征，辞却了五朝宫阙

“卢沟桥事变”后，平津失守，清华、北大、南开三校师生纷纷南下，“辞却了五朝宫阙”。“五朝宫阙”即指北京，因其为辽、金、元、明、清五朝之首都。联大的校址最初定在长沙，而从北京到长沙，这南迁的“万里长征第一步”却是最为混乱的。

如上所述，北大的状态最乱，师生各自仓皇出奔，实际清华和南开的纷乱程度也不遑多让。早一点儿南下的师生走的是常规路线，从北平先到天津，然后乘火车沿津浦线到达南京浦口，即朱自清《背影》中的火车站。随后乘船横渡长江，抵达首都南京，再从南京前往长沙。而实际上，大多数人的行进路线更为复杂——很多人还没有到南京，甚至才到天津，南京就已经沦陷了，只能换成其他的路线。比如吴大猷就是从天津乘船，先由海上绕到香港，然后又从香港坐火车前往长沙。陈达先则是先乘船来到上海，再转至南通，沿长江溯流抵达汉口，再乘汽车来到长沙。

更为复杂的是郑天挺，他与罗常培、罗庸、魏

湘黔滇旅行团从阮陵乘车出发之时。
◎北京大学档案馆藏

湘黔滇旅行团行军途中。
◎北京大学档案馆藏

湘黔滇旅行团开饭分菜。
◎北京大学档案馆藏

建功等人到了天津后，原拟乘船前往青岛，再改乘火车由胶济线转陇海线再到平汉线。等到了青岛，他们才知道胶济线已断，无奈只好乘船一直来到香港转火车。在香港下船后，北上的粤汉线又遭敌机轰炸，他们再次乘船到梧州，取道贵县、柳州转桂林，由公路乘汽车经衡阳而抵长沙。好不容易于1937年12月14日到了长沙，前方传来消息，南京沦陷，联大又要南迁了。

暂驻足，衡山湘水，又成离别

“暂驻足”系指联大的前身“长沙临时大学”（以下简称“临大”）。“临大”存在的时间很短，从1937年11月1日开课，到次年1月20日决议迁往昆明，不过三个月而已。“衡山湘水”中，衡山位于衡阳，湘水指长沙，系指联大的主体部分位于长沙，文学院则又迁在衡阳。

联大师生抵达长沙后，由于条件简陋，整个学校“化整为零”。清华校方与美国教会协商，决定把韭菜园圣经学校作为“临大”的办公场所及法商学院。理学院借用了湘雅医学院的校舍，土木系学生要去城里上课，电机系和机械系去岳麓山下的湖南大学借读，等等，不一而足。最特殊的当属文学院，因校舍不足，必须集体迁往南岳，这就是校歌中的“衡山”。

文学院迁至南岳，梅贻琦还专门嘱咐教师刘崇鋐向他汇报南岳的情况。南岳的校舍十分简陋，刘崇鋐的汇报函中如是说：“每室五人，颇为拥挤，室内不能看书作字，只能以课室兼作自修室。”又说，“教员所居之楼更在山上，须行石阶三百数十级始达。”不过，联大人的乐观也可以见得出来，刘的汇报函对于由长沙“贬谪”到衡阳的描述是“来时幸值晴明，一路看山，颇饶趣味”，对教员宿舍的三百数十级石阶，他表示“每日数往返，久练成习惯，想至明年，文学院老夫子个个儿能健步如飞矣”。

不料，未及一年，联大便又要继续迁移了。

尽笳吹，弦诵在山城，情弥切

联大的终点在昆明，那时昆明并未被称为“春城”，而是被叫作校歌中的“山城”。

南京沦陷后，为避战火，联大决议继续向西南大后方迁移，而这次迁移最有特色的地方就在于“湘黔滇旅行团”的组建。1938年1月22日，临大发布迁校布告。2月4日，又发布步行计划公告，开宗明义，表示“本校迁滇原拟有步行计划，借以多习民情，考察风土，采集标本，锻炼体魄，务使迁移之举本身即是教育”，为此召集体格好的学生组成步行团，沿途入滇。随后，临大公布了赴滇路线：

一、自长沙至常德一百九十三公里，步行。
二、自常德至芷江三百六十一公里，乘民船。
三、自芷江至晃县六十五公里，步行。
四、自晃县至贵阳三百九十公里，乘汽车。
五、自贵阳至永宁一百九十三公里，步行。
六、自永宁至平彝二百卅二公里，乘汽车。
七、自平彝至昆明二百卅七公里，步行。

他们于1938年2月15日出发，4月28日到达昆明。一路行来，许多人都记下了日记。这里兹以吴征镒的《“长征”日记》为例，略作展示。

长沙临大湘黔滇旅行团辅导团成员合影。右起毛应斗、吴征镒、曾昭抡、袁复礼、闻一多、黄钰生、许维哷、李继侗、郭海峰、李嘉言（缺王钟山）。
◎云南师范大学西南联大博物馆藏

首先，这一趟“旅行”是艰苦的。如3月4日吴征镒记载，“本日行八十里，疲甚”。3月24日，“晚因行李未到，宿火铺，被子均‘多年冷似铁’，且上下不能兼顾”。3月30日，“阴雨中整队入城，草鞋带起泥巴不少，甚为狼狈，曾先生（曾昭抡）之半截泥巴大褂尤引路人注目”。甚至，他们有时还会遇到危险，如3月5日，“昨夜云有匪万余渡河来犯，同学多半未睡”。

然而，这一趟旅行也成了师生考察风土人情的一次机会。3月4日，在“疲甚”之余，吴征镒尚能注意到“村女装束古旧，但甚美观，时有长大脖子的”。3月7日在沅江，他们见到了“妇女任劳苦，善负重，多以竹篮负物，急行山路，男子不及”。3月16日，参观汞矿，见到了“土法炼朱砂”。4月5日到达平坝，“今日逢场，见苗人甚多。苗有青苗、黑苗，包头有别”。当然，沿路的考察也促进了师生们的反思，如4月4日参观“剿匪”阵亡将士纪念碑后，吴征镒写道：“十年内战的结果是一堆白骨。”

“长征”途中更不乏美景，《“长征”日记》中有不少笔触优美的记录。3月2日，“雨中行，如在米南宫水墨画中”。4月8日游镇宁火牛洞，“室中有高大石柱多根，后有一大石壁，以烛照之，奇妙之极。钟乳上下直贯，纤细洁白，若水帘之垂，若雪松之蟠，亦若璎珞，亦若冕旒”。

与美景相得益彰的是趣事。如3月15日，“今日赶场，侗人甚多。晚在沙滩上举行营火会，闻先生（闻一多）为我们讲古神话”。3月26日，“开汉苗联欢会，因时间匆促，仅到仡兜族长一人率四少女、七少年。表演节目有苗民吹芦笙跳舞，同学唱歌。又引起李先生（李继侗）和徐医官（徐行敏）的舞兴，跳了一曲华尔兹。曾先生（曾昭抡）同苗民喝酒，被灌大醉，黄团长（黄师岳中将）也舞了手杖”。

湘黔滇旅行团抵达昆明，梅贻琦致欢迎辞。
◎云南师范大学西南联大博物馆藏

徒步行军的前些天，挑脚泡是每天晚上的固定节目。因脚泡无法行走的队员，可凭两位大队长的签条临时搭乘运送行李的卡车。日子久了，脚底磨厚了，脚泡也就不见了。
◎云南师范大学西南联大博物馆藏

1938年4月28日，湘黔滇旅行团到达昆明。
◎北京大学档案馆藏

与“湘黔滇旅行团”不同的其他师生，则选择了别的路线。有的乘车南下转香港入滇，也有的由公路经广西到越南河内，再由河内至昆明，郑天挺便是由这条路线到达昆明的。

就这样，如同百川归海一样，联大师生最终在昆明胜利大会师，开始了他们八年的联大生活。

南迁的意义

毫无疑问，联大南迁意义非凡。如此一番长征，为高级知识分子提供了从象牙塔走向黄土地的机会。师生们深入社会底层，亲身经历了生民苦难，使得忧国忧民的传统理想与多灾多难的现实情况有机地结合在一起。祖国与人民，从两个观念上的概念变成了活生生的现实。

南迁也给联大师生带来了独特的生命体验，刺激了他们思想的成熟。南迁期间及到达昆明后，很多学者和作家写出了他们一生中的代表作。比如冯至以南迁途上的所见所感为蓝本，写成了诗性小说《伍子胥》，其中伍子胥逃亡路上的生命体验，无疑是冯至在南迁路上获得的。汤用彤写成了《中国佛教史》，金岳霖写完了《论道》，冯友兰有《贞元六书》，都建立了自己的思想体系。

同时，南迁让师生们获得了新的知识，形成了学术的又一种“预流”。比如说，刘兆吉沿路收集了大量的民歌，成了民俗研究与人类学研究的重要的第一手资料。郑天挺入滇时就决定要关注南诏史的问题。此外，西南地区有着丰富的物种，让生物系师生有绝佳的观察机会。非但如此，云南的地质、气候都为联大师生提供了新的研究对象。

当然，南迁更形成了联大师生“刚毅坚卓”（此为联大校训）的精神，让他们和衷共济，同赴时艰，让世人知道，在此烽火连天、硝烟弥漫之际，中国的西南一隅，斯文在兹，弦歌不绝。

沿途美丽奇险的风景、各种花木鸟兽、各式房屋器具，使十几年没动画笔的闻一多（左）兴趣再起，共画了50余幅写生。途中他还与李继侗蓄起长髯，相约抗战胜利后剃剪。
◎云南师范大学西南联大博物馆藏

02

三校合并，流亡蒙自

Lianda in Mengzi

文：王思涵　编：陆沉　图：任雨
text: Rumpud　edit: Yuki　photo: Ren Yu

走不尽的山峦的起伏，河流和草原
数不尽的密密的村庄，鸡鸣和狗吠
接连在原是荒凉的亚洲的土地上
在野草的茫茫中呼啸着干燥的风
在低压的暗云下唱着单调的东流的水
在忧郁的森林里有无数埋藏的年代

这是联大毕业生穆旦的诗歌《赞美》。1938年，西南联大文法学院的数百名师生就在他笔下的荒凉景色中跋涉。他们的目的地不是昆明，而是蒙自——一个坐落在中越边境不远处的云南小城。

云南蒙自的法国领事馆。

在近代史上，蒙自是重要的对外贸易口岸，碧色寨火车站则是中国最早的火车站之一，由法国勘探修建。

蒙自碧色寨火车站的火车。

其实，蒙自曾有可能作为西南联大的主要校址。蒋梦麟曾在给叶公超的电报里说道："昆明校舍无着，工料两难，建筑需时。蒙自海关银行等处闲置，房屋相连，可容900人，据视察报告，气候花木均佳，堪作校址。"但多亏云南政府和各界人士的协助，联大在昆明找到了可以使用的楼房，才选择将昆明作为主校区。

选择蒙自主要是因为其有条件为联大提供足够的校舍。1885年，清政府因不堪法国军队在西南边境的侵扰，与之签订了《中法新约》，两年后蒙自被开放为商埠，一跃从偏远村落变为热闹的边境重镇。但随着滇越铁路的开通，碧色寨取代了蒙自在边境贸易中的地位，后者一天天衰落下去，商人们纷纷搬去昆明或是碧色寨，留下了许多空房。但蒙自和联大的缘分并没有就此结束。那时的昆明因为深居内地免于战火，且交通便利，便聚集了许多难民，房子大多都已被占用。联大并没有足够的校舍提供给师生，只好将文学院和法商学院暂时转移到蒙自。

但迁往蒙自的提议并未得到所有教授的赞同。一部分清华教授担心蒙自发达的交通条件会招致敌机光顾。并且不巧的是，蒙自飞机场就恰好设在联大选定的校址旁，一旦被袭击，将会有十分严重的后果。而当时的云南政府为联大指定的地点是大理，那对联大来说是一个可以安心久居的地方，但蒋梦麟并未接受云南政府的示意，坚持让文法学院暂迁蒙自，待昆明校舍安排妥当后再返回。而其中的原因不得而知。

但文法学院在蒙自安顿后仅仅四个月，就搬回了昆明。一方面是因为蒙自的地理位置太过偏远，和主校区距离较远，并且生活条件较为艰苦。恰好柳州航空学校也要搬去蒙自，需要海关的房屋，而当时的海关被联大用作了教室。并且，柳州航空学校还打算在海关附近修筑飞机场。另一方面，蒙自也笼罩在战争的威胁之下，据说敌军随时有可能会来轰炸，文法学院不得不考虑搬离。那时昆明的校舍也逐渐修缮完毕，1938年8月学期结束后，迁移工作开始，文法学院和大部队在昆明会合。

联大在蒙自的校舍来源，一部分是租赁前人留下的空房，如蒙自海关、法国银行、法国领事馆；另一部分则来源于当地人士的协助，如蒙自豪绅，富滇银行副行长、个碧石铁路协理周柏斋，就慷慨地提供了一幢宅邸作为学生宿舍，还宴请了联大的先遣团成员。

蒙自校舍一共分为三个部分。原蒙自海关被用作教室。法国银行、法国领事馆则是图书馆和教职员宿舍。在蒙自的繁盛时期，希腊人歌胪士（Kalos）开设了许多洋行和旅馆，洋行闲置出来后，临街一进的楼上作为教职员宿舍，楼下和后进作为男生宿舍。有意思的是，位于城内早街周家公馆的女生宿舍被称为听风楼。住在公馆的女生们每晚听着窗外呼啸的风声，这提醒着她们远方有战事，也引起她们对沦陷区亲人的思念。

作为西南边陲的一个偏远小镇，蒙自的生活条件较为艰苦。特别是春天是雨季，下起雨来没完没了，导致道路泥泞不堪，师生出行困难。而且饮食方面也颇为简朴，郑天挺回忆道："我吃菜吃得咸，而云南的盐淡得可怕，叫厨工每餐饭准备一点儿盐，他每每又忘记，我也懒得多麻烦，于是天天只有忍痛吃淡菜。"

而让师生们难以适应的不仅是生活条件。蒙自虽先前有洋人居住，商业繁华一时，但思想仍然较为闭塞。联大师生多已受过进步思想的洗礼，其行为不免有与蒙自居民之观念相互冲突之处，因此没少闹出戏剧性的事件。

双方针对女性的态度就有较大分歧。在蒙自，新娘子上街必须用伞遮住面孔不能示人，女性穿着也十分保守，而且不能获得完善的教育机会，很少有人读到小学毕业。但这种落后风气与女大学生们的现代女性观相悖。并且选择海路前往蒙自的女生，大多都在香港买了时髦衣裳，当地居民看见打扮靓丽的联大女生，不由得指指点点。更有甚者，当女生们穿着短裙出门时，好奇的小孩会跑来窥探她们的裙下是否有穿什么东西。

而且，自由恋爱的观念也并未进入蒙自。当地的男女青年若是没有媒婆介绍，就不敢互相交谈。但大学生恋爱是常事，情侣们也往往无所顾忌地并肩行走，乃至相互示爱，而这在蒙自本地人看来是有伤风化的行为。这种观念冲突有时甚至会演化成肢体冲突。

安全问题也堪忧，蒙自时常有强盗土匪出没。联大师生无力在短时间内改变当地的情况，只得最大限度地减少冲突，以防冒犯当地人。负责蒙自事务的梅贻琦建议同学们着装朴素，一部分学生予以响应，并成立“正风团”以限制同学间的亲密举动。为了平衡双方关系，同时也为了保证女生们的安全，联大规定女生不准单独外出，并且要求着装朴素。但女大学生们朴素的底线也足以使蒙自的妇女们艳羡了。但蒙自给联大师生带来的影响并不完全消极。文人总是爱湖，而联大校址旁就是蒙自的南湖。蒙自最有名的小吃是过桥米线，而这米线要过的“桥”，便是这南湖上的那座。六月雨季到来，南湖水位上涨，湖边杨柳抽条，学生、教授们便常去那里散步清谈，其中陈寅恪和吴宓就是常客。他们二人还以“南湖”为题各作了一首旧体诗：吴宓诗曰“南湖独步忆西湖”，寅恪则言“风物居然似旧京，荷花海子忆升平”。朱自清也说：“一站在堤上就忍不住想到北平的什刹海。”将蒙自南湖比作杭州西湖和北京什刹海，在乱世南渡的无奈之中，这种联想或许也是一种安慰。

蒙自人对待联大师生，一方面有着敬畏，另一方面又充满了真诚与淳朴。联大同学刚刚到蒙自时西装革履，当地的兵士以为是中央委员，还对他们立正敬礼，喊道：“首长好！”也有人交到了真心朋友。譬如吴宓就常爱去一家饭店喝粥，饭店老板爱好收藏古玩，常和吴宓分享交流，二人相谈甚欢。

当然，这也是由于联大师生为蒙自做出了自己的贡献。易社强在《战争与革命中的西南联大》里谈到，联大师生离开蒙自后，尽管小镇恢复了宁静，但事实上，联大带来的冲击是惊人的，以至于蒙自已经不再是以前那个蒙自。

蒙自海关事务司属。

周家宅院是蒙自校区当时的校舍之一。

这一方面来自联大师生无意识的影响，他们自身所带有的新潮气质，潜移默化地影响着蒙自居民，并在一定程度上形成了潮流，被蒙自人效仿；另一方面则来自知识分子肩负的责任感，这形成了一种有意识的引导，这种引导影响了蒙自的方方面面，包括风俗、卫生，乃至政治意识和文化。

两性平等方面，虽有守旧者予以干扰，但蒙自人的性别观念还是渐渐开放起来。一方面，蒙自的新娘子上街不再用伞遮住面孔，女性也开始学着穿新潮的服饰，甚至是短裙。不仅是年轻女性，就连中老年妇女也加入了改革穿着的队伍当中。另一方面，学生们也关注到了蒙自的卫生状况，饭店里时常有苍蝇飞舞，餐具上有厚厚的污垢，但当地人似乎对此早已习惯，还认为苍蝇多是“兴旺”的象征，不能杀死。学生们动用各种宣传手段，向人们解释苍蝇的危害以及不讲卫生会带来的问题。这或多或少改变了蒙自人的一些生活习惯，饭店老板慢慢开始用布遮盖饭菜，以防苍蝇落在上面。

文化方面则不得不提到让蒙自在文学史上留名的“南湖诗社”。它最早由刘兆吉和向长清二人成立，还在湘黔滇旅行团时，他们就萌生了建立诗社的想法，并获得了闻一多和朱自清的支持。开学后诗社办起，聚集了20多名诗歌爱好者，虽然人数不多，但创作颇丰。因校址位于南湖边，便命名为“南湖诗社”。诗社对蒙自的影响主要体现在两个方面：首先，诗社的活动方式主要为制作诗刊，展示成员的诗歌作品，他们把诗刊贴在墙壁上供人们围观，而蒙自当地的出版业当时尚不发达，南湖诗社创作的“壁报”就为蒙自居民提供了新的阅读渠道；其次，南湖诗社创作的新诗，是一种不为蒙自人所熟知的新的文学体裁，又有查良铮（穆旦）这样常常写出优秀诗篇的诗人，蒙自文学发展脉络因此受到了深刻的影响。联大离开蒙自五十多年后，诗社的一些

听风楼旧址。听风楼原为蒙自校区女生宿舍。

因电影《芳华》曾在此取景，碧色寨火车站如今有许多游客慕名前来。

老成员与蒙自文学界的新青年们一起，重新开办了南湖诗社。

怀有饱满爱国之心的师生们，还在蒙自展开了抗日宣传。他们向小城的居民发表演讲，学生们还自己创立了一所平民夜校，招收了50多名失学的青少年，教授他们文化知识。师生感情深厚，以至于当文法学院离开蒙自时，这些夜校学生竟然自发地前往车站送行，泪水涟涟。

联大的离开与到来一样仓促。那时蒙自已有遭遇空袭的危险，吴宓、沈有鼎等几位同住的教授还未来得及撤离，整天忧心忡忡。沈有鼎通晓《易经》，便为大家算了一卦，得出“不出门庭凶”的结论。于是在蒙自最后的岁月里，大家每天用完早饭后就各自出门去荒郊野岭读书，傍晚再返回住处，来去都可谓身不由己。但在这乱世中，谁能安心呢？陈寅恪有《别蒙自》一诗感叹道：

我昔来时春水荒，我今去时秋草长。
来去匆匆数月耳，湖山一角已沧桑。

吴宓也作《离蒙自赴昆明》：

半载安居又上车，青山绿水点红花。
群飞漫道三迁苦，苟活终知百愿赊。
坐看西南天地窄，心伤宇宙毒魔加。
死生小己遵天命，翻笑庸愚作计差。

可见离开蒙自奔赴昆明，不仅有不舍，更多是乱世流亡的无奈。

03

联大八年，四个阶段

The Four Period of Lianda

文： 李艺 **编：** 陆沉 **图：** 云南师范大学西南联大博物馆，北京大学档案馆
text: Li Yi **edit:** Yuki **photo:** The Museum of National Southwestern Associated University, Archives of Peking University

1938年4月28日，湘黔滇旅行团团部和辅导团全体成员在昆明合影。
◎云南师范大学西南联大博物馆藏

如今，最快4小时就能从北京到昆明，可八十年前，同样的起点和终点有人却走了一年。1937年7月，日军攻下北京，北大、清华、南开三所学校为了师生的安全，更为了延续国家文脉，不得已踏上了南迁之路。刚落脚长沙还未安顿稳妥，又因战事蔓延而被迫去往西南。历经数月的颠簸，1938年5月4日，由三校组建的国立西南联合大学总算完整出现于昆明的晴空下。从此，西南联大开始了八年既艰辛又浪漫的异乡岁月。

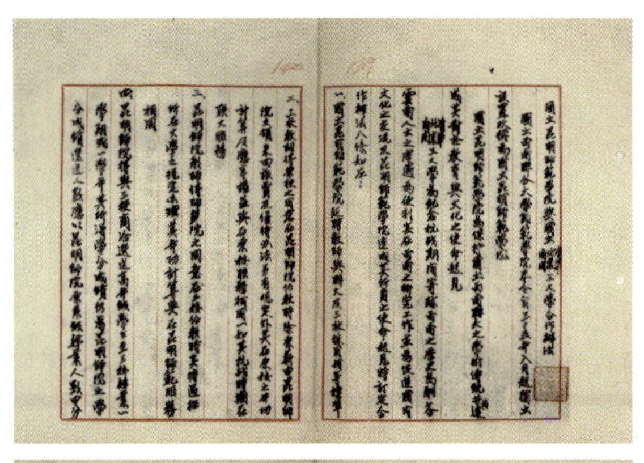

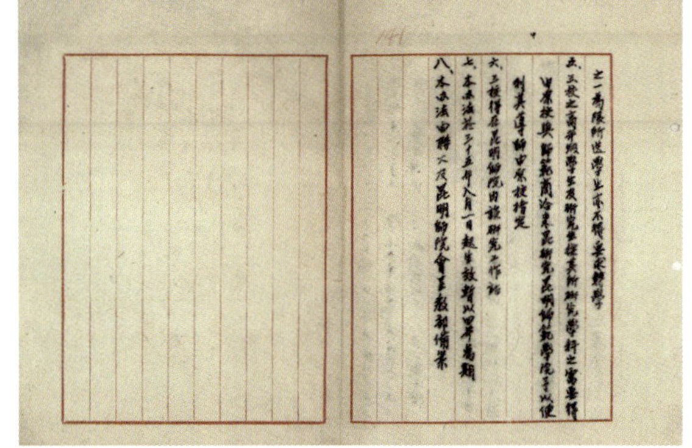

《国立昆明师范学院与国立清华、北京、南开三大学合作办法》
◎云南师范大学西南联大博物馆藏

1938年至1941年：混乱中的浪漫

1938年春，由长沙分三路出发的师生相继抵达昆明，迎接他们的除了明媚的阳光，还有简陋的校门和散落各处的课堂。不大的小城一下涌来几千名师生，如何安置自然就成了问题，再加上8月将从蒙自迁回的百余名文法学院师生和即将来报到的两千多名新生，校方为校舍分配苦恼不已。到12月1日，学校还没有水和电，学生还没有书桌，住宿问题也未完全解决，联大在昆明的第一个学年就在混乱中开始了。但这好像并未影响学生们热闹地开展丰富的课外活动，也未影响老师们身居陋室放眼世界、思考中国。要是不幸遇上了生死患难时，相敬相爱的师生们还不忘浪漫幽默一把。

联大继承了北大、清华、南开三校种类多、内容丰富的社团传统，音乐会、话剧演出、足球赛、夏日考察、时政研讨会……好不热闹。伙食委员会是最早成立的社团，加入的同学们通力合作，志愿负责大家的伙食，从制订伙食计划、选定用餐地点到监督采购和烹饪，丝毫不马虎。有的社团还会办夏令营，参加的人不但能与队友增进情感，还能游览名胜。如果喜好历史，树勋巷是不错的去处。一批年轻的历史学者时常相聚，热烈地讨论着课上的内容，既有陈寅恪的“魏晋南北朝史”、雷海宗的“欧洲中古史”，又有噶邦福（J.J.Gapanovitch）的“希腊罗马史”。他们建起的小型图书馆甚至吸引来了物理系、数学系的同学查阅资料。与外面社团比，宿舍的热闹也不逊色，大家吹拉弹唱、谈天说地，捉老鼠捕臭虫，自娱自乐。

在昆明为数不多的娱乐活动中电影和桥牌最受大家欢迎。起初，昆明的两处影院放电影时会由一名当地人解说，不少外来学生借此机会学会了云南话。1940年，现代化的南屏大戏院在市中心开幕后，学生们就基本只光顾能放外国彩色电影的新剧院了。碰到喜欢的他们会不厌其烦地欣赏，比如看上八遍讲约翰·施特劳斯的《翠堤春晓》。至于桥牌，它很早便盛行于教授和学生间。工作闲暇打几局，跑警报的空当儿打几局，不失为苦中寻乐的妙招。

跑警报是大家来昆明后才体验到的。昆明作为抗战大后方的重要城市，和当时的陪都重庆一样都是日军轰炸的重要目标。不同的是，重庆地势导致常常起雾，日军找不准轰炸目标，而昆明总是阳光灿烂，有利于日军空袭。1938年9月28日，昆明第一次成为日军的空袭目标。不久，教育部便下令联大在内的十二所高校要继续迁往更安全的地方。

1940年10月13日，日军轰炸联大师范学院。
◎北京大学档案馆藏

昆明市第一届运动会时的校旗。

梅贻琦和旅行团团长黄师岳握手。
◎北京大学档案馆藏

战乱年代哪有安全的栖身处？况且联大人员众多，搬迁实在不便。然而1939年10月，日军对昆明连续的大规模轰炸，让损毁严重的联大不得不接受教育部的安排，把次年入学的新生安排到四川叙永上课。分隔两地的教学分散了原本就珍贵的精力和资源，经过校方的努力，叙永校区在1940至1941学年结束后停办，所有人重新聚回昆明。共同跑警报的日子从此开始了。

随着轰炸次数的增多，人们竟也能赋予跑警报以幽默和罗曼蒂克。如今陪你慢慢变老的浪漫放在那会儿是陪你一起跑警报。面对生死未卜的下一秒，此时的并肩向前就更多了份深情。拄着拐杖的教授看到同在山里躲避的学生还不忘打趣地说："看，我跑警报不比你们慢吧！"等待警报解除的过程里，大家一起谈谈天、吹吹牛、打打桥牌，抱怨时下生活之艰，感受微风与暖阳也算是享受。在日机轰炸最频繁的日子里，有小店挂出"不怕炸牛肉店"的招牌，来这儿喝碗牛肉汤，享了美味，长了骨气。

在联大，对课外活动极富热情的学生们不会忘记"独立之思想"与"自由之精神"。昆明的茶馆里，学生们无所顾忌地评论爱因斯坦的最新论文，也不会被指责为年少狂妄。即便遇到批评，学校也定会给出客观论断。有一回，外界认为学生们在战时举办交谊舞会不仅有伤风化，而且道德败坏。校长则回应，"学生并无道德问题，举办舞会也未违反学校规定"。正是有如此自由的氛围，联大才会有贴满壁报的民主墙，那一张张集思广益的壁报浓缩着学生们发出的时政声音、学术观点。教授们路过时也不忘放慢脚步看看内容，倘若发现有独到见解，还会专门将同学请来鼓励和交流。

同样受益于联大自由氛围的还有老师们，他们积极地创建自由发声的平台，由青年学者们创办的《今日中国》就是其中最突出的。在这儿，不同的观点自由碰撞，有人关注国际局势，有人忧心中国未来道路的选择，有人支持"全盘西化"，有人坚定走"文化保守主义"之路。在这儿，主编和撰稿人追求自由独立，不以个人喜恶衡量，为的就是让不同的观点能被听到。除了在学者们的刊物上发表洞见，联大的教授们还在普通的杂志上刊登文章。这样一来，昆明的大街小巷都能透过教授们扎实的学术基础和开阔的视野放眼世界，明白自己的命

遭到轰炸后，蒋梦麟常委与他的办公桌。
◎北京大学档案馆藏

国立昆明师范学院成立时的合影。
◎云南师范大学西南联大博物馆藏

遭到轰炸后的联大校舍。
◎北京大学档案馆藏

运同遥远的伦敦、东京、莫斯科的动态密不可分。不过，对昆明人来说，身边的联大才是关系最紧密的。转眼三年过去，他们早已习惯和接受这些穿着时髦的异乡人，而联大的师生也在困苦中摸索出用浪漫与智慧不断拓展生活天地的方法。彼此相处的和谐与联大自由的养分，又给予师生们足够的勇气开启在昆明的第四个年头。

1941年至1943年：艰难的自力更生

1941年，生活在昆明的人们感受到了两个明显的变化：一个是陈纳德将军带领飞虎队入驻后，屡屡击退来空袭的日军，频繁跑警报的日子结束了；一个是随着南宁、宜昌的相继沦陷，日军先后封锁了能为昆明提供物资供应的滇越铁路和滇缅公路，昆明城内物资匮乏，物价飞涨，政府拨给学校的补助根本赶不上物价上涨的速度，这让本就贫苦的生活雪上加霜。

街上的人们穿着打满补丁的衣服，平日里讲究的师生们此时也不在乎衣服已洗得发白或满是补丁。有的男生还因为时常打补丁，熟能生巧地成了缝补高手。越来越差的伙食让忍饥挨饿成了平常事。为了不超出预算，细心的伙食委员会只能在午后市场快停业时买回些烂得不成样的便宜菜叶与丁点儿毛皮肉。此外，住宿仍是一直困扰联大的问题。迫于经济压力，梁思成和林徽因也不得不将联大新校舍的设计方案一改再改，最后只得建起茅草屋。下雨时宿舍屋顶漏雨，住上铺的同学得撑伞挡雨。有铁皮顶的教室也并不比宿舍好很多，遇上大雨，打在铁皮上的“噼里啪啦”声，盖得过教授们上课的声音。

长期的缺衣少食和营养不良极大地消耗着所有人的精力。昔日热衷于课外活动的学生变得沉寂，体力不支的教授们为失去了学术重心而灰心叹气。为了生计，联大师生无奈地做起了小买卖。擅长篆刻的闻一多开始给人刻章，冯友兰的妻子做芝麻烧饼卖给学生，梅贻琦校长的夫人也自制寓意抗战必胜的“定胜糕”卖给当地老板。学生们出售的货品更是多样，有的卖了自己20岁生日时母亲送的精致戒指去买书，有人拿课本换了饭钱，实在贫困的学生在开学时当了冬衣来买学习用书，到天冷了再用书赎回冬衣。还有的学生干脆自己做起了生意，种菜养猪，开茶馆、酒吧、餐厅。更有大胆的、肯牺牲学业的人，跑到缅甸走私，这倒是能赚不少，只不过多数人以学业为重，不肯铤而走险。

除了做生意之外，学生们也去做兼职——教师、公司职员、公务员、编辑、记者、手稿抄录员等等，不少岗位上都能瞧见他们的身影。昆明当地上层人家的子女在穷学生的辅导下考上了大学；象牙塔里的学生们通过工作获得了实践的机会，逐渐增长阅历，认识了社会。不过，倘若向谋得全职的学生们问感想，鲜有人会说工作的好，他们埋怨工作后除了学习就彻底没了空余时间去开展更有启迪意义的活动。

虽说生活艰辛，但联大师生们的浪漫情怀和幽默细胞并未随之消减。雨声盖过自己的声音时，极富

遭轰炸后的小吉坡校舍。
◎北京大学档案馆藏

浪漫主义情怀的老师干脆停止讲课和同学们一起静心听雨。碗里劣质甚至发霉的红色稻谷里混着草籽、砂粒、小石子和老鼠屎时，学生们不忘幽默地说："终于吃到了家乡的'八宝饭'。"看见一碗清汤上漂着根大葱，学生会给它起个颇富诗意的名字——青龙过江。眼前糟糕的饭菜让正在长身体的年轻人也顾不得太多。为填饱肚子，学生们总结出吃饭策略，第一次盛饭要么盛满满一大碗，要么先盛半碗，迅速吃完再来一大碗，这样管饱。还有人总结出生活窍门，让吃饭时用的盛菜盆子变成了多功能的，洗脸、洗脚、盛菜、洗菜等，样样儿好使。

联大师生另一个未被环境改变的是对学习的热情。昆明电力匮乏，为了找到亮堂的地方学习，大家使出浑身解数。新图书馆的煤气灯算是明亮，有学生会提前一个小时来等开门，好在图书馆大门打开时冲向最靠近灯的位置。而占不到位置的人会去有灯有人情味的茶馆里读书、写作、聊天。到临近考试时，学生们就埋头复习，茶馆也难得安静，可一等考试结束就又恢复了喧闹。其实还有比电灯下的位置更稀缺的，那就是图书资源。因为没人买得起书，图书馆的参考书总是供不应求。预约人数最多的是菲尔柴尔德（Fairchild）、弗内斯（Furniss）和巴克(Buck)合著的《经济学概论》，这是陈岱孙教授给经济系大一学生上经济学概论的指定教材。当时全班一百多号人，教材不过五六本。

没有足够的阅读资料，联大的师生就自己动笔丰富。那时昆明有名的作家多来自联大。沈从文充满地方特色的小说，朱自清的散文，卞之琳的诗歌，冯至、闻一多等人既写诗歌也写散文。学生中也涌现出像穆旦这样的诗坛新星。为了打破昆明沉闷的文艺氛围，有文学爱好者通过拉赞助的方式创办了文艺期刊《文聚》。一时间，联大最好的诗歌、小说和评论都会刊登在《文聚》上。老师们也纷纷发表自己的作品。文字成了塑造师生在患难中集体感的连接。不过传播思想的渠道并不仅限于文字和出版刊物，演讲也是很好的方式。那时学校里经常有质量上乘的演讲，深受听众欢迎。来演讲的既有联大教授，又有外请的讲者。文学院院长冯友兰谈哲学，法学院院长钱端升谈美国与东亚关系，小说家老舍谈抗战以来的文艺发展，史学家陶希圣悲观地谈抗战局势……然而无论大家对未来有何种观察，在昆明的日子还会继续，抗战还会继续。

1943年至1945年：不满中的转折

日军持续的封锁让无法及时获得外界物资与出版物的联大师生有了与世隔绝之感，曾经拿着不错薪水、位列中产阶级的老师们此时几乎成了无产者。在无尽的苦日子面前，选择坚守的师生们散步时，遇见的是毒打羸弱士兵的军官；慰问部队时，看到的是军官对士兵的欺辱；进入农村调查时，听到的是宁可身体残疾也不愿去当兵受蔑视和侮辱之类的肺腑之言。大家在逐渐理解弱势群体的过程中愈发不满国民党的

1938年，蒙自北大中文系师生合影。
◎北京大学档案馆藏

腐朽。而1944年在抗日战场上，接连的溃败让攻势凌厉的日军通过一号作战计划将中国国土分为两半，更是极大地刺激了联大师生。

悲惨危急的现状让人愤怒，民主墙再次热闹起来。这次，联大师生的注意力从校园热点转移到了国家大事。名为《现实》和《生活》的两份壁报开始翻译外国媒体的报道，让同学们获得更多信息。新成立的壁报联合会也使各个壁报间的交流变得频繁，这样，从客观上也提高了内容质量。

不过学生们并未止步于信息传递和观点表达，他们还要加入抗战。早在1941年飞虎队来到昆明时，就有学生响应号召，参加双语志愿团给美军当翻译，还有的号召大家为受伤的战士献血，为战士补充营养而捐款。1944年，联大在教授会上表决通过毕业班所有身体强壮的男生弃笔从戎当译员，宣布入伍者可免修大四课程，并在退伍复员后获得毕业证。接到通知后，有学生怕给祖国蒙羞，加紧练习英语。而为了帮同学们顺利从校园生活向军旅生活过度，学校特意为他们补充营养，提供译员训练。闻一多在授课时还挑选了《共产党宣言》的英译本作为教材，好让这本重要文献被同学们了解。对没有参军的学生，联大在学校新开设了军事基础课，让大家能够进行实地训练，学习武器运用。除了毕业班中身强体壮的男生加入抗战，一些教授和极少数女生也报名参军。不过令人遗憾的是，热血青年们在部队里百分之八十的训练最终用在了日后的内战中，而非抗战。

如此严峻的局势和腐败无能的国民党政府，让留下来的教授们继续更加深入地思考时下的中国社会。有些对政府失去信任的教授们谴责社会经济不公，主张国共建立联合政府。他们加入新成立的中国民主同盟会和十一社等知识分子团体，在活动中探寻着救国出路。仍对政府抱有希望的经济学者则不断地呼吁政府推行强有力的经济改革，以挽救腐朽的政权。然而他们的呼声从未得到国民政府的回应。就这样，联大师生在不满的情绪中与政府的关系日趋紧张，并在接下来的两年逐步达到顶点。

1945年至1946年：联大落幕

1945年8月15日，日本宣布投降的消息迅速传遍全国，大家欣喜若狂，但很快又有了担忧。从国内形势来看，抗战后的道路不容乐观。然而不管怎样，此时联大的当务之急是准备返回北京、天津。由于待处理的事务十分庞杂，学校决定在1946年复员北归。联大让学生依据北大、清华、南开三所学校的学术特长、师资力量以及个人爱好来选择日后继续学业的学校。于是，对国学感兴趣的学生选择了北大，工学院的学生继续留在清华，打算从商的去了南开。大部分学生都为即将回到各自传奇性的校园而兴奋，只有快要毕业的学生对此有几分嫉妒。很快往日里见面寒暄的“吃了吗”或者“还好吗”都变成了“怎么走”或

1938年，长沙临大部分教师合影。
◎北京大学档案馆藏

“有什么东西要卖吗”。

当然，并非所有人都希望联大离开，教育部认为联大留在云南有助于中国教育的均衡发展，当地人也舍不得与朝夕相处的师生告别。但1946年2月，在经历了激烈的斗争后，联大定下了返回北方的确切日期。与此同时，联大的师范学院在教育部批准后继续留在昆明，并更名为“昆明师范学院”，还有少数对昆明感情极深的教授也选择留下，这多少给失落的当地人以些许安慰。1946年5月4日，国立西南联合大学在图书馆里举办了最后一届毕业典礼。联大的师生、校友和当地人一起在此送别联大，但谁都知道那八年的岁月如雪泥鸿爪留在了心间。

同样留下痕迹的还有曾驻扎在昆明的美国军人。在当地人看来，美国兵的魁梧和招摇过市异常抢眼，在联大人眼中，双方的合作多是愉悦的。学生喜欢到黑市上购买美国大兵的夹克衫和太阳镜。美国军人也乐意找联大学生一起打垒球、打篮球，举办田径运动会。连美国上尉罗伯特·巴内特（Robert Barnett）也向历史系的孙毓棠教授学习《史记》。不少曾留学美国的联大教授还会到美国领事馆聊天、打桥牌。

不过中美关系并非一直融洽。1945年抗战胜利后，当大家得知美国正加紧压迫国民政府，鼓动国民党发动内战的消息后，对美国的印象就不再是友善的反法西斯同盟的拥护者了。联大学生自治会向美国总统杜鲁门发去了电报，呼吁美国政府停止做未能有效阻止敌人侵犯却蓄意发动内战的腐败政府的帮凶。昆明四校学生联合会也集体举办反内战集会，愤怒的学生们罢课，并在走上街头宣传反内战时与国民党士兵、警察、特务爆发了冲突，冲突愈演愈烈。12月9日四名学生在冲突中死亡，数名学生受伤更是让大家愤怒至极。然而，在四名牺牲的学生尸骨未寒时，直言时弊抨击国民党腐朽统治的联大教授闻一多也在1946年7月被国民党特务暗杀。不再完整的联大让北归多了几许悲伤。

1937年，大家在抗战的慌乱中从北京离开时，都未想到再归来已是九年后。1938年，国立西南联大刚到昆明时，也无人料到在这儿一待便是八年，其间的经济困难、物资紧张、信息闭塞和战争侵扰让众人饱尝心酸，但因为有着对自由独立的追求和浪漫积极的心性，联大终究在不辱延续国家文脉的使命后辉煌落幕。

04

安得广厦千万间：联大的办学条件

School Conditions of Lianda

文：王思涵 **编：**陆沉 **图：**云南师范大学西南联大博物馆，北京大学档案馆
text: Rumpud **edit:** Yuki **photo:** The Museum of National Southwestern Associated University, Archives of Peking University

经历过战争的人，大约都会用“流离失所”来形容这段经历。这不仅仅是个人的体验。西南联大的出生与战争结缘，这就决定了它疲于奔波的一生。很难想象有第二所学校像西南联大那样，从未在哪里真正扎根过，联大更像是被风带着走的火种。在合适的地方，联大就会发光发热，只可惜总是不能久留，就要继续奔赴。

中华民国空军美籍志愿大队，俗称“飞虎队”，是二战期间在中华民国成立的，由美国飞行人员组成的空军部队。

流离：蒙自、昆明与叙永

匆匆搬离长沙后，联大本想落脚在昆明。但无奈昆明的房屋不敷使用，只得将文学院和法商学院暂时搬去云南蒙自。

为何选择蒙自？坐落在中越边境的这座小城有着从乱世中“偷”来的闲适。不同于暴涨的物价和人人自危的大环境，蒙自的物价很低，生活悠闲，并且坐落在红河岸边，城外还有风景迷人的南湖，雨季到来后，岸边的杨柳就会发芽。这种杨树在秋天抽条的景象，引得前人在入南湖的堤上题了“秋至杨生”四个字。但选择蒙自也有更实际的理由，那就是蒙自有条件为联大提供校舍。蒙自一度是西南边境的枢纽，但由于当局的昏庸拒绝了修建铁路，因此当铁路通到碧色寨后，蒙自的地位就迅速被代替，原来的海关、商行陆续搬走，留下了许多空房。

在蒙自度过了四个月时光后，文法学院迁回昆明。而昆明的环境就没有那么悠闲了。抗战期间，昆明一直是全国物价最高的城市，常常遭到日军敌机的光顾。1938年到1939年间，昆明共受袭击两次，并发生了“九二八”惨案，造成了141人死伤；1940年到1941年间更是变本加厉，日军一共空袭昆明46天。因此诞生了令联大同学难以忘怀的活动：跑警报。

跑警报，言下之意就是在拉响空袭警报时跑向安全区域，有时遇见夜袭，学生们不得不从床上一跃而起。在昆明的日子里，学校频频遭到轰炸，校舍遭到破坏。碰上雨天更是令人头疼，师生们在图书馆和宿舍都需要打着伞，才能安心看书、休息。真是应了杜甫那句名诗：“床头屋漏无干处，雨脚如麻未断绝。”但作为西南地区的枢纽，面对空袭，昆明也相应地提升了自己的防空能力，当地群众的爱国热情也空前高涨。联大在昆明可谓“焉知非福”。

1940年7月，日军攻占安南后，云南也成了前线。英国封锁了滇缅铁路，这让昆明的形势越来越不容乐观。联大这颗火种准备开始随着风飞向更安全的地方，最后决定落向四川。四川政府对联大的到来表示了欢迎，并建议将校址落在泸县、宜宾和叙永一带。此时昆明空袭频发，战争的阴云笼罩着联大师生，学校忙于疏散家属和保护图书、仪器，联大不得不做决定了，选择在四川叙永开设分校，安排一年级和先修班的学生转移到叙永。

和昆明不同，叙永是一个偏僻的小县，城中有长江的支流永宁河流过，但叙永的硬件设施甚至不如昆明，校舍只能建在寺庙中，而且还没有足够的课桌椅供学生和老师使用。但是针对究竟要不要继续设立分校，本部和分校双方持相反的意见。最终在1941年7月的校常务会议上决定，联大不再继续设立分校了，并在8月决定只将先修班保留在叙永。

战火纷飞之处，大约没有地方可以供人真正落脚。经历了二战的犹太诗人策兰曾写：“多少个夜晚我听见那风又回过头来：‘我这里燃烧着远方，你那儿太窄迫……’”联大的长征就此打住，虽然“安全的”远方一直在召唤，但永远地逃避、迁徙毕竟不是长久之计，不如就安顿于昆明，全力办校。幸运的是，美国飞虎队进驻昆明后，空袭便停止了。昆明成了联大这颗火种的庇护所。

失所：安得广厦千万间

办校最头疼的地方就是找合适的校舍，在战乱之中更为艰难，就算找到，还得面临被日军飞机轰炸的风险。可以打趣地说，联大和当代人很像，总是为“房”忧虑。究竟到哪里去寻那大庇天下寒士的地方？

抗战后期，学校经费困难，部分教室的铁皮屋顶也拆卸来变卖，改成茅草屋。
◎云南师范大学西南联大博物馆藏

联大工学院图书馆阅览室。
◎北京大学档案馆藏

联大工学院男生宿舍。
◎北京大学档案馆藏

西南联大俯瞰图。◎云南师范大学西南联大博物馆藏

联大最初将文法学院迁至蒙自，就是因为昆明没有足够的校舍。在蒙自时，文法学院使用了海关和商行搬离后空出的楼房，并且还得到了当地富绅周伯斋的帮助，他为联大提供了自己的公馆作为女生宿舍。在无数个夜里，她们在这短暂的庇护所里听着窗外的风声，那风远道而来，提醒着女孩们远方的战争还有沦陷区的亲人，她们便称之为“听风楼”。蒙自的住宿条件在战争环境中已经算是令人满意的了。但无奈云南生态环境太好，学生、老师回到宿舍，经常会发现墙上、床边吊了几条蛇，大家常常被吓得落荒而逃。

叙永分校的校舍条件则是最差的，只能利用城内现成的庙宇。例如南华宫既是工学院的男生宿舍，同时大殿又是上大课的教室。联大的食堂就设在西城的城隍庙，而教学区在东城，下课后联大师生就得穿过整座叙永城前去用膳。最令人头疼的是，叙永没有足够的课桌椅和教学书籍，也没有电灯，天黑后学生们就人手一盏会冒出黑烟的小油灯，或是去茶馆里借着店家的汽灯读书。

而昆明作为主校区，要长期使用，因此昆明的校舍来源除了租赁楼房外，还得在空地上自建。联大在昆明三分寺附近购买了建造校舍的地皮，还邀请了梁思成和林徽因做建筑顾问。但在战争期间建造房屋十分困难，物价飞速上涨，建筑经费又不足。设计方案改了又改，拖了又拖，结果新校舍除了图书馆和食堂外，都只能盖成土坯墙、铁皮顶的平房，更糟糕的是在施工过程中人们发现根本无法获得足够的白铁皮，于是宿舍和办公室都只能修成茅草屋。

而且，就算校舍建成，也不能够满足全校师生使用。联大图书馆是教学区中心，它外观高大，藏书丰富，但对好学的联大学生来说，依然供不

新校舍南区理学院实验室
◎北京大学档案馆藏

联大工学院图书馆。
◎北京大学档案馆藏

设在昆华农校的化学实验室。
◎北京大学档案馆藏

联大新校舍图书馆 。
◎北京大学档案馆藏

联大新校舍男生宿舍。◎北京大学档案馆藏

联大新校舍大门。◎北京大学档案馆藏

联大新校舍南区教室。◎北京大学档案馆藏

联大新校舍北区教室 。◎北京大学档案馆藏

应求。每天图书馆开馆前，门口就已排起长长的队伍，而且联大初期的图书馆是没有电灯的，只有很少的几盏汽灯。天还没黑，大家就已守在图书馆门口，只为了抢到汽灯下的座位。

那段时间，日军飞机常常光顾昆明。不幸中的万幸是，昆明一些学校疏散后空出了许多楼房，正好可以作为联大的校舍使用。但因为联大几乎是逮着合适的空房就进驻，除了三分寺校区外，联大的校舍极为分散，这就带来了一些不便。有时在新舍东北区上完课后，就得赶去乾坤正气大教室，或是昆北食堂，然后又得跑出大西门到工校区，下课后，说不定又要去昆中的教室上课。教室里的座椅也不足，如果到得比别人晚一步，就只有站着听课的份儿。下雨时，道路还会变得泥泞不堪，再长途跋涉一下，到了教室就只剩下一双“泥脚”了。

虽然条件艰难，在乱世中寻找“大庇天下寒士”的“广厦”确实不易，但联大本身就是一个可以庇护中国知识分子的地方。这种庇护不在于提供优渥的物质条件，而是保证精神层面不至于溃散。因此在艰苦的环境中办起联大，颇有几分沙漠里寻得绿洲的意思。

05

南雁北归，三校复员

The Return of National Souathwestern Associated University

文：周加利　编：陆沉　图：云南师范大学西南联大博物馆，北京大学档案馆
text: Zhou Jiali　edit: Yuki　photot: The Museum of National Southwestern Associated University, Archives of Peking University

美国国父之一约翰·迪金森，也被称为美国独立战争时的“革命执笔者”。他的作品《自由之歌》（The Liberty Song）中有一句“United we stand, divided we fall”十分有名。这句话可以理解为：合则两立，分则皆堕。西南联合大学的发展轨迹，也与这句话暗暗呼应。来自不同学校、拥有不同政治观点的师生们因着抗日的同仇敌忾而联合，也因抗战胜利之后各种不同思潮之间的撞击而渐行渐远。最终，在抗战胜利的第二年，西南联大完成了她战时为民族、国家培养人才的任务，正式解散，南雁终于北归，三校复员。

千秋耻，终已雪：抗战胜利

时间来到1945年，抗战的第八个年头，也是中国对日本宣战的第四年。

在这一年前，日本发动了一号作战计划，打通河南、湖南到广西一线。豫湘桂会战的结果，中方有100余座城市失守，6千多万人口归了敌占区；厂矿损失了总数的三分之一；年产粮1.2亿石的重要粮区也已丢失。在作战中，中国官兵伤亡50万人，丧失空军基地7个、机场36个。日军以伤亡仅7万人的代价便打通了南北大陆交通线，将国民党统治区东西分割开来。

1945年7月26日，美、英、中三国共同签订《波茨坦公告》，敦促日本投降。8月6日，对日本失去耐心的美国在日本广岛投下第一颗原子弹。8月9日，第二颗原子弹将长崎化为废墟。8月10日，日本发出乞降照会。

短短一年的时间里，世界局势每一天都在变化。

但西南联大的教学生活，仍在昆明这个边境城市继续着。炎热的8月，自是暑假阶段，然而联大的学生们大都是背井离乡，又偏逢山河破碎风飘絮的时节，大部分学生此时都在学校里待着。

对他们来说，若不是因为日本投降，这本该是平凡的一天。

历史学家何兆武先生，当时也是西南联大的一员。在他的日记里，我们可以读到这样的一行关于抗战胜利的记述：

1945年8月日本投降。记得那天傍晚王浩来找我，尚未进屋就在外面大喊我的名字，我还挺奇怪的，仔细一听才知道，他喊：“The war is over”（战争结束了！）当晚，我们几个人凑钱买了食物和酒一起庆祝，意想不到的是，当场就有两个犯了神经病，大哭大笑、又吵又闹。大概是多年战争引发的苦难和流亡生活的压抑突然

之间爆发出来了，不禁使我想起莫泊桑的一句结论："Mais, C'est si fragile, une vie humaine"（人生是那么脆弱！）

除了学生，当年倡议建立联合大学的傅斯年，听到日本投降的消息，自然也是开心不已，"拿了一瓶酒，到街上大喝。拿了一根手杖，挑了一顶帽子，到街上乱舞"。以至于最后回家的时候，手杖没了，帽子也没了。

在这一天，重庆不眠，西南联大所在的昆明不眠，中国也不眠。

因为抗战而"南渡衣冠"，因为抗战而联合的三校师生们，恣意狂欢着，活脱脱如诗中所写的"漫卷诗书喜欲狂"。

联大师生们，在抗战胜利的好消息中，忘掉了以往的阴霾，也暂时忘却了在前方等待着他们的，关于国家、关于教育前途的辩论与斗争。

兄弟阋于墙：割裂了的西南联大

西南联大因着一股联合的劲儿，三校师生们共同抵御侵略、建设国家。在战争时期，学生们也曾与国民政府唱反调，反对政府过多干涉学校的教务，成为"民主的堡垒"。当时的西南联大，校内十分团结。

"兄弟阋于墙，外御其侮。"《诗经》中的这句描述了互相争斗的兄弟，为了应对外侮而联合起来的情形，但是，外侮一旦消失，兄弟之间又会怎么样呢？在接下来的四年，国共两党就中国的未来与前途，进行了一番较量。西南联大，也像这个国家一样，慢慢分为不同阵营，三校的"分家"，也在此时酝酿着。

抗战胜利后，西南联大内部出现了希望重返平津等地复校的看法。除了对西南联大的未来有所思考、有所希冀，教员和学生们也对中国的未来充满了希望，想建成一个独立自由的新中国。

1945年10月10日，经国共两党协商，《国共双方代表会谈纪要》（又称为《双十协定》）在重庆签订并公布，国民党同意和平建国方针，承认各党派的平等合法地位，以及承诺召开政治协商会议，中共则承认蒋介石的全国领导地位。不到一个月之后，双方却都开始战争准备，大规模内战一触即发。

11月，西南联大学生举办的反内战活动被军警包围威胁，云南省政府的直接镇压引发了罢课学潮。军警攻入校园，用手榴弹、木棍等袭击学生，造成4人死亡，也就是"一二·一惨案"，由此开始，联大的师生们，因为不同的政治光谱和立场，渐渐分化为不同派别。

西南联大最著名的教授治校制度此时发挥了作用。惨案发生的第二天，教授会马上召开，商量应对事宜。一向是民主斗士的闻一多自然赞成学生们继续罢课，甚至于教授也得罢教，以此向当局表示不满。而另一方面，亲重庆的属于"三民主义青年团"的姚从吾等人则大力抵制闻一多的提议。最后教授会不欢而散，"罢教问题延缓讨论"。其实对大多数教授来说，当局的举动虽然过分，但大学毕竟不是党争之地，教授又怎么能随意罢教呢？更何况教授会中，国民党籍的教授居多。这罢教是不可能实现的。左右派交锋的结果，是左派文人如闻一多等暂时落了下风。

历时两三天，教授会的讨论所达成的最后决议是：联大停课七天，哀悼遇难学生，并对当局表示抗议。

罢教的问题解决了，而学生罢课却还在进行，云南省政府，甚至蒋介石都亲自发布公告，

昆明师范学院、云南师范大学的大门。
◎1984年 ◎云南师范大学西南联大博物馆藏

西南联大经济系46级话别会合影。
◎北京大学档案馆藏

联大三校谢云南省市商会致送惜别屏联函
◎北京大学档案馆藏

敦促学生复课。

事情僵持了半个月后，12月中旬召开的教授会上再次对罢课事宜进行了讨论。在会上，新任的西南联大常委傅斯年，与闻一多为代表的左派教授们来了一场大交锋。傅斯年在会上大吼：“布尔什维克给我滚出去！”闻一多也不示弱，兀自站起来，说自己就是布尔什维克。一时间会场气氛紧张起来，就连一旁劝架的冯友兰也被傅斯年瞪了一眼。傅斯年自然不是右派，但是最终的会议结果，无疑是左右两派折中决议，只敦促当局撤职主使，并要求学生复课。这一结果，其实无论是在闻一多等人来看，还是在姚从吾等人来看，都是不太满意的，双方因此再次积了一股气。

此时，美国的马歇尔将军来华调处国共纷争，同时关注着学生运动，国民政府的口风不得不有所软化，将云南省代主席，也就是“一二·一惨案”的主使李宗黄调离云南。

12月25日，学生通过复课宣言，同意复课。教授和学生们开始筹备为四位死去学生的出殡仪式。出殡当天，昆明有近十万人前来观看游行。然而，出殡队伍走到联大校园附近的墓穴时，在场的人士竟不足百人。除了校方管理人员和学生志愿者，教员里只有闻一多、吴晗等五人陪祭。革命的斗士闻一多，半天说不出话，隔了好久才悲愤地致辞。

此时的西南联大师生们，已经历了一个月的流血，恐怕也对每日的左右派争斗感到疲倦了。将近三十天的唇枪舌剑，分派别的争吵辩论，让一个学校里的众人分割开了。连绵不绝的学潮、到处充斥的暴力让大家备感疲劳。随着四位学生入土为安，西南联大的风波算是告一段落。

然而，此时的春城昆明，气氛寒冷，西南联大的气氛也与往昔不同。师生之间怀着对对方的猜忌，互相划分着国共和左右。原先团结一气、同仇敌忾的联大师生，没了“同仇”，也慢慢地不再和睦。

冯友兰在日后回忆这时的西南联大，是这样说的：“联大表面上平静无事了，其实它所受的内伤是很严重的，最严重的就是教授会从内部分裂了，它以后再也不能在重大问题上有一致的态度和行动了。从五四运动以来，多年养成的教授会的权威丧失殆尽了。原来三校所共有的教授治校的原则，至此已成为空洞的形式，没有生命力了。”

此事之后，联大教授会开始讨论起解散联大。本来由于陆海空交通方式难寻，校方想着联大9月后再开始移动，但是教授们强烈要求5月便开始解散和迁移。

既然客观上，三校注定要分开，而主观上，民意又如此，联大的解散与北归之日，便慢慢靠近了。

联合竟，使命彻：
三校复员，返回平津

1946年5月4日，距离抗战胜利不到一年，距离冲击学校的“一二·一惨案”不到半年，也正是五四运动爆发的27周年纪念日。在这一天，西南联合大学举办了校史上最后一次结业典礼。

西南联合大学纪念碑也在校舍后的山坡上被立起。仪式结束，三所学校也终于如碑文所说——神京复，还燕碣。就在5月4日当天，已有90名师生开始了乘车北上的复校之旅。

7月31日，西南联大召开了最后一次常委会，梅贻琦宣布，西南联大正式解散。联大因为国土沦陷而联合，因为国土光复而复校。伴随着八年抗战一路走来的西南联大，作为当时“民主的堡垒”，在培育了一大批文理人才和教给了他们自由的精神之后，完成了自己的任

西南联大博物馆如今坐落于云南师范大学。
◎白凤翔摄

务，也随着这个国家一起进入它的下一幕。

千古文章未尽才：闻一多之死

1944年，抗战最后一年，闻一多加入中国民主同盟，主张未来和平建国，反对国民党的党国体制。

这位革命的斗士开始了人生中最后两年的斗争。他在各种场合发表演讲，还和学生们出板报、演话剧，支持学生运动。

“一二·一”运动中，闻一多作为教授，一直在为学生们讨还公道而努力奔走。那段时间，但凡有演讲或会议，总能见到闻一多的身影。平时喜欢读书看报的一个文科教授，竟然为了“斗争”事宜，无暇看书，只能在深夜睡前稍稍看报了解时事。如堂吉诃德般，他用自己的笔杆子与三寸不烂之舌，对抗着在黑暗中对他虎视眈眈的国民政府军警人员，以期能为这个国家探索一条出路。

根据《闻一多年谱长编》所说，1946年5月，闻一多便被云南警备总司令部盯上，他们安排了一个行动组的人员跟踪闻一多。

7月，西南联大正式解散，全体师生开始返回平津，闻一多也准备离开昆明。谁知此时，昆明的民盟成员李公朴被不明身份者枪击身亡。闻一多作为民盟成员，自然要留下来料理战友的后事。而昆明城中疯传，下一个刺杀目

标就是闻一多，但他不惧流言，更加决然地留在了昆明。7月15日，闻一多出席了李公朴的生平事迹报告会，发表了历史上著名的《最后一次演讲》，痛斥特务人员说：“今天，这里有没有特务？你站出来！是好汉的站出来！你出来讲！凭什么要杀死李先生？（厉声，热烈地鼓掌）杀死了人，又不敢承认，还要诬蔑人，说什么‘桃色事件’，说什么共产党杀共产党，无耻啊！无耻啊！（热烈地鼓掌）这是某集团的无耻，恰是李先生的光荣！李先生在昆明被暗杀，是李先生留给昆明的光荣！也是昆明人的光荣！（鼓掌）”其后，闻一多更召开了新闻发布会。民盟同人们讨论之际，觉得周围出现了一些特务人员，于是各人分头离开现场。

当闻一多与前来接他的儿子走到家附近的巷子里时，四人围了上来，一颗子弹击中了闻一多的脑袋，其子也中弹数发。

闻一多死后，各界人士发来唁电。闻一多遇害之后，西南联大彻底地离开了昆明。等待着平津三校的，是即将席卷全国的大变化、大潮流。这未来的大变化、大潮流，闻一多先生是看不到了。他死后几年的中国，是他想看到的吗？现在的中国，是他所期盼的吗？这些问题的答案我们都无从得知了，但是他的敢怒敢言、他对德先生赛先生的追求、对强权的无所畏惧，不得不让我们钦佩，有时候甚至是汗颜。

西南联大纪念碑文

文：冯友兰　text: Feng Youlan

编者按：这篇《西南联大纪念碑文》系冯友兰所作。1946年，三校北归前为纪念西南联大而建纪念碑。该碑碑文由冯友兰撰写、闻一多篆刻、罗庸手书，概述了联大简史及建校意义。

中华民国三十四年九月九日，我国家受日本之降于南京，上距二十六年七月七日卢沟桥之变，为时八年，再上距二十年九月十八日沈阳之变，为时十四年，再上距清甲午之役，为时五十一年。举凡五十年间，日本所鲸吞蚕食于我国家者，至是悉备图籍献还。全胜之局，秦汉以来所未有也。

国立北京大学、国立清华大学原设北平，私立南开大学原设天津。自沈阳之变，我国家之威权逐渐南移，惟以文化力量与日本争持于平津，此三校实为其中坚。二十六年平津失守，三校奉命迁于湖南，合组为国立长沙临时大学，以三校校长蒋梦麟、梅贻琦、张伯苓为常务委员，主持校务，设法、理、工学院于长沙，文学院于南岳，于十一月一日开始上课。迨京沪失守，武汉震动，临时大学又奉命迁云南。师生徒步经贵州，于二十七年四月二十六日抵昆明。旋奉命改名为国立西南联合大学，设理、工学院于昆明，文法学院于蒙自，于五月四日开始上课。一学期后，文法学院亦迁昆明。二十七年，增设师范学院。二十九年，设分校于四川叙永，一学年后并于本校。昆明本为后方名城，自日军入安南，陷缅甸，乃成前方重镇。联合大学支持期间，先后毕业学生二千余人，从军旅者八百余人。

河山既复，日月重光，联合大学之战时使命既成，奉命于三十五年五月四日结束。原有三校，即将返故居、复旧业。缅维八年支持之苦辛，与夫三校合作之协和，可纪念者，盖有四焉：我国家以世界之古国，居东亚之天府，本应绍汉唐之遗烈，作并世之先进，将来建国完成，必于世界历史居独特之地位。盖并世列强，虽新而不古；希腊、罗马，有古而无今。惟我国家，亘古亘今，亦新亦旧，斯所谓“周虽旧邦，其命维新”者也！旷代之伟业，八年之抗战已开其规模、立其基础。今日之胜利，于我国家有旋乾转坤之功，而联合大学之使命，与抗战相终始，此其可纪念一也。文人相轻，自古而然，昔人所言，今有同慨。三校有不同之历史，各异之学风，八年之久，合作无间，同无妨异，异不害同，五色交辉，相得益彰，八音合奏，终和且平，此其可纪念者二也。万物并育而不相害，道并行而不相悖，小德川流，大德敦化，此天地之所以为大。斯虽先民之恒言，实为民主之真谛。联合大学以其兼容并包之精神，转移社会一时之风气，内树学术自由之规模，外来民主堡垒之称号，违千夫之诺诺，作一士之谔谔，此其可纪念者三也。

稽之往史，我民族若不能立足于中原、偏安江表，称曰南渡，南渡之人，未有能北返者。晋人南渡，其例一也；宋人南渡，其例二也；明人南渡，其例三也。风景不殊，晋人之深悲；还我河山，宋人之虚愿。吾人为第四次之南渡，乃能于不十年间，竟收复之全功，庾信不哀江南，杜甫喜收蓟北，此其可纪念者四也。联合大学初定校歌，其辞始叹南迁流难之苦辛，中颂师生不屈之壮志，终寄最后胜利之期望；校以今日之成功，历历不爽，若合符契。联合大学之始终，岂非一代之盛事，旷百世而难遇者哉！爰就歌辞，勒为碑铭。铭曰：痛南渡，辞宫阙。驻衡湘，又离别。更长征，经峣嵲。望中原，遍洒血。抵绝徼，继讲说。诗书丧，犹有舌。尽笳吹，情弥切。千秋耻，终已雪。见仇寇，如烟灭。起朔北，迄南越，视金瓯，已无缺。大一统，无倾折。中兴业，继往烈。维三校，兄弟列，为一体，如胶结。同艰难，共欢悦。联合竟，使命彻。神京复，还燕碣，以此石，象坚节。纪嘉庆，告来哲。

图为联大蒙自分校纪念馆中，碧色寨车站的微缩模型。
◎任雨摄

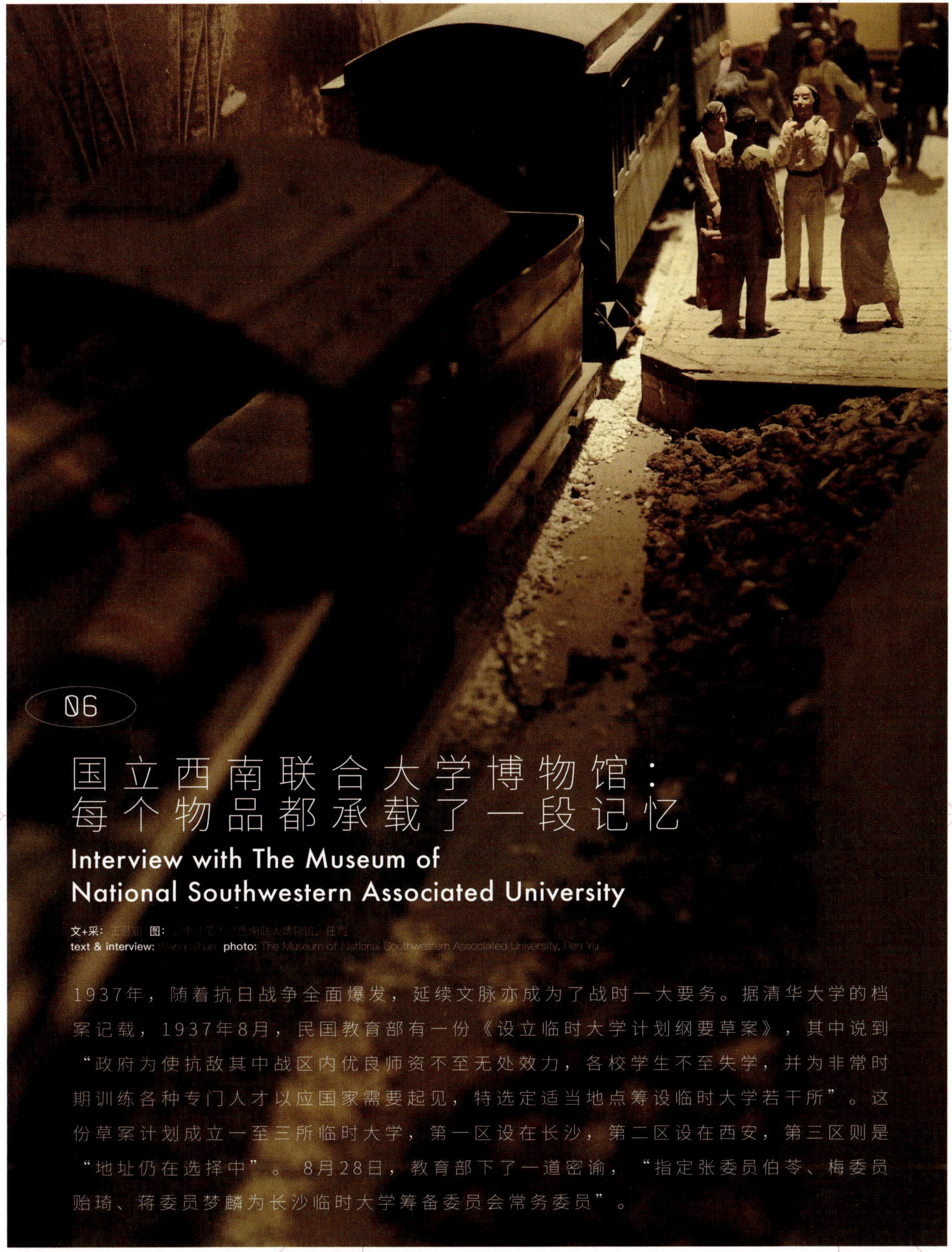

06

国立西南联合大学博物馆：每个物品都承载了一段记忆

Interview with The Museum of National Southwestern Associated University

文+采：王思涵 图：云南师范大学西南联大博物馆，任雨
text & interview: Wang Sihan photo: The Museum of National Southwestern Associated University, Ren Yu

1937年，随着抗日战争全面爆发，延续文脉亦成为了战时一大要务。据清华大学的档案记载，1937年8月，民国教育部有一份《设立临时大学计划纲要草案》，其中说到“政府为使抗敌其中战区内优良师资不至无处效力，各校学生不至失学，并为非常时期训练各种专门人才以应国家需要起见，特选定适当地点筹设临时大学若干所”。这份草案计划成立一至三所临时大学，第一区设在长沙，第二区设在西安，第三区则是“地址仍在选择中”。8月28日，教育部下了一道密谕，“指定张委员伯苓、梅委员贻琦、蒋委员梦麟为长沙临时大学筹备委员会常务委员”。

profile

李红英，云南师范大学西南联大博物馆馆长，在西南联大旧址工作18年，长期从事西南联大旧址的保护和利用工作，对西南联大历史有着深厚的情感。在西南联大的历史研究与当代应用上，始终主张西南联大作为中国近代历史人文资源的重要组成部分，其当代的价值和意义不仅在文化、教育层面有重要影响作用，还连接了城市发展等时代命题，是近代高等教育史上的经典历史文化遗产。

知中：当年在战争频发、资金短缺的情况下，西南联大是如何建成的？旧址在建筑方面有何特点？

李红英：战争爆发后，三校最初去到了长沙，但停留的时间不长。12月南京沦陷，日本人沿着长江一线进军武汉，这样一来长沙也在前线范围内了。当时经过多方的研究、调查，最后决定把学校转移到昆明来。1935年后，长沙那边至少有清华的基础，所以在校舍等基本办学条件上有些准备。但迁至昆明时却十分仓促，那里没有现成的校舍。但龙云政府给了联大很多帮助，社会各方也提供了很多支持，比如当时的昆华农校刚刚新建了校舍，自己都没用上，就拿给联大用了。

临大有四个学院从长沙迁到昆明，分别是文学院、法商学院、理学院和工学院。师范学院是同年8月才成立的，那之后，西南联大就有五个学院了。最初昆明没有足够的地方容纳，只能租借校舍。工学院租借了迤西会馆，那里相当于浙江一带商会会馆的办事处；理学院则租借了昆华农校的房子；文学院和法商学院就无处可去了，他们只能离开昆明前去有闲置房屋的蒙自；文法学院租借了哥胪士洋行，以及一些乡绅的房子。因为校舍紧缺，西南联大觉得必须得有统一的地方安置师生，于是开始筹建新校舍。校址选在大西门外三分寺附近，云南政府让联大象征性地出了点儿钱征下这124亩地。一个学期后，新校舍建成，文学院和法商学院也就迁回来了。后来，理学院也迁去了新校舍，但即便如此还是无法容下全部五个学院——工学院和师范学院依然在校外继续租借。不过联大的主体就集中在新校区了。所以，联大师生后来也称这块新校区为“校本部”。每逢大型演讲、集会，其他两个学院的师生还是会集中到本部来。你能在《未央歌》及许多回忆录中读到这样的记载：工学院的人要去校本部，就得穿过翠湖、大西门，这是因为他们离得远。从校舍的角度来说，联大的布局相对还是分散的。

1946年5月4日毕业典礼后，师范学院被整建制地留下独立设置办学，从龙翔街迁至校本部，继承了联大的校舍，也就是后来的云南师范大学。所以我们现在所说的西南联大旧址，就是指原来的校本部，是林徽因夫妇设计规划的这块地。

当时不可能建什么高楼大厦，他们很清楚这只是个流亡大学，战争结束后是要走的，而且也没有那么多的经费把一个学校办成长期的驻扎下来的大学。但当时请了大家来设计

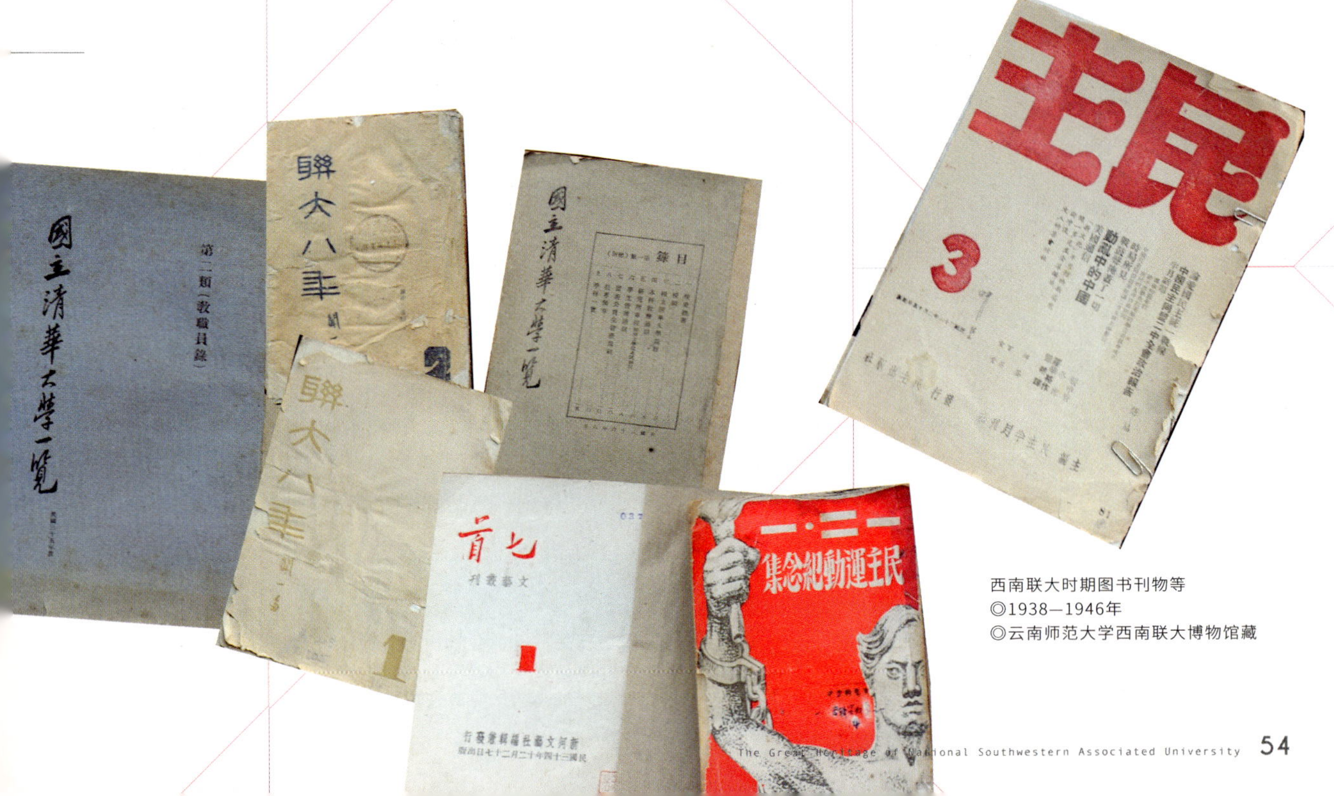

西南联大时期图书刊物等
◎1938—1946年
◎云南师范大学西南联大博物馆藏

蒙自街道。图为哥胪士洋行。
◎任雨摄

规划，从这方面看，西南联大还是十分严谨和踏实的。尽管建的不是什么高楼大厦，但仍秉着十分认真的态度在做。实际上，林徽因夫妇的图纸只规划了宏观的布局，譬如宿舍、教室、图书馆分别在哪里，也大致规划了要建怎样的房子，但并未详细到怎样建和具体步骤。联大在建设处下边设置了建设组，档案显示，他们的图纸将校舍画成了铁皮顶和茅草顶。最初其实全部打算用铁皮顶，但建的过程中的确是资金不够、资源紧缺，才把一部分宿舍改成了茅草顶。这和一些作品里的描述是有出入的。图书馆和食堂则采用瓦顶，在当时是最好的建筑。联大的建筑以实用性为主，只能算是保障了基本活动。从我们档案馆里保存的建设图纸来看，当时房子的建设比较简陋，而且是尽可能地在节约经费和资源。

知中：目前我们对旧址的保护情况如何？

李红英：校本部是茅草顶的宿舍，墙也是土坯墙，并且它的梁不是落地的，是墙抬梁。也就是说，房子两边的墙砌起来后，直接把梁放在土坯上。墙抬梁式的房子是不可能做到抗震的。另外，昆明雨季相对比较长，雨季时土坯墙会吸收许多水分，如果保护不及时就会坍塌，十分危险。所以三校北返后，师范学院就慢慢把校本部的危房拆除了。后来有些记者指责说，拆除那些承载了厚重历史意义的建筑是对前人的不尊重。但我认为话不能这么说，师范学院还要延续办学，那样的房屋不适应时代的发展，如果保留的话也会带来很大的安全隐患。

但云南师范大学在拆危楼的过程中，依然保留了这124亩地中所有的重要元素，并且除了重点保护核心区，旧址的周边也进行了环境整治。目前我们保留下的重要遗藏点有14个。其中教室保留下来了一幢，还有“一二·一运动”的四烈士墓，北返时立的西南联大纪念碑，等等。我们还1:1地复原了图书馆、教室、茅草顶宿舍，让参观者可以直观地看到当时的情况，通过空间感、布局感去体会历史的原貌。另外，从旧址建筑的特点来看，我觉得联大的建筑风格谈不上恢宏或富有视觉冲击感，而是实用、质朴的。历史资料显示，战争年代的建筑甚至比现在的工棚还要简陋，真正是体现了“茅屋草舍催英才”。我认为，重要的是附着在物质载体上的历史价值，而非建筑本身。

知中：西南联大博物馆建造的初衷是什么，筹备前后有怎样的故事？博物馆的发展有着怎样的历史沿革？

李红英：三校走了以后，校本部就由师范学院传承了过来。1946年底改名为国立昆明师范学院，解放后又去掉“国立”二字。1963年开始，云南师范大学安排了专人来管理、维护、保护西南联大时期留下的物质载体，比如一部分建筑和文物。

最初我们只有由几人组成的工作组，真正成立管理机构是到1985年。那年恰好是“一二·一运动”50周年，我们便以四烈士墓为中心围了一个陵园，并建了“一二·一运动”纪念馆。其中一部分是西南联大校史室，另一部分是

云南蒙自哥胪士洋行原为联大蒙自分校教室，图为现联大蒙自分校博物馆还原的教室场景。
◎任雨摄 ◎联大蒙自分校博物馆藏

纪念“一二·一运动”的。在2004年，云南师范大学又建了一个国立西南联合大学纪念馆，那么就相当于是将这段历史分成了“一二·一”和“西南联大”两个专题进行展出。到了2011年，随着学校的发展和国家对文化事业的重视，便有了西南联大博物馆。

我们博物馆工作的跨界性非常强，这和西南联大历史本身的跨界性十分吻合。它不像别的纪念馆，只是纪念某个事件就完了。西南联大的历史本身就是一个国家记忆，在那个年代，作为文化抗战它是非常典型的，而且它培养的是世界性的人才，所以我们觉得单单是纪念馆还不足以传承。博物馆的演变经过了很长时间，这也是时代的要求、历史的进步，表现了当代对文化传承的重视。

以前西南联大的展览场地很小，只有800平方米，而复原后的全部建筑体量有3400平方米。这样联大的历史就有很多地方没法被展示出来。今年刚好是西南联大在昆建校80周年，我们正在将西南联大博物馆展览进行提升改造，打算在今年的11月1日把新馆展览全部完成，面向全球开放。这些年来，西南联大博物馆致力于社会教育，起到了非常大的影响。2009年就纳入了全国的免费开放博物馆行列，我们是全年免费对社会开放。

知中：贵馆是目前全国有关西南联大历史资料最多、最集中的展馆，你能介绍一下博物馆藏品的基本情况吗？相比北大、清华、南开三校的馆藏，联大博物馆又有什么特殊之处呢？

李红英： 作为社会公共服务机构，传承教育是我们的第一要务。目前主要以展览的形式呈现在公众面前。展览以图片为主，辅以实物。你说我们是“全国有关西南联大历史资料最多、最集中的展馆”，我觉得还不能这么讲，应该是“全国有关西南联大的历史资料展出数量最多、最集中的展馆”。因为只有我们以西南联大为主题、西南联大历史为主线做常设展览。在这个方面，我们是全国唯一的。但从馆藏的角度来说，我们有缺失。三校复原北返时，档案资料分别归属了四个学校，清华、北大、南开、云南师范大学都各自拥有其中一部分。

但就展览和馆藏来说，我们和其他学校及档案馆不一样。他们的综合性不如我们，这是我们展览的独特之处。我们会展出各种各样的实物，比如衣物、毕业证、照片等等。我们馆的综合性是最强的。

知中：这其中有哪些是参观者一定要看的珍贵馆藏？

李红英： 我们推荐那些能够比较集中、典型地呈现西南联大历史价值的物品与建筑。比如保留下来的铁皮顶教室。参观这个建筑时，观众就能看出，这么简陋的地方却培养出了世界一流的人才。梅贻琦不是说过："所谓大学者，非谓有大楼之谓也，有大师之谓也。"所以我们一定推荐。在不可移动文物中，我们还推荐全国重点文物保护单位主体之一的"一二·一运动"四烈士墓。它保存得非常完好，一直是当时的格局，没有改变过。你能感受到那一代学人由于希望国家富强、人民幸福而发出的最前沿的呐喊。它十分典型地表现了当时学人的核心价值内涵。还有西南联大纪念碑。它承载的价值十分丰厚，碑额由闻一多先生亲自篆刻所写，碑文则出自冯友兰先生之手，全文只有1178个字，却把西南联大的历程囊括无遗。它阴面镌刻了834位从军学生的名字。就这点来说你不得不佩服西南联大，当时有那么多有名的教授，但没有谁的名字被镌刻在什么地方让人去记忆的。但这些普普通通的从军学生的名字，却镌刻在纪念碑的阴面，和阳面并立放在那个地方。前面是这一代学人对文化抗战的总结，阴面就是这一个个名字。他们不仅在文化抗战，还走入一线为国家民族挺身而出。他们是真正的民族英雄。

从展馆里面的展览来说，我特别推荐几个物品。首先是我们馆藏的校徽，这是西南联大的校友捐赠的。我们的藏品中有八成都是校友捐赠，其余两成则是通过一些渠道收集来的，譬如复制、从私人藏家手上收购。

西南联大的校徽十分有意思，它由学生自主设计，并由当时的学生自治会征集，报学校校务委员会通过，最后再由学生自己联系厂家制作。校徽背后刻有每一位学生的学号，所以每位校友拿到这枚校徽都会特别珍惜，这的的确确会伴随他们的一生。不管后来生活工作的地方发生了什么变迁，他们都会尽可能地将这枚校徽保护完整。

在我们展厅里还有西南联大的校歌影印件。它由罗庸作词，采用《满江红》的词牌名填写，并由张清常先生谱曲。联大校歌唱起来十分铿锵有力，浓缩了当时联大师生文化抗战的精神气质，是西南联大的精神符号。

另外还有校旗。联大在1941年前是没有校旗的，那么怎么会珍藏一面校旗呢？当时的西南联大受到马约翰影响，体育风气浓厚。而当时内迁昆明的院校很多，对昆明教育有显著的促进作用。基于这样的情况，昆明市就准备开一个学生联合运动会。结果运动会前一天，大家才发现联大没有校旗。于是马约翰的夫人就连夜赶制了一面。她用缝纫机剪了黑色的布，做成一面三角形的校旗，上面写着国立西南联合大学。西南联大就举着这面校旗走进运动会。后来它在学校的多次活动中都派上了用场。三校北返时，这面旗子还有个故事。当时清华有一个学生叫作沈元寿，这面校旗被他带去了美国，在他身边辗转了60多年。但在这60年间，他从来没有扔掉过它。一直到1995年，清华大学的书记李传信访问美国，他前去看望了那里的联大校友。聚会时，沈元寿对李传信说，这面在他身边珍藏了这么多年的旗子，一定要回归到中国。因此，李传信书记就把它带回国了。但回国后应该给谁呢？三校复原北返后就一分为四了，西南联大已经不存在了。最后四校共同商议后认为，云南师范大学是联大留在云南的遗脉，因为没有联大就没有云南师大。

联大师生使用的书籍
◎任雨摄 ◎联大蒙自分校博物馆藏

国立西南联合大学布告

国立西南联合大学布告

◎任雨摄 ◎联大蒙自分校博物馆藏

所以这面校旗应该归到云南师范大学，回到联大的旧址去。这样它就被完整地保存下来，成了国家二级文物。后来，云南师范大学又复制了三面校旗，分别转赠北大、清华和南开。它的价值意义非同寻常。

我们博物馆馆藏的这几千件文物，故事太多了。为什么我说西南联大是一个国家记忆？我始终这样理解西南联大：一代人就是一个国家的记忆。每个人、每个家庭都有一个个的故事，所以这些承载了故事的物品，可能和那些千年古董的价值意义是不同的。我在接触这些物品时，从心理上感觉特别近，而且空间感、穿越感很强。我觉得它们是有温度的，是一个个故事在传承。所以你问哪个藏品值得看，我觉得每一个都值得，每一个我都能讲出它背后承载的意义和故事。

譬如许多转赠物品给我们的校友，他会说，我这些东西不是没有价值的。举个例子，我们有一对闻一多先生篆刻的章子。抗战后期物价飞涨，入不敷出，而闻一多先生特别喜欢篆刻，就公开挂牌制印，想挣点儿钱贴补家用。闻一多先生当时的影响力很大，有的学生想要他的章子却没钱，他就干脆不收钱。我们馆藏的这对就是这样来的。当时这两个学生很有意思，他们还不是西南联大的学生，听说闻一多在刻章就去找他求了一对。2002年，一个云南大学的研究生辗转找到我说他要捐赠东西。他的外公嘱咐他，一定要把这对印章无偿地捐赠到博物馆来，甚至连名字都不给我，因为他说他外公交代过，捐赠了就不该留名。我真的特别感动。我说能不能留个联系方式，但他拒绝了，说外公交代过，这对物品最重要的就是它承载的信息与价值，而不是我们本人。这些年里我接受捐赠时，这样的故事太多太多了。在其他不了解这段历史、不在其中的人看来，可能会认为那些物品特别普通。但我因为身在其中，所以每当他们把这些物品交给我时，我都能感受到那是一份满满的信任，以及对这段历史的敬重、敬仰，和期望它通过这些物品得到传承的情怀。

我为什么说西南联大是有温度的呢？像这样的事情一件件、一桩桩，给我内心的冲击特别大。他们捐赠的毕业照和毕业证等东西，在文革时期可都是罪证啊。在那样的条件下，其他东西都毁了，但这些他们能藏的就藏起来。有些捐赠者给我们拿来物品时，他不会表达，也

联大蒙自分校博物馆展出的师生用书。
◎任雨摄

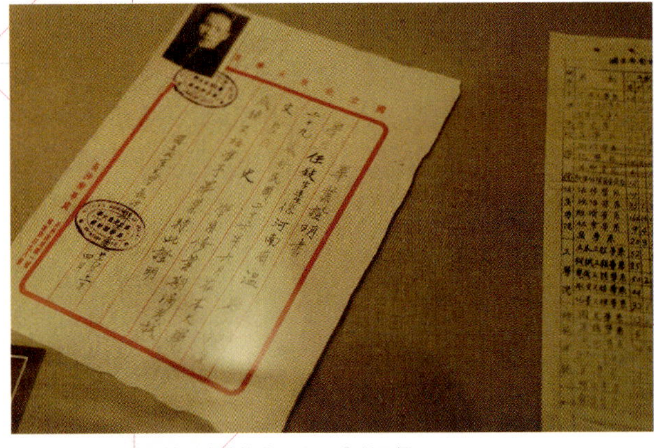

联大蒙自分校博物馆展出的毕业证明。 ◎任雨摄

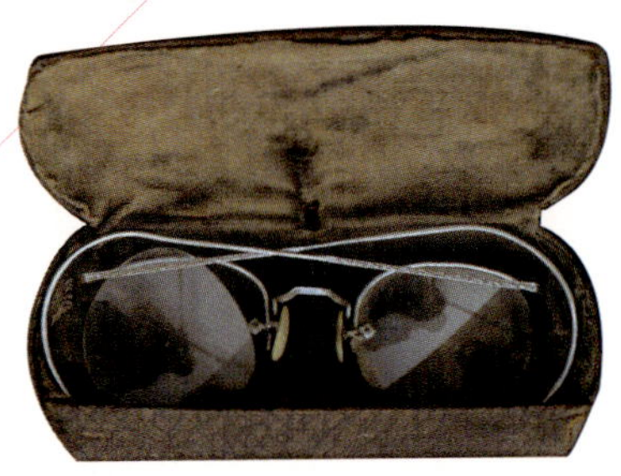

潘琰烈士生前使用的眼镜。
◎云南师范大学西南联大博物馆藏

联大蒙自分校博物馆内雕塑。
◎任雨摄

李红英：很多人去到博物馆只是为了参观展品、了解历史，然后就结束了。其实西南联大对当今时代，的确有很高的价值意义。比如在教育层面，它留下了很多值得借鉴的教育理念。

我们和其他专题性博物馆的突出不同点就是学术。我们有个西南联大研究所，这个平台是面向全国的。只要是研究西南联大的人，我们都欢迎他参与到我们的工作中来。每两年我们都会搞一次面向全球的学术研讨会，还会邀请美国、日本等地研究西南联大的学者专家。这已经成了惯例。同时，我们也借助西南联大研究所平台，向全国征集相关的研究，跟进动态。只要你愿意参与，就可以向我们选报课题，我们会进行资助，虽然额度可能不如一些科研院所那么多，但我们还是希望有更多的人关注和参与进来。并且每年我们都有课题发布，会把比较有价值、有意义的文章集中出书，同时还有联大研究文库。这些都是我们的常规工作了。但我觉得我们还做得不够，还期望有更多的学者来关注西南联大的研究。单靠我们的坚持的确比较艰难，因为我们没有收益，某种意义上算是公益了。从资金的角度上来说，我们在向前发展的过程中，步伐和力度、宽度还是有约束的。

不知道该怎么表达，但把东西交给我时，你就能感觉到他们眼里的潮湿。你能感觉到这个家庭递给你很小的一个物品时，它在背后经历了多少故事。我看过许多西南联大的后人，某种意义上来说他们从未踏上过这片土地，从未来过这个地方，但当他们踏进西南联大旧址，抬起头来看见我们复原的国立西南联合大学校门时，我亲眼看到他的眼泪立马儿就淌了下来。还有校友的子女，找到我问西南联合大学的纪念碑在哪儿，我指给他们看时，他们都不敢走过去，只是远远地看着，眼泪就哗啦啦地流了下来。联大的从军学生当时加入的是国民党部队，因此在“文革”时遭到了很大的冲击。我无法知道他们的家庭具体经历了什么，他们也没有说，但我能感受到，无论我们国家经历了多少灾难，无论是联大毕业生，还是他们的后人，对这个国家的热爱自始至终都是一脉相承的。这让我感到十分震撼，我觉得这正是西南联大特别有魅力的地方。这些都是国家的记忆，应该得到传承。

我从2000年参加工作到现在，已经进入第19个年头。我在带讲解员和学生志愿者时，总会听到学生们问，老师你为什么到现在还那么有激情？可能就是因为我在看这些藏品时，不是在看独立的物体，而是在看这段历史，所以感受会和他们不一样。我觉得每一个物品都有很大的价值，都传承了一段记忆，都值得一看。

知中：在未来，西南联大博物馆的学术规划或展览计划有哪些？我们将如何立足这样的人文地理，继承和发展这段文脉？

除了学术，我们未来在展览上的规划是这样的。今年会完成“西南联大历史”这个展览的提升改造，它是我们的一个常设主题展。除了常设展，只要有一个研究成果出来，我们就会做一个小展览。而且西南联大那么多人，一个人就可以做一个展览。所以我们还会有人物展。我们不停地在做这个事。只要对这个人物的研究和资料搜集一全，我们就会做他的展览。

我想强调的一点是，像西南联大这样重要的、跨界的题材，应该值得也需要更多的关注。而且，虽然云南师范大学和我们这些年一直都在坚守，但依然需要社会更多的支持。这也是整个文博界共同的呼声。

知中：是什么想法让你加入西南联大博物馆，成为讲解员？

张沁：我当西南联大博物馆的讲解员已经有五年时间了。中学时期，我就对联大的历史特别感兴趣。我的外公年轻时就想考联大，只可惜等他上大学时，联大已经搬走了。外公给我讲了许多关于联大的故事，之后我也读了很多相关书籍，看完后真是为之倾倒。不仅仅因为那里有很多大师，还因为它在艰难中成长，并在中国近代史上发挥了十分重大的作用。

除此以外，成为一名博物馆讲解员，一方面可以从空间与资料上近距离接触历史，这种时空交错的感觉真的很微妙，我可以在历史的重叠中讲述那些令人感动的经历；另一方面，博物馆讲解处在社会教育的一线，同时也是充满意义的公益活动。在讲解中，你会遇见身处不同领域的参观者，他们能从自己的专业角度对历史进行解读。讲解员与导游不同，并非单纯向参观者输出，在讲述的同时，还能从参观者身上学习知识。

知中：在与西南联大有关的故事里，哪个故事给你留下了最深刻的印象？

张沁：联大的历史中有许多令人感动的地方，“跑警报”就是其中之一。联大从长沙迁出后，经过了万里征途，只为找一个安静的能放下书桌读书学习的地方。但日军首次轰炸昆明后，后方就失去了安定的意义，师生们的生死悬于一线。但即使生命受到威胁，联大的老师们也坚守着自己的责任。经济学系的陈达教授在上课时遇到空袭，警报一响起就带着学生往后山上跑。山上没有课桌，师生们就以天为庐地为席，先生盘腿坐在土坟上讲课。那时只要一拉警报，师生们就得跑到荒坟野地里去。值得注意的是，“跑警报”的“跑”字非常精妙，体现了一种从容镇定和坚持的精神。在硝烟弥漫的战争年代，只有抱着这样的态度，才能相信抗战一定会胜利。同时他们还把这种信念写进了校歌中。他们之所以能成才，和他们面对危难的态度密不可分。

知中：能否与读者分享几件你认为“最有故事”的馆藏？

张沁：第一件是校友捐赠的校徽实物。联大校徽是由学生自主设计

博物馆复原的师生桌椅。
◎任雨摄

联大部分教材及教职工相关资料
◎任雨摄 ◎联大蒙自分校博物馆藏

的，三个小三角形组成了一个大三角，象征着三个学校的精诚团结与协作。三个小三角形分别是清华、南开的青莲紫以及北京大学的黑色，校徽背后印有学生的学号。而且，当时联大有学生自治会，校徽设计在广泛征求了学生意见后，得到了学校的同意。甚至制作也是学生自己联系工厂。这个校徽一直使用到了联大结束的时候。

这枚捐赠的校徽被保存得非常好。七十多年的历程后，联大校友在动荡中还把它保存得那么完好，饱含着对母校的一片深情。它被无偿捐献出来，也体现着对博物馆的发展和期望。

第二件是联大的校旗。联大历史上只有一面校旗。刚到昆明时，昆明要举办城市运动会，临时找裁缝的话肯定来不及，体育部主任马约翰的夫人就连夜赶制了一面。此后，这面校旗就一直被沿用下去。联大有个校友叫作沈元寿，那面校旗后来被他带去了美国，辗转许多年，最终送回国内放到了清华大学，还保存得十分完好。清华、北大、南开、云南师范大学四校共同研究后决定，把校旗放回旧址，也就是云南师大。最后制作了三面仿制校旗给其他三个学校。这个安放的决定，是四校共同决策的，也体现了他们的团结协作。

知中：在你的讲解工作中，有没有什么特别难忘的经历？

张沁：我曾经接待过一位老校友，他生活在北京，是家人和孙女陪他来的。他很希望有生之年能回来看看旧址，特别是那块国立西南联合大学从军学生题名碑，那上面有834个名字。他当时是一名志愿从军的联大学生，所以碑文上也镌有他的名字。在我们讲解完后，他到纪念碑前独自站了十多分钟，这期间谁都不敢上前。他看完非常感慨，转过身对我们说：“你们看，我的名字在这儿。”

他来联大读书时只有18岁，但现在他已经96岁了。这七十多年，他一直以他的名字刻在上面为荣。云南师大这块纪念碑是唯一的原件，其他三校都存有复制品。北大立纪念碑时，他高兴地前去给老朋友们指自己的名字。

ZHICHINA
The Great Heritage
of National Southwestern
Associated University
知中·《西南联大的遗产》特集

The Great Heritage of National Southwestern Associated University
西南联大
ZHICHINA

07

大学者，有大师之谓也：联大的三位校长

The Three Principals of the National Southwestern Associated University

文：刘天宇 **编：**陆沉 **绘：**魏丹阳
text: Liu Tianyu **edit:** Yuki **illustrate:** Wei Danyang

在现代社会中，大学承担着培养人才、发展知识、服务社会三项职能，这三者又以培养人才为首要。2005年，钱学森提出了著名的“钱学森之问”：“为什么我们的学校总是培养不出杰出的人才？”

我们在思考这一问题时，往往会联想到中国高等教育史上的一个“斯芬克司之谜”：在环境、物质条件均较匮乏的时期，何以“西南联大”可以培养出大批优秀人才？这两个问题互为表里。也许，通过对西南联大三所学校的大学精神及其各自校长的认识，有助于我们接近这两个问题的答案。

迥异的学风

在大学模式相对单一的今天，我们呼吁每所学校发扬自己的大学精神与学术传统，名校更是如此，而这种溯源意识最终指向了民国时期大学的多元格局。1912年10月24日，中华民国教育部颁布《大学令》，正式以文、理、工、法、商、医、农“七科”之学取代中国传统的经、史、子、集“四部”之学，标志着中国对西方现代大学的全面移植与引入。这一次教育转型，是中国面临“数千年未有之大变局”下的选择，同时也意味着中国近代高等教育从一开始便伴随着固有教育传统与西方大学理念的扞格和角力。即便是对西式理念的汲取，也涉及日、德、美多种模式的大学定位选择问题。这种多元选取形成的不同组合，是民国大学各自风格不同的主要原因之一。

西南联大无疑是民国大学中的奇迹，它由北大、清华、南开三所学校联合而成,三校分属不同的大学形态。北大和清华为公立大学，而清华又与北大不同。清华为美国“庚子赔款”所建高校，有独自的经费来源，北大则由教育部拨给经费。南开是私立大学，经费来自民间财团和个人的资助，颇有“学在民间”之风。然而八年的联大岁月，这三所学校既保持了各自的独特风貌，又能彼此合作无间。那么，这三所学校又有什么独特的风格传统呢？

Peking University
北京大学

自由激进的北京大学

如同很多中国大学一样，北京大学自成立以来，其教学与管理均以日本的大学为效仿对象。日本的大学则又多效仿欧洲大学，所以，北大建校伊始便有欧陆学风的影子。1916年，有四年留欧经历的蔡元培出任北大校长，蔡氏高度认同以洪堡为代表的德式大学理想，强调大学对理性的启发与对永恒真理的追求。在蔡元培执掌北大期间，他将“兼容并包”的观念贯彻下去，从而形成了北大自由与激进的传统。

蔡元培主张学术自由。在他任上，北大既有新文化运动的精神导师胡适、共产主义的先驱陈独秀，也有保守的传统主义者辜鸿铭。这种学术自由又滋生出激进主义的思想风气，从新文化运动到五四运动，北大都是激进主义的大本营。

五四运动中，天安门大游行的总指挥傅斯年和《北京全体学界宣言》（《五四运动宣言》）的起草人罗家伦都是蔡元培和胡适的得意弟子。第一个提出五四运动的罗家伦在《蔡元培时代的北京大学与五四运动》中这样评价北大：“以一个大学来转移一时代学术或社会的风气，进而影响到整个国家的青年思想，恐怕要算蔡孑民时代的北京大学。”

“兼容并包”的自由环境与激进主义的思想风气之间的关系，可以用冯友兰《三松堂自序》中的一段话作为注脚：“所谓‘兼容并包’，在一个过渡时期，可能是为旧的东西保留地盘，也可能是为新的东西开辟道路。蔡元培的‘兼容并包’在当时是为新的东西开辟道路的。”

与如此学风相对应的是北大的学生。北大的学生不乏特立独行的“名士”，他们自由放任，张扬个性。不少学生是偏科的“专才”，他们不合群，只上自己喜欢的课程，对时事有着相当的敏感性。求新、求变、求自由是他们的精神写照。

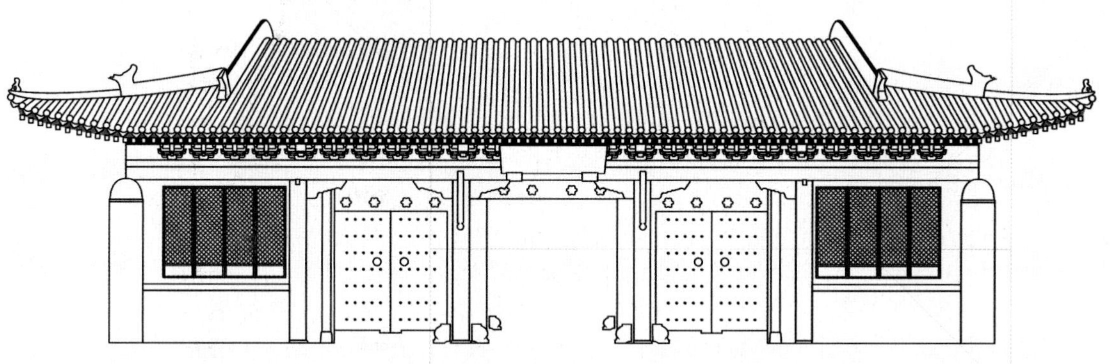

◉ **创建时间** 1898年

◉ **校训** 北京大学无明确的官方校训

◉ **北大溯源** 北大的前身是1898年清政府创办的京师大学堂，为“百日维新”硕果仅存的几项产物之一。如果从它内部机构的历史来讲，更可以追溯至“洋务运动”时期恭亲王奕䜣奏请开办的京师同文馆。

◉ **新中国成立前的北大简史**

1898—1912 戊戌变法时期设“京师大学堂”

1912—1916 易名“北京大学校”

1916—1927 蔡元培时代，奠定了北大的传统和精神

1927—1929 五易校名

1930—1937 蒋梦麟时代，提出“教授治学，学生求学，职员治事，校长治校”的方针

1937—1946 国立西南联合大学时期

1946—1949 抗战胜利后复员为国立北京大学

博雅坚实的清华大学

博雅、坚实是清华学子共同的精神风貌，这种特色在与北大的对比之下显得更加鲜明。从学科的发展上来看，北大“兼容并包”的思想传统固然为新的学科开辟了道路，然而也为中国传统的考据、义理、辞章之学留下了坚实的阵地；而清华则对其自然科学引以为傲，直到成立国学院之后，这种差距才得以渐渐改变。

北大的学生往往载酒放歌，于北京城的水殿山楼中吟诗作对；清华的学生则操一口流利的英语，在城外典雅的清华园中讨论功课。北大盛产专才、偏才，头角峥嵘；清华则要求学生首先成为一名通才，多才多艺。北大的学生独来独往，甚至可以在寝室中间挂以床单为界，互不往来；清华的学生则更强调团队精神，彼此协助。

然而，我们也不能忽略清华与北大之间的血脉联系。1928年清华由原“清华学校”改制成为清华大学。此时的校长罗家伦、秘书长冯友兰、教务长杨振声等人均来自北京大学。杨振声除担任教务长外，还兼任文学院院长，他曾指出清华的国文系正是在他和朱自清手中兴起的，而朱自清也是北大出身。可以说，北大出身的教授将北大的风气部分带到了清华，两所学校有着先天性的亲缘关系。

Tsinghua University

◉ **创建时间** 1911年
◉ **校训** 自强不息，厚德载物
◉ **清华溯源** 作为“庚子赔款”基金下成立的留美预读学校，清华的学风打着浓厚的美式烙印。清华大学注重学生知识体系的全面培养，清华学生也习惯于集体生活与团队协作。

◉ **新中国成立前的清华简史**

1911 “清华学堂”建成
1912 易名“清华学校”
1928 易名“国立清华大学”
1931 梅贻琦就任校长，提出“所谓大学者，非谓有大楼之谓也，有大师之谓也”的理念
1937—1946 国立西南联合大学时期
1946 联大时期结束，北归复员

Nankai University

南开大学

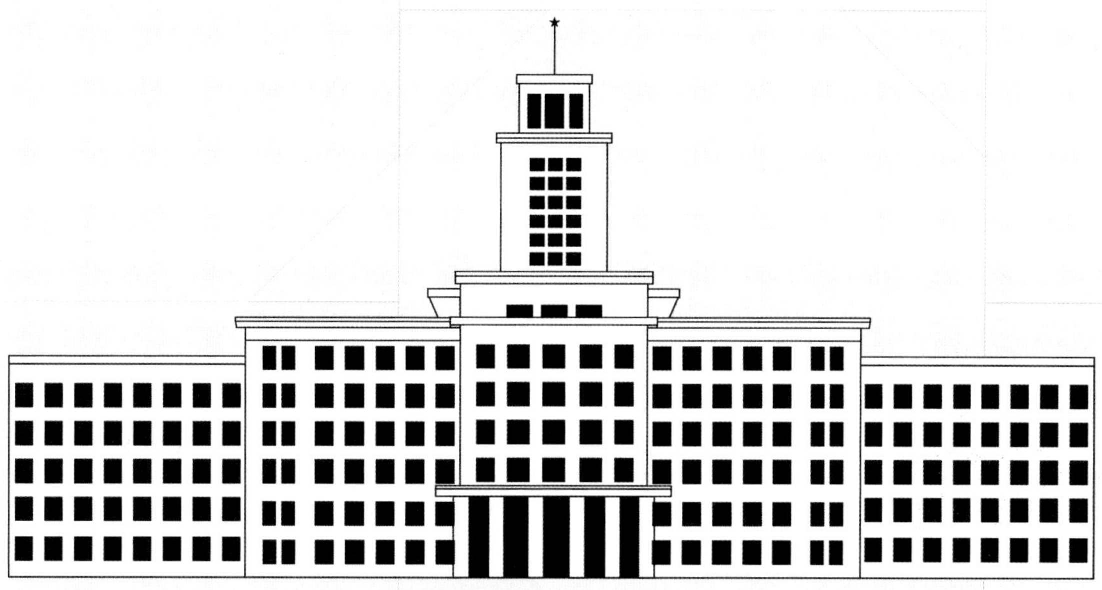

◉ **创建时间** 始于1904年，正式成立于1919年
◉ **校训** 允公允能，日新月异
◉ **南开溯源** 南开大学座落在北方商业之都天津。天津是中国北方重要的通商口岸，资产阶级的比重远高于大部分中国其他城市。同时，南开大学是一所私立大学，其经费来源于基金团体和私人捐赠。

◉ **新中国成立前的南开简史**

1904 严修建立私立南开大学
1919 南开学校大学部正式成立
1921 更名“天津私立南开大学”
1931 设立经济学院
1937 卢沟桥事变后受日军重点轰炸，损失惨重
1937—1946 国立西南联合大学时期
1946 改为国立，北归复员

乐观求实的南开大学

商业城市和私立大学这两重背景，使得南开大学在民国大学中别具一格。首先，南开大学的学术长项在商科，它拥有北大和清华都没有的商学院，南开经济研究所亦是它的重要学术机构；其次，南开大学的学费要高于公立大学，意味着这所学校的学生多数出身于相对富裕的城市资产阶级。浪漫的小布尔乔亚精神与现实的小市民品格同时出现在南开学子身上。南开的学生未必像北大、清华的学生一样关心国事时局，但他们对眼前的现实却显得精明干练。此外，我们还不能忘记，天津既是北方商业之都，也是传统的曲艺之乡。中国特有的“苦中作乐”精神，经由曲艺艺人的熏陶，使得南开学子拥有独特的幽默与乐观。

不过，对南开大学影响最大的，还是它的创校校长张伯苓。可以说，在20世纪上半叶，张伯苓与南开是可以画等号的。这位长期执掌南开大学的教育家，将自己“允公允能”、领袖人才、重视体育、乐群求实等理念在南开大学全面实施，赋予了南开大学不同于公立大学的私学家风的色彩。用张伯苓自己的话说，“敌人只能摧毁我南开的物质，毁灭不了我南开的精神”，我们不妨把此处的“我”直接视为张伯苓本人。

其实，能够对一所大学产生重要影响的校长，又何止张伯苓一人呢？那么，我们就再来看一看这三所学校的校长都有着什么样的经历。

不同的校长

影响民国大学的另一个重要因素在于校长个人的魅力。一所学校，学风偏向传统还是西方？面对传统如何去粗取精？面对西方，学习欧陆还是英美？这所学校的定位在于满足学子的求知，还是立足于服务国家社会？如何处理政府、社会、教师、学生等种种关系？都是作为校长要思考与面对的问题。可以说，校长的教育理念与个人理想，以及其面对时局所做出的选择，在相当大程度上左右了一所民国大学的精神面貌。张伯苓之于南开、蒋梦麟之于北大、梅贻琦之于清华，都有着不可磨灭的"精神塑型"之功。

张伯苓

"知道有中国的，便知道有个南开。这不是吹，也不是嗙，真的，天下谁人不知，南开有个张校长？！"这是1946年在美国纽约举行的张伯苓七十诞辰祝寿会上，老舍和曹禺为张伯苓校长致诵的寿诗开篇。这里语言上的逻辑是"中国—南开—张伯苓"，而历史的真实却是"中国—张伯苓—南开"。

"老船长"张伯苓

张伯苓是西南联大三校校长中最年长者，可以说，张伯苓的成长史就是一部小型的中国近代教育史。清光绪二年清明节（1876年4月5日），张伯苓出生于天津一个塾师家庭。光绪十五年（1889年），13岁的张伯苓考入严复任总教习的北洋水师学堂。在科举未废的时代，去水师学堂学习并非正途。张伯苓这样选择，一方面是因为有投身海军强国的梦想，另一方面更是因为水师学堂是公费办学，并且有月银供给，可以供他贴补家用。水师学堂的学制是五年，驾驶班的张伯苓应该于1894年毕业后去北洋水师实习，然而甲午战争打断了他的强军报国梦，成了张伯苓教育家生涯上的第一个拐点。

甲午战争后，张伯苓在思想上发生了从"强军救国"到"教育救国"的转变。他自己曾在《基督教与爱国》里说："我当时立志要改造我们的中国人，但是我并非要练陆军、海军同外国相周旋。我以为改造国民的方法，就是办教育。"而张伯苓的教育之路，离不开"二严"——严复和严修的影响。

严复是水师学堂的总教习，以新式教育培育了张伯苓。严修是天津出身的清末官员，热心教育，日后被尊为南开"校父"。1898年，时任贵州学政的严修任满，回籍开设家馆，即南开学校的前身"严馆"，聘请张伯苓主持，这便是张伯苓校长生涯的肇始。入主严馆以后，张伯苓旋又被天津商业家王奎章聘入"王馆"，他将传统的办学格局与西方的近代教育糅合在一起，已经初具现代学校的规模。庚子国变以后，张伯苓继续得到严修的支持，两渡扶桑考察教育，回国后以严馆、王馆为基础，于1904年成立了天津私立第一中学。1906年，学校得到在南开水闸旁十五亩空地的捐助，于次年迁入新址，改名"南开中学堂"。从此，张伯苓与南开连在了一起。

张伯苓的教育之路，与中国近代教育发展遥相呼应。中国近代教育的顺序是，先办师范，再办中小学，再开设大学。张伯苓的南开学校从一开始便设有师范班，教师与学生一起培养。南开中学逐渐成熟之后，张伯苓开始考虑创立大学。为此，40岁出头的张伯苓远赴美国哥伦比亚大学学习考察。期满后他回国四处筹备，于1919年10月17日正式成立了南开大学。南开大学强调实用科学和富国强民，最初只有理科和商科，这与当时的大学教育定位颇有不同，也成了南开的特色。

纵观张伯苓办学的经历，他几乎以一己之力，从学馆到中学，再到大学，再到南开大学成立后十年来又陆续成立了南开女中、南开小学等学校，使"南开"已经成了从小学到研究所一应俱全的"教育航母"，而这艘巨舰的"老船长"正是学驾驶出身的张伯苓。无怪吴填威用"变戏法"来形容他的教育生涯："戏法人人会变，张先生的戏法整变了三十年。他在一块空旷的地上，变出高楼多少间！从前天津城的西南，有一块荒地不值钱，自从张先生在那里表演，'南开'两个字响到云南！"

蒋梦麟

原名梦熊，字兆贤，浙江余姚人。蒋梦麟起初在家乡余姚的私塾就读，后来家里送他去了蔡元培曾任监督的绍兴中西学堂，蒋梦麟与蔡元培便于此结下了师生之谊。在中西学堂学习两年后，蒋梦麟辗转进入浙江高等学堂，后又考入上海的南洋公学。1908年，蒋梦麟参加了浙江省官费留美考试，却不幸名落孙山，于是他选择了自费前往美国加利福尼亚大学学习。在加大毕业之后，他又考入纽约的哥伦比亚大学，师从约翰·杜威，进行教育学和哲学的研究。1917年，蒋梦麟以论文《中国教育原则之研究》取得博士学位，顺利毕业。

“洋博士”蒋梦麟

如果说张伯苓是北方土生土长的务实的教育家，那么，小他十岁的江南才子蒋梦麟（出生于1886年）则兼文人、思想家与教育家于一身。

蒋梦麟在成为一个教育家之前，首先是个文人。早在他到达美国的第二年（1909年），他就参加了革命党人的《大同日报》的编辑工作，并担任主笔。也是这一年，蒋梦麟见到了孙中山，成了孙中山的革命追随者。从哥大毕业后，蒋梦麟回到上海，先在商务印书馆做编辑，同时在《教育杂志》上发表文章。一年后他从商务印馆辞职，与几位朋友联合组成了“新教育共进社”，创办了《新教育》月刊，担任主编。这一时期，他发表了《高等学术为教育之基础》《过渡时代之思想与教育》《个人之价值与教育之关系》等重要文章。时代最终在1919年给了对教育有深入思考的蒋梦麟以实践的机会。

1919年，五四运动结束后，北洋政府想解散北京大学，时任北大校长的蔡元培自动请求辞职。蔡元培辞职后，北京政府先后打算以马其昶、胡仁源、蒋智由为北大校长，但均未成功，北大师生与社会各界仍呼吁由蔡元培继续出任校长。而已经回到浙江的蔡元培执意不同意，这时校方挽留蔡元培的代表汤尔和出了一个主意：请蔡元培的学生蒋梦麟作为蔡的代表，替他回校办事。对于这个提议，蔡元培是应允的，他对蒋梦麟表示：“大学生皆有自治能力者，君可为我代表到校，招待校务，一切印信，皆交君带去，责任仍由我负之。”蒋梦麟经考虑后，向蔡表示：第一，只代表蔡元培个人，而非代表北大校长；第二，仅为蔡之督印者。就这样，蒋梦麟开始与北大结缘。

蒋梦麟代掌北大两个月后，蔡元培重返北京复职。之后，蒋梦麟协助蔡元培改组北大，实行了选科制（允许学生在规定范围内自由选科）、设立北大评议会、行政会议、教务会议、总务处等改革。作为蔡元培的助手，蒋梦麟在北大任职七年，而这七年也是民国教育相对艰难的七年，当时有人用“教育破产”来形容高校的处境。为什么会这样呢？以五四运动的起点北大为例，一方面，北大面临着政治和经济上的困难。如前所述，公立大学的经费来源于政府，一所公立大学的管理者必须同时处理好政府、教师、学生三者之间的关系。而当时政界不乏想要解散北大之人，甚至有人指使社会人士公然破坏北大师生的正常生活。另一方面，学生运动取得成功以后，北大的学生愈发激进，变得越来越不好管理。如果学校让他们不满意，他们便会集体抗议。对此，蒋梦麟提出了学风问题，将“提高学术”取代“文化运动”，作为北大的新学风。

第二次直奉战争后，奉系军阀入主北京，蒋梦麟逃离军阀张宗昌的追捕来到杭州，随后先后出任南京国民政府浙江省政府委员兼教育厅长、第三中山大学（浙江大学）校长，并于1928年出任民国教育部长。可蒋梦麟是一个文人气重的人，他的耿直性格并不适合做行政官员。由于不够圆融，这个教育部长他只做了两年。国民党元老吴稚晖评价蒋梦麟道：“你真是无大臣之风。”后来，刘半农便赠与蒋梦麟一方闲章，上篆“无大臣之风”。

辞去教育部长后，蒋梦麟又回到已经降级成“北平大学”的北大正式出任校长。鉴于“五四”和“教育破产”的经验，蒋梦麟明确了提出了“教授治学，学生求学，职员治事，校长治校”的方针，并规定了北大的三项宗旨：研究高深学术，养成专门人才，陶融健全品格。可以说，在蒋梦麟的治理下，北大有了短暂的学术黄金期。

打断这个黄金时期的是日本的侵华战争。1935年华北事变后，日本在华北扶植“自治政府”，北大师生紧急发表宣言，声明誓死反对华北“自治”，蒋梦麟更以北大校长的名义领衔发声，引起了日本军方的注意。1935年11月29日下午，日本宪兵直接要求蒋梦麟前往军营进行解释。蒋梦麟本着“临难毋苟免”的古训前往，义正词严地向日军阐明了自己立场，全身而退。事后，罗家伦评价说：“蒋梦麟先生是郭子仪第二，大有单骑见回纥的精神。”

然而，蒋梦麟毕竟是一介书生，挡不住日军侵略的铁蹄。两年后，卢沟桥事变发生，北大，又将何去何从呢？

梅贻琦

字月涵，1889年生于天津。1904年，15岁的梅贻琦进入天津严馆，成为张伯苓的学生。1908年，梅贻琦以第一名的成绩从南开学堂毕业，被保送到保定高等学堂。也恰是这一年，美国决定将“庚子赔款”部分退还中国，这笔费用成为中国向美国派遣留学生的经费。1909年，在保定高等学堂的梅贻琦以第六年的成绩考中清朝首批“直接留美生”，开启了他的留美生涯。抵达美国后，梅贻琦选择了吴斯特理工学院，攻读电机工程专业。1914年，梅贻琦顺利毕业回国，于次年应母校清华学堂（前身即梅曾报考的“留美学务处”）的礼聘任职，从此终身服务于清华。

“理工男”梅贻琦

没错，面对日本侵略者的干涉，维持一所学校正常运行已是难事，遑论研究学术与为社会提供人才。这不仅需要敢想敢干的气魄、深刻透彻的思想，更需要和衷共济的精神与精打细算的执行力。所幸的是，清华的“理工男”梅贻琦恰好具备这些特点。

梅贻琦有着典型的理工科学者的性格——沉默寡言，不善辞令。最初他在清华讲授数学、英文等课程，担任讲师后，专门教授物理。对表达能力有要求的教学岗位令他颇不适应，他曾于暑假期间回天津拜访张伯苓，表示对教书无甚兴趣，想要换份工作。张伯苓加以劝导，告诉他要学会忍耐，梅夫人韩咏华回忆道：“这可倒好，这一忍耐，几十年，一辈子下来了。”

梅贻琦投身教育，正赶上中国高等教育的新阶段。这里我们不妨简单梳理一下20世纪前30年中国近代高等教育的三个阶段。第一个阶段是1900年到1916年，“废科举，兴学校”是这一时期的主流。当时的学校林林总总，各式各样，但总体上来说有着鲜明的“日本化”倾向，办学者多有留日背景，从学制、课本、管理各方面全面移植日式教育。张伯苓办学就是从此期开始的。第二个阶段是1916年到1921年，这一阶段的教育特点是“日美调和”，国内产生了多种教育流派。这一时期，随着政局的混乱，教育行政呈现“上下不管”状态，加之学生运动频繁，出现了所谓的“教育破产”。正因如此，私立学校和教会学校反而得到了长足的发展。蒋梦麟便是在这个时期开始教育工作。第三个时期是1921到1926年，以“美国化”作为教育特色。留美的梅贻琦正好赶上了这个教育的发展期。

20世纪20年代的清华，最重要的一件事就是1928年清华学堂改制成为清华大学。清华的“改大”是从1916年开始筹划的，梅贻琦一直参与其事，先后任“大学筹备委员会”委员、“新校务会议”教员代表、“课程委员会”委员、“大学教育方针委员会”委员、“校改组委员会”委员等职务。1926年，改制后的教授会第一次选举教务长和评议员，梅贻琦当选为教务长。次年，梅贻琦发表了《清华学校的教育方针》，指出清华的教育方针为造就专门人才、学系设立要因校制宜、学生培养注重通识教育等教育理念，可以说，这一时期是教育家梅贻琦思想的发轫期。

1927年南京国民政府成立以后，罗家伦出任国立清华大学第一任校长。罗家伦对清华颇有贡献，而他推行的“党化教育”和个人作风上的专断遭到了清华师生的抵制。1930年趁着“中原大战”之机，清华师生掀起“驱罗”运动，罗家伦辞职离校。之后清华师生连续拒绝了乔万选与吴南轩两位新校长。最后，清华学生会提出了五项校长标准：无学派色彩，学识渊博，人格高尚，确能发展清华，声望素著。这样，合格人选便是梅贻琦。

1931年到1936年是梅贻琦出任清华校长的前五年。这五年里，梅贻琦的思想和行动可以从他的就职演说和他的五年工作小结——《致全体校友书》和《五年来清华发展之概况》看出来。在就职演说中，梅贻琦指出办大学的目的一是要研究学术，二是要造就人才，并且提出了“所谓大学者，非谓有大楼之谓也，有大师之谓也”的著名观点。五年工作总结中，他总结了办学的“三依靠”——上承政府当局之指导，内有全校同人之辅助，外获校友诸君之策励；继续强调了师资上的“大师论”“通才教育”的实践，等等。理工科出身的梅贻琦，已经形成了系统而严密的高等教育思想。

不唯思想上，在行动上梅贻琦也是一个逻辑缜密、执行力强又能调和众人的人。梅贻琦治校的态度是“无为而治”和“吾从众”，绝不轻率表态，很少发言，却有自己的坚持。正因如此，他能够做到和光同尘，团结各方力量，在抗战时期挑起“西南联大”的大梁。

那么，我们就来看一看，三位校长在教育理念上具体有哪些异同。

多元的理念

以上我们回顾了联大三所学校的学风传统与三位校长在联大成立前的教育活动，抗战时组建联大，让三种同中有异的学统有得以融合的机会。可以说，三位校长的思想都是发展的，而且在教育实践中一直相互影响与相互学习。并且，在培养人才与报效国家上，他们并无二致。但由于处境与个人理想的不同，三人仍有一定的差异，总体说来，蒋梦麟重“效”，梅贻琦重“质”，张伯苓重“用”。具体地说，我们可以从教学理念、管理思想与大学理想中看出三人的差异所在。

中国文学系师生在中国文学系办公室合影。
◎北京大学档案馆藏

“专才”与“通才”

张伯苓和蒋梦麟都强调对专门人才的培养，但是又有不同。张伯苓强调的专门人才是“领袖人才”，在南开大学第四次始业式上的报告《南开大学成立之动机》中，他集中阐明了这一理念。张伯苓反思历史，认为过去中国面临的困难都是内部的矛盾，而20世纪初中国的困难在于“外界潮流突来之打击”。面对这种巨大的变化，人民习惯于指望短时间得以解决，常存有“就好了”的幻想，并不能实际解决中国的问题。张伯苓引用杜威的话，指出“当一新环境之袭入，须先自定方策，即有一种‘动机’，以应付外来环境之逼迫，以与之较胜负，继续不已以至终身”，而中国最缺乏的就是有这种“动机”的领袖，“南开大学即造此领袖之所望”。简言之，张伯苓希望南开大学能够培养出经世之才。

与张伯苓培养领袖式的专才理念不同，蒋梦麟强调的专才培养落脚点在于“因材施教”。蒋梦麟认为，人与人之间存在较大的差异性，“有上智，有下愚；有大勇，有小勇，有无勇；有善舞，有善弈，有善射，有善御”，每个人有自己独特的天性，所以“教育即当因个人之特性而发展之，且进而至其极”。不唯如此，教育还要尊重个人价值，他认为“个人之价值，当以教育之方法而增进之，此即所谓发展个性是也”。个性教育是具有社会文化意义的，“发展个性，养成特才，则文化得以发达。不然，人类中无特出之材，则其文化必在水平线下”。蒋梦麟这样的理念直接体现在北大的学制上。早在辅助蔡元培管理北大时期，蒋梦麟就推行了选科制，允许学生于性之所近，在规定范围内自由选择学习，不作强求。可以说，蒋梦麟的专才培养是根植于他的教育理论上的实践。

与张、蒋二人的专才培养不同，清华的梅贻琦旗帜鲜明地强调“通才教育”。一方面，这和国民政府制定的“教育实施方针”有关，该方针要求大学要以培养“为国家、社会服务的健全品格”为目标。另一方面，梅贻琦对大学与大学教育有着自己独到的认识。梅贻琦“通才教育”的思想基石在于他在美国感受到的自由主义精神。他希望大学培养出超越阶级、党派的学生，大学只应该培养一种判断能力，让学生依靠这种能力去决定自己的方向。培养这种能力的办法，就在于让学生对各方面知识都有一定程度的学习，“不贵乎有专技之长”。不然，学生便始终是一个匠人而非高级知识分子。在《学习范围务广，不宜过狭》中，他强调“学问范围务广，不宜过狭，这样才可以使吾们对于所谓人生观，得到一种平衡不偏的观念”。那么，大学不培养专才，社会需要的专才出于何处呢？这与梅贻琦对大学的认识有关系。他在《大学一解》里的回答是，大学应有之任务在于造就通才，造就专才的机构在于研究院与专门学校。这样一来，“通才教育”的结果便是造就“读书知礼”“周见洽闻”的“士人”与“新民”，也即社会的“精神领袖”。我们发现，三校长的理念绕了一圈，又从梅贻琦的“通才教育”回到了张伯苓的“领袖人才”。

“共治”与“专治”

作为校长，管理学校是其主要职责，而大学校长的管理思想在一定程度上是其教学理念的延伸。梅贻琦主张“教授治校”，蒋梦麟认同“校长治校”，张伯苓则有私立学校管理的独特作风，这些都与其教学理念密切相关。

梅贻琦主张“教授治校”的观念，在清华颇有传统。五四运动之后全国高校就有了教师主动关心校政的风潮。清华“改大”之后，三逐校长（罗家伦、乔万选、吴南轩）时有一年多校长空缺，由校务会议处理校务，“教授治校”已经成了既定事实。清华的教授治校是由教授会、评议会和校务会议共同实现的，三个会议协商决定校政。从理论上讲，三个会议和校长本人之间存在矛盾与职能上的重合，但是梅贻琦本人周旋其间，让“教授治校”的理念得到贯彻实施。梅贻琦本来个性冲和，作为校长，他自比于京剧中的“王帽老生”，“他（王帽）出场总是王冠齐整，仪仗森严，文武将官，前呼后拥的，‘像煞有介事’”，但在大多数戏里，并不需要“王帽”演唱，他只是“因为运气好，搭在一个好班子里”。可见他对自己的定位是主持校政而非决定校政，用他自己另一句话说，就是“校长的任务就是给教授搬搬椅子，端端茶水的”。凡有校务，他的态度就是“吾从众”，调和各方意见，做出最有利于清华发展的决策。梅贻琦这一理念，既是“通才教育”培养高级知识分子理想的实践，也体现出了他对教师的重视，是他就职演说中“所谓大学者，非谓有大楼之谓也，有大师之谓也”的回响。

其实，梅贻琦“教授治校”的思想还有一个直接思想源头，那就是当初执掌北大的蔡元培。蔡元培担任北大校长时，就明确提出过“教授治校”的方针并且实施，然而这一理念却“移花接木”，在清华生根发芽。作为蔡元培弟子的蒋梦麟则提出了一个与“教授治校”相对的理念——“校长治校”。蒋梦麟提出“校长治校”的背景是20年代的“教育破产”，一方面校内的民主失控，另一方面学生不再重视学业，于是蒋梦麟提出了“教授治学，学生求学，职员治事，校长治校”的

蒋梦麟、梅贻琦在西仓坡清华办事处。
◎北京大学档案馆藏

样的管理是与其私立大学的性质相匹配的。

当然，无论是哪种治校方法，三位校长的最终目的都是实现他们的大学理想。

1937年，联大部分教师合影。图中为郑天庭（左2）、罗常培（左3）、魏建功（左4）。◎北京大学档案馆藏

方针。蒋梦麟这一理念的着眼点在于提高大学的“效能”，他在与蔡元培的通信中说：“办国立大学之道无他，于学问精神外，加以效能之组织”。蒋梦麟意识到大学需要两类人才，一是名师，一是干才。“名师当以知识、人格二者为标准。干才当以‘温’‘和’‘能事’及‘有普通知识者’为标准。”这种思想的实践就是蒋梦麟制定《国立北京大学组织大纲》中将学术与行政决策分成两个系统，前者属于教务会议，后者属于行政会议。可以说，蒋梦麟“校长治校”的思想，主要是为了提高北大的教学与学术效能，20世纪30年代北大的黄金期与之不无关系。同时，将大学人才分为名师和干才，也与他“因材施教”的专才培养理念若合符契。

梅贻琦和蒋梦麟都是公立大学的校长，所以不论是“教授治校”还是“校长治校”，本质上都是对学校内校长、教授、学生三种势力的调和。蒋梦麟说过：“一个学校，总有三派势力，校长、教授、学生，只要其中两派联合起来反对另一派，那它非败不可。”而私立大学则没有这种后顾之忧，私立大学重的是“私学家法”，校长的个人魅力是其中的一个支柱性力量，张伯苓之于南开，即是如此。张伯苓管理南开，有“责任分担，校务分掌”的思想，而更多的是操作式的管理方法。南开的校政管理趋向于“扁平化”，组织结构分为三层，第一层为校长，是全校的行政管理中心，“总理全校一切校务”，不设副校长；第二层是行政管理的各职能部门；第三层则是师生员工，上行下效，高效而精细。可以说，南开这

“学而”与“为政”

“学而”与“为政”这两词是《论语》前两篇的篇名，前者强调君子为学，“学而时习之”，后者则指出君子亦有参与政治的责任，并且“为政以德”。这里借用这两个词来代表三位校长在大学定位上的取舍。20世纪以来，人们认识到大学存在的依据有二，一是认识论的，一是政治论的。前者把高等教育的本质归纳为“闲逸的好奇”，目的是追求知识；后者认为大学对于国家和社会有深远的影响。这两种不同的大学定位，对于校长来说，落到实处便是大学“学而”与“为政”之间的比例调和。

梅贻琦是典型的“学而”派。他的“通才教育”理念旨在培养能够独立思考的高级知识分子，那么，独立思考的精神必然要求学术上的自由，即陈寅恪所言的“独立之精神，自由之思想”。在梅贻琦看来，学术的高下不以实际功用为衡量标准。他用宋儒胡瑗的“无所不思，无所学言”来说明他的学术自由理想。他指出，“新民之大业，非旦夕可期也”，既然“新民”不是一朝一夕完成的，那么，“其‘无所不思’之中，必有一部分为不合时宜之思，其‘无所不言’之中，亦必有一部分为不合时宜之言”，“不合时宜”也许合于将来的时代，所以，任何学问都值得鼓励。对学术自由的崇尚也必然要求教育独立于政治之外，蔡元培早在北大便已思考过这一问题。蔡元培指出，教育要发展学生的个性，而政治强调人们的群性；教育的作用是隐性、长期的，而政治则追求一时之功业；教育要求产生稳定的影响，而政治上势力消长必然带来思想的动荡。这样，想要教育得以发展，但需要教育相对独立于政治之外。可以说，蔡元培在北大的这一思想，被清华的梅贻琦取了经。

我们可以注意到，蔡元培论教育与政治

联大部分教师在路南合影。图中为何善周（左1）、曾昭抡（左2）、闻一多（左4）。
◎北京大学档案馆藏

时，强调了教育要发展学生的个性，他的弟子蒋梦麟也提倡要发展“个性主义”。那么，这两者有何不同呢？实际上，不同之处在于蔡与蒋对“个性”这个词的着眼点不一样。蔡元培所说的“个性”指人的性格与行为方式，而蒋梦麟所说的“个性”则在于一个人的天赋与特长。所以，蔡元培与梅贻琦强调“通才教育”与“学术自由”，而蒋梦麟则看到了科研的重要性。他以德国为例，认为德国虽然一战失败却依然强大是因为德国的学术研究始终处于领先地位。因此，蒋梦麟治下的北大，更加注重科研，而注重科研的目的，则在于服务社会。不难看出，蒋梦麟既有“学而”的认识，也有“为政”的自觉。以蒋梦麟个人来说，他既是当时难得的知识分子，又数次出仕。在他看来，知识分子不问政治是“弃其天职”，而他的“为政”观并不是让知识分子去干涉或参与政治，而是要充当公知，议论政治从而对社会产生影响。

同样强调“学而”是为了“为政”，张伯苓又与蒋梦麟的注重学理不同。张伯苓的大学理想可以用南开的校训“允公允能，日新月异”来概括。“允公允能”是《诗经》中“允文允武”的改动，“日新月异”则出于《礼记》中的“苟日新，日日新，又日新”。“日新月异”就是要求学校教育要“与时俱进”，而“与时俱进”就要“合时宜”，这就体现出张伯苓重视实用的办学特点，与梅贻琦允许“不合时宜”截然不同。“允公允能”的核心在于“公”和“能”，即“爱国爱群之公德，与夫服务社会之能力”。张伯苓年辈高，出道早，加之处于商业城市天津，一直有实业救国的理想。1924年，有人在《南大周刊》上发表了《轮回教育》一文，指出中国当时的教育实际上就是在两个圈子里轮回，一个圈子是自中学到大学，大学毕业再回中学教书；另一个圈子是大学毕业去留学，留学结束回大学教书。这篇文章对张伯苓的触动很大，让他此后的办学更加注重学校的社会价值。比如南开大学甫一开设便只有理工科与独特的商科，而没有实用价值相对小一点儿的文科。之后，南开陆续组建了多个科学研究所，如应用化学研究所、东北研究所、政治经济研究所等，无一不与当时的社会需求密切相关。此外，提到张伯苓的大学教育，很多学者都会指出他特别重视体育教育，这其实也与他强调“服务社会”有关。而这些实用能力的培养，则是为了服务“公”的理想，即他的“知中国”与“服务中国”的理想。

纵观三位校长的理念，从培养人才出发，归结在于服务社会，实现环节在于校长的管理。最终，梅贻琦虽然“不合时宜”，却也有着“新民大业”，蒋梦麟的“议政”与张伯苓的“允公”，三人的大学理想仍旧是希望培养社会需要的人才来服务社会。从这个角度来说，三人可谓殊途同归。

是的，正因殊途同归，才有联大八年的同舟共济。

合作的实践

抗战爆发后，国民政府决议成立一至三所联合大学，北大、清华、南开便是其中第一所。联合大学原计划建于长沙，后迁至昆明，方有“西南联大”之名。前面我们多次提到三校联合时的亲密无间，其实，三校之间亦有着重重的矛盾。

首先是联合初期的相互猜疑与观望。三位校长中最先抵达长沙的是蒋梦麟，当时北大的英文系老师叶公超就问过，南开和清华的校长何时能来长沙？蒋梦麟对此也有些拿捏不准，但他仍表示，即使两校长不来，也要把联大办起来。当时张伯苓和梅贻琦的确迟迟没有给出准确的消息。长沙的师生们面对这种情况，甚至有人主张如果两位校长不来，联大不如直接拆伙算了。可以说，联大就是在这种猜疑的气氛下成立的。

校长之间也存在着理念的分歧。比如，在长沙的时候，三位校长亲自去探视学生宿舍。当时的宿舍条件十分落后，蒋梦麟深表不满，认为不良的生活条件影响学生身心健康，不利于学习。张伯苓则表示，国难当头，青年应有共赴时艰之心，不能苛求环境，相反，恶劣的生活条件正是对青年的磨炼。二人彼此不能让步。最后，蒋梦麟对张伯苓说："倘若是我的孩子，我就不会让他住在这样的宿舍里。"张伯苓颇有不悦地回应："如果是我的孩子，我就一定要他住在这里。"

更多的摩擦在于利益分配。一是领导班子的搭配。事实上，联大八年中，蒋梦麟和张伯苓长年不在昆明，校政基本上由梅贻琦一人操持，对于中层领导的作用会多少偏向于清华的原班底。对于这一点，北大和南开的教师难免会有分校之想。钱穆曾回忆，在联大文法学院设在蒙自时，蒋梦麟从昆明前来，在北大学生的欢迎会上，师生们纷纷向校长质疑为何文学院院长由清华的冯友兰连任，而不用北大的汤用彤，并进一步向蒋梦麟要求分校。此时钱穆力排众议，指出此乃战时，战后各校自当独立。蒋梦麟随即起身表示赞同此言，才免去一场纷争。更严重的问题是资源的分配。三校当中，清华的经费最多，这是因为清华有独立的庚款基金，并且梅贻琦很早就开始筹划南迁事宜。相对而言，北大和南开的经费就少了很多。对此，梅贻琦让清华做出了牺牲和让步，在其他两校教师不能领到全额工资时，梅贻琦坚持清华教师与他们一样只发70%的薪水。

面对重重困难，校长之间的周旋在维持联大顺利运转中起到了关键作用。本来，三所学校的人员你中有我，我中有你，用张伯苓的话说，是"通家之好"。比如身为校长的梅贻琦本身就是张伯苓的学生，而南开的教务长黄钰生又毕业于清华，清华的文学院院长冯友兰出身于北大，北大的文学院院长胡适出身于清华不说，他还兼着南开的校董和全美清华同学会的总会长。这样一来，一些公务上的摩擦就可以转化为私人间的问题，"利益"冲突变成了"交情"关系。

梅氏家族对子女以诗书为第一要务，梅贻琦自幼熟读经史，并有很强的记忆力。◎北京大学档案馆藏

更为重要的是三位校长对大局的把握。西南联大的校长机制是由三校校长组成校常委会，三人轮流担任常委会主席，每人任期两年。而事实上，当时张伯苓出任国民参政会副会长，蒋梦麟长时间担任教育部部长，二人均不常在昆明，这样一来，实际的校政工作便落在了梅贻琦身上。这就形成了分工：张伯苓常驻陪都重庆，负责与国民政府交涉；蒋梦麟负责所有对外事宜；梅贻琦专管治校。恰好，梅贻琦"教授治校"的理念在此时可以兼顾到三校的利益。他们三人之间是相互信任的。据何兆武回忆，张伯苓曾操着满口的天津话风趣地说："蒋梦麟先生是我最好的朋友。我有一个表，我就给他戴着，我跟他说：'你是我的代表（戴表）。'"对于年轻的梅贻琦，张伯苓表示："联大校务还请月涵先生多多负责。"蒋梦麟也常对北大的人说："在联大，我不管就是管。"

面对同人的信任，梅贻琦能够勇于担起责任。他曾自述其志："在这风雨飘摇之秋，清华正好像一只船，漂流在惊涛骇浪之中，有人正赶上驾驶它的责任，此人必不应退却，必不应畏缩，只有鼓起勇气，坚忍前进。”在治校上，梅贻琦坚持民主自由的原则，兼顾各方面的意见，使得联大能够融合无间。联大曾经流行过一首打油诗：“大概也许可能是，然而我想不见得。不过学校总以为，但是我们不敢说。”这首打油诗说的便是梅校长的口头禅，虽有揶揄之意，但也可以看出梅贻琦的谦逊与谨慎。陈寅恪对此总结：“假使一个政府的法令，可以和梅先生说话那样谨严、那样少，那个政府就是最理想的。”

就是这样，靠着三位校长的智慧与默契，联大走出了抗战八年。

最后的离别

抗战胜利之后，中国并未迎来和平的曙光。内战爆发，蒋介石为首的国民政府越来越不得人心，而大部分受欧风美雨熏陶的知识分子又对新政权抱有怀疑态度，一时间，何去何从成了问题。

留下来的是张伯苓。张伯苓在三人中年纪最长，虽然多次出国学习，但其知识基础仍是当年在水师学堂打的底子，受西方思想的影响最少，对新政权的态度也最为友善。更为重要的是，张伯苓是南开系列学校的校长，多少年如一日执掌南开，他舍不得自己的学校。作为一个天津人，骨子里的乡梓情结也羁绊着他，不让他离去。更何况，他昔年在南开的学生周恩来，正是共产党的要人，有这一层关系，更让他少了一些担忧。

然而，张伯苓晚年却有一个政治“污点”：在国民党节节败退之际，他却出任了国民政府考试院的院长。之所以有这样的选择，一来是蒋介石的亲笔信邀请，二来也是出于为南开争利。抗战胜利后，由于联大期间教育部为南开拨款将近九年，南开大学由私立改为了公立，蒋介石的亲笔信中声称要把教育部划归考试院，这样，张伯苓如果出任院长，便可以多为南开筹措经费。于是，张伯苓提出三个要求：只任三个月院长；须兼任南开校长；要求沈鸿烈出任考试院诠叙部部长。蒋介石一口应允。可单纯的张伯苓没有想到，蒋介石同意他兼任南开校长，不代表教育部同意，依照民国《大学组织法》，政府官员不能兼任大学校长，最终，张伯苓无奈接受了辞去南开校长的命运。

同是在国民政府出仕的蒋梦麟选择了去台湾。

这位绍兴才子，有才气，有性情。三位校长中，说到妙语连珠，怕是没人比得上蒋梦麟。比如，1921年胡适在日记中记道：“梦麟说，北京的教育界像一个好女子；那些反对我们的，是要强奸我们；那些帮助我们的，是要和奸我们。”又如，蒋梦麟自称平生做事全凭“三子”：“以孔子做人，以老子处世，以鬼子办事。”“鬼子”即指以科学务实的精神办事。对于婚姻，他更有妙语：“一曰狗皮膏药，二曰橡皮膏药，三曰氢气球。所谓狗皮膏药，贴时非易，撕开痛苦，旧式婚姻之谓也。橡皮膏药贴时方便，撕开不难，普通婚姻之类是也。至于摩登者流，男女双方均得时时当心，稍有疏忽即行分离，正似氢气球然。”蒋梦麟晚年的悲剧，便是“氢气球”的悲剧。

1960年在台湾圆山饭店的宴会上，蒋梦麟迷上了小他26岁的徐贤乐。他不顾宋美龄、陈诚、张群、胡适等人的劝阻，于次年与徐成婚。然而，这段婚姻只维持了两年，最终以蒋梦麟人财两空告终，4个月后，78岁的蒋梦麟因肝癌去世。

1949年梅贻琦也选择了离开大陆，但是他并没有直接去台湾，而是先去巴黎、伦敦，后又旅居纽约七年。其间不论在何处，他仍为清华的庚款运作奔走。也正是因为这笔当年清政府赔出去的款项问题，1954年梅贻琦首次来到台湾商讨如何使用这笔经费。随后他留在台湾，参与台湾“清华”“复校”事宜。1962年5月19日，因病去世。

说到底，梅贻琦的辞世，比蒋梦麟还早了两年。

08

教授治校，通才教育：联大的办学理念

The Principle of Lianda's Education: Faculty Governance and Generalist-Oriented

文：刘天宇 编：陆沉
text: Liu Tianyu edit: Yuki

西南联大虽然是三校联合办学，但其主导的办学理念却是以清华为基础的。原因有三：首先，清华的师生数量占三校全体比例最高，且经费与设施最为完备；其次，三位校长中只有梅贻琦长期在昆明主持校政，梅的领导班子是以清华为班底的；再者，在联大领导层有着诸多想法，联大的教师也是三川并流，众口难调，这种情况下，既没有一个完全能够服众的强势校长来推行蒋梦麟的"校长治校"，张伯苓的"允公允能"也不能让北大一众自由主义知识分子完全认同，而梅贻琦在清华推行的"教授治校"带来的民主气氛恰恰能给予多方势力一个共处空间。于是，联大就形成了以清华学统为主，兼顾北大、南开的办学氛围。

联大办学的最大特征便是主张“通才教育”，这一理念落实在联大的选课与学制上。西南联大重视学生对基础学科的学习，学生都有校级和院级的共同必修课程。校级必修课有国文、英语、伦理学、中国通史等课程。院级必修课则是由学院制定，兹以1944至1945年度文学院的课表为例，说明院级开课的情况[1]：

联大院级开课表

学程	必修或选修
国文壹 A （读本）	Ⅰ
国文壹 A （作文）	Ⅰ
国文壹 B （读本）	Ⅰ
国文壹 B （作文）	Ⅰ
中略	……
国文壹 N （读本）	Ⅰ
国文壹 N （作文）	Ⅰ
中国文学史概要	文Ⅱ 语Ⅱ
历代文选（先秦）	文Ⅱ 语4Ⅳ
历代文选（汉魏六朝）	文Ⅱ
历代文选（唐宋）	文Ⅱ
各体文习作（一）	文Ⅱ 语Ⅱ
各体文习作（二）	文Ⅲ
声韵学概要	文Ⅱ 语Ⅱ
文字学概要	文Ⅱ 语Ⅱ
历代诗选（汉魏六朝）	文Ⅲ
历代诗选（宋）	文Ⅲ
历代诗选（不分段）	文Ⅲ
专书选读（庄子）	文Ⅲ
专书选读（楚辞）	文Ⅲ
专书选读（楚辞）	文Ⅲ
专书选读（周易）	文Ⅲ 语3
专书选读（史记）	文Ⅲ 语3
专书选读（昭明文选）	文Ⅲ
专书选读（尚书）	文Ⅲ语Ⅳ
专书选读（尚书）	文Ⅲ语Ⅳ
专书选读（国语）	文3 语Ⅳ
下略	……

上表中学期栏内空白者，表示全学年课程，填有上下的，表示上下学期课程。必修或选修样款内，用罗马数字填写的，表示某年级必修课程，用阿拉伯数字填写的，表示某年级选修课程。“文”代表文学组，“语”代表语言文字组。由上表可以看出，“国文壹”即院级必修课程，不分组别，属于低年级的“通才教育”。原表注明，“历代文选”和“历代诗选”系列课程，学生只须各自从中选择两种修习，“专书选读”则要选择四种学习，这就属于院系的选修课程了。

教师开课的多样与自由是和学生修读的灵活性相对应的。比如表中闻一多开设了《庄子》和《楚辞》两门课程，只要授课时间不冲

1 表格引自清华大学档案，见北京大学、清华大学、南开大学、云南师范大学编：《国立西南联合大学史料（三）：教学、科研卷》，昆明：云南教育出版社，1999 年。本文所引表格皆见于此书，兹不另注。

学期	学分	教师
	4	朱自清、赵西陆
	2	赵西陆
	4	沈从文、马芳若
	2	马芳若
……	……	……
	4	邢庆兰
	2	邢庆兰
	6	游国恩
	4	许维遹
	4	浦江清
	4	游国恩
上	2	李广田
	2	游国恩
	4	邢庆兰
下	4	唐兰
下	3	罗庸
上	3	朱自清
	4	朱自清
	3	闻一多
上	2	罗庸
下	2	闻一多
	2	唐兰
	4	彭仲铎
	4	彭仲铎
上	3	许维遹
下	3	
下	3	许维遹
……	……	……

突，开设几门课程与何时上课就完全由他决定。更有特色的地方是，表中闻一多和罗庸同时开设了《楚辞》这门课程，而两人讲授内容却大相径庭。罗庸从文学发展的角度讲授，主要讲解《楚辞》与《诗经》的关系，而闻一多则从文化人类学的角度，从《楚辞》中的神话讲起。学生可以凭兴趣选择一种课程来修习，这样一来，学生的学习积极性得到了提高，教师之间也无形中形成了教学上的竞争机制。

保证自由的“通才教育”教学效果的是联大的学分机制。据《国立西南联合大学本科教务通则》（以下简称《通则》），学生在校修业期限至少为四年，四年中学生要完成132个学分，此外还要修满党义2学分、体育8学分和军事训练6学分。除学分总数有规定外，《通则》还规定一年级学生需要修满33学分才能进入二年级，二年级学生要修满66学分才能进入三年级，三年级学生要修满99学分才能进入四年级，党义等学分不得计入在内。这样，就保证了学校修习的均匀与合理。同时，联大对取得学分的要求也很高，既要看平时的考核，也要看期末的考试成绩。联大的考试素以“不好回答”著称，《郑天挺西南联大日记》便有记录，我们可以看看几套联大历史系的试卷。首先是明清史的考题：

甲、在下列两题中选做一题：
一、明初边防最称完固，然建国八十年而有土木之变，其何故欤？
二、靖难之师，谈者多咎明初分封太侈，试检史实以定其说。

乙、解释下列名词：
一、八法，二、三千营，三、三途并用，四、三边，五、同进士出身，六、庚申君，七、革除，八、恩生，九、曹石，十、夺门，十一、拨历，十二、蕲黄妖贼。
选做六个。
丙、试述个人对明清史之兴趣所在。

清史的考题在题型上则相对单一些，为四道问答题：

一、满洲名称之来源，其说有几，以何说为较长？试略述之。
二、近人或以八旗为政制，其说当否？
三、试述明末与建州之款议。
四、满洲入关，说者多咎吴三桂之请兵，征之史籍，亦有足议者否？

这尚且是本科生的考试，其难度可见一斑。若是对研究生的考查，则更见难度。如研究生王永兴的论文题目是《中晚唐募兵制度》，老师们对他的考查不但针对论文提出了三道篇幅较长的论述题目，又追问三道唐史题，题目如下：

一、自开元中及于天宝，钱谷之司唯务割剥，回残剩利，名目万端，《通典》六。能撮述其概否？
二、士族之衰，其故安在？
三、唐自穆宗以来八世，而为宦官所立者七君，《新书》九僖宗赞。果何由以致此耶？

正是如此严格的考试与考核制度与自由宽松的选修条件相配合，使得联大的学生在学问上打下了坚实的基础。

支持“通才教育”的思想与实践基础是“教授治校”与“学术自由”。早在梅贻琦主政的清华，“教授治校”就已成传统，清华素有“神仙老虎狗”之说。所谓“神仙”，是指“教授治校”的理念下，教授有着很大的自由。比如说，教授决定自己开什么课，联大关于课程设置给教育部的函上明确提出：“夫大学为最高学府，包罗万象，要当同归而殊途，一致而百虑，岂可刻板文章，勒令从同。”教授也完全可以要求学校把其一周的课程安排在一天连着上完，这样剩下的时间他就可以休息了。加上教授的工资高，影响力大，所以是“神仙”。“老虎”是指学生，因为学生可以通过学生会干涉校政，一旦学生运动兴起，来势汹汹，如同猛虎。相较二者之下，教工就比较“弱势”，只能是“狗”了。

“教授治校”和“学术自由”都对教授有一定要求，更何况梅贻琦有著名的“大师论”。那时对教授的聘用与今天有所不同。民国对大学教授的衡量，并不以学历与研究成果作为唯一标准，查阅联大的课表，我们可以看到在中文系有沈从文开设的国文课与小说课，在历史系有钱穆的中国通史，在数学系有华罗庚的数论，这三位老师都不是大学毕业，但依然是联大的教师。这是因为，民国时期衡量大学老师主要看两个标准，一是学问，一是学术上的预流。这里的学问，一来指老师的学术能力，同时也对老师能否为学生讲明白问题有很高的要求。“预流”一词，是学者能否发现新的材料，使用新的方法，提出新的问题，形成新的思想。以中文系和历史系为例，民国时期的新材料就是1888年发现的甲骨文、1900年打开的敦煌莫高窟文献，以及1925年溥仪被冯玉祥驱逐出紫禁城后公之于众的明清内阁档案。新的方法则是如王国维结合西方哲学与美学思想来对中国问题的释证、补证与参证，又如陈寅恪独擅的“诗史互证”，等等。一言以蔽之，联大的教授是重质量而不是重形式的。

对教师的宽松使得联大课堂的气氛轻松而活泼。比如闻一多，他本身就是诗人，越到晚上精力越旺盛，讲课也越发有灵感，他就要求把他的课全安排到晚上。他上课前，总要先问下面的同学：“哪位要抽，自己来拿。”学生不好意思，他就点上一根纸烟，摊开《楚辞章句》，一字一顿地道：“痛饮酒，熟读《离骚》，方为名士！”和诗性的闻一多相比，朱自清的课程就像他的散文一样，规规矩矩又细致入微。1942年朱自清开了一门“文辞研究”课，选课的学生只有王瑶一个人，外加一个拉来的旁听生季镇淮。虽然学生只有一个，但朱自清还是认认真真地准备，于是上课就出现了比较幽默的一幕：朱自清拿着四方的卡片，在黑板上一条一条地抄材料，抄完了讲，讲毕再抄，一丝不苟，王瑶坐在下面跟着抄笔记，季镇淮坐在后面跷着二郎脚看着前面两人的“表演”。

在“学术自由”的环境下，学生做学问的选题也是自由的，很多日后的大学者的代表作便是那时候在联大被发现的。我们可以看看几篇联大硕士论文的题目：

联大硕士论文题目

姓名	毕业年龄	专业	论文题目
王利器	27	中国文学	吕氏春秋
王叔岷	27	中国文学	谈庄论从
逯钦立	30	中国文学	诗纪补正
殷焕先	30	语言文字学	联绵字之研究
王瑶	32	中国文学	魏晋文学思潮与文人生活
杨振宁	21	物理学	超晶格的统计理论调查 Investigations in the Statistical Theory of Superlattices
董申保	26	地质学	云南易门下震旦纪地层及其构造型相
屠修德	不详	货币银行	沙坪坝学生生活费的研究

从王利器到王瑶，他们的论文方向后来都成为自己的看家本领。从论文选题来说，王利器属于专著研究，王叔岷和王瑶是思想阐发，逯钦立偏于文献整理，殷焕先是语法研究，杨振宁站在了科技前沿，而董申保与屠修德则是“就地取材”，充分利用了身处西南的环境条件。可见联大学生论题的丰富与自由，也正是这种学术自由的风气，促使西南联大造就了教育史上的奇迹。

巍巍上庠，国运所系：联大的学制与学风

When Studying at National Southwestern Associated University

文：李艺 编：陆沉
text: Li Yi edit: Yuki

古有言“巍巍上庠，国运所系”。抗战时期，国立西南联大于危亡中延续了国家文脉，完美地印证着这句古话。如今，这个在历史上仅存在八年的联大虽已落幕八十载，但后人仍在不断追忆思索着它的辉煌。是什么成就了它在中国教育史上的顶峰，又是什么铸就了它不褪色的魅力？也许，透过联大的学制学风，回看学子们在联大学习的往昔能窥得一二。

國立西南聯合大學

入

學

證

民國三十四年度

联大的学制

联大严格的入学标准和坚持拓展学生眼界的理念，算得上是北大、清华、南开三所学校在西方通识教育上的优势互补。在联大的本科四年里，前两年要由一流的教授们帮助学生打牢基础，考核通过后，专业基础课和专业课就好学了。

可严格的标准使得考取联大并非易事。每到招考时，各地高中文凭的佼佼者都会聚一堂，参加三校统一的入学考试，仅有综合成绩优秀者才有机会金榜题名。然而要想真正进入联大，大家还须再闯过一关——通过新生资格审查委员会的审核。为严把学生质量关，联大专门成立了由三所学校有名望的教授组成的审查委员会，查核学生的成绩、奖学金等事宜。通过了考试和审核、收到录取通知书后，学生们才能长舒一口气。但“行百里者半九十”，这只是万里长征第一步。

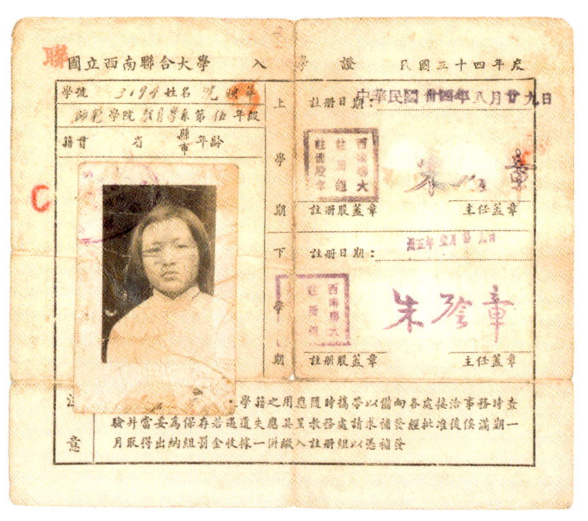
聯 國立西南聯合大學 入學證 民國三十四年度
學號 3194 姓名 沈映華
師範學院 教育學系 第一年級
籍貫 省 縣市 年齡
上學期 註册日期：中華民國卅四年八月廿九日 註册股蓋章 主任蓋章
下學期 註册日期： 註册股蓋章 主任蓋章

1945年，沈映华的国立西南联合大学师范学院入学证
◎ 校友潘镛先生捐赠
◎ 云南师范大学西南联大博物馆藏

来到联大这所抗战时期人数最多、规模最大的综合性大学的第一天，老师就会告知大家，在联大，老师是辅助，只负责为做人做学问打基础，学生才是主角，若想走得深远就得自己研究。

联大实行本科四年制，其间只要学生按要求修满136个学分就可毕业（如果是师范学院的学生，须五年修满170个学分）。学校为大家开了许多课程，再加上跟随最新研究成果和国际学术动向而不断增加的新课，学生们可选择的科目更是琳琅满目。每年开学，教务处人头攒动，学生们盯着墙上密密麻麻的课程表，饶有兴致地抄录着准备选修的课。选课当然不能只凭兴趣，还得兼顾学校“通才教育”的要求。文法学院的学生会在必修课程中放上至少一门自然科学课程和两门社会科学。哲学入门、科学概论、中国通史和西洋通史这样有助于大家拓宽眼界的课更是必然会出现在每位联大学生的课表上。还有些有益于学生长远发展的课程，即便没有学分也是必修，像能强健学生体魄的体育课就属这类。在联大看来，把四年八个学期不间断的体育课坚持下来，大家健康地工作生活50年便有了希望。要是哪个学生挑战学校的制度要求，不上必修课、修不够学分，那就无缘联大的毕业证了。

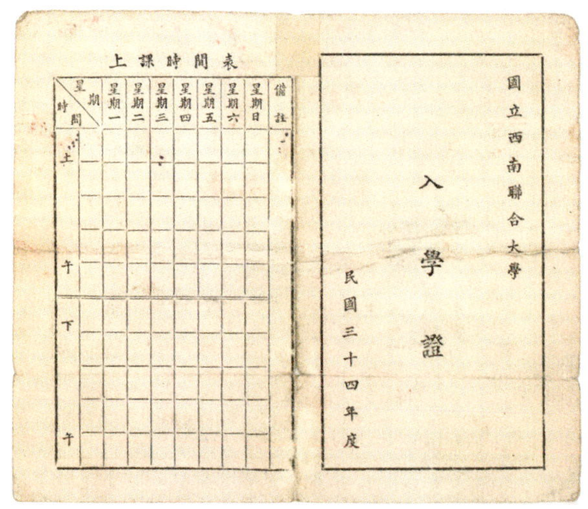
上課時間表

時間＼星期	星期一	星期二	星期三	星期四	星期五	星期六	星期日	備註
上午								
下午								

國立西南聯合大學
入學證
民國三十四年度

1945年，沈映华的国立西南联合大学师范学院入学证封面。
◎ 校友潘镛先生捐赠
◎ 云南师范大学西南联大博物馆藏

要知道联大不仅入学难，毕业也难，据统计，联大总共有8000多名学生注册在案，最后只有一半左右拿到了毕业证。为了不让自己的毕业梦破碎，每门学科大家都不敢怠慢，否则就可能因不及格而重修。在没有走后门和补考一说的联大里，重修是脱离危机的最后一次机会，要是重修还不达标，学籍就会被取消，毕业就彻底没了希望。

联大的学风

与学制相辅相成的是学风。融合了北大的自由、清华的严谨和南开的务实，联大形成了属于自己的自由包容、严谨务实、一心向学的气质。

西南联大书库旧影 © 北京大学档案馆藏

自由包容

在联大，无论教授还是学生都享有极大的自由。经过严苛筛选标准进入联大的学生往往有很强的学习能力，而联大提供的自由环境更为他们畅游知识的海洋锦上添花。不受共同讲课标准和大纲束缚的教员们也从不人云亦云，他们用各具特色的方式传授着自家的研究成果。一门极为基础的中国通史课，吴晗、雷海宗和钱穆就有着截然不同的讲法。习惯了按编年史、一个朝代一个朝代讲的雷海宗会带着历史循环论的思路，给学生们构建历史时间轴。要是想换个角度来看历史，学生们就会来到吴晗的课堂，等待他铺开一幅封建大帝国的兴衰全景，然后将秦始到清末间政治、经济及文化的形成发展娓娓道来。如果还不过瘾，钱穆的国史大纲也是一个很好的选择。熟悉史实的钱穆常在课堂上分享自己对中国历史的独到见解，说到有趣的内容时还会朗朗大笑，学生们在课上收获颇丰，因此也不再与老师浓重的无锡口音斤斤计较了。

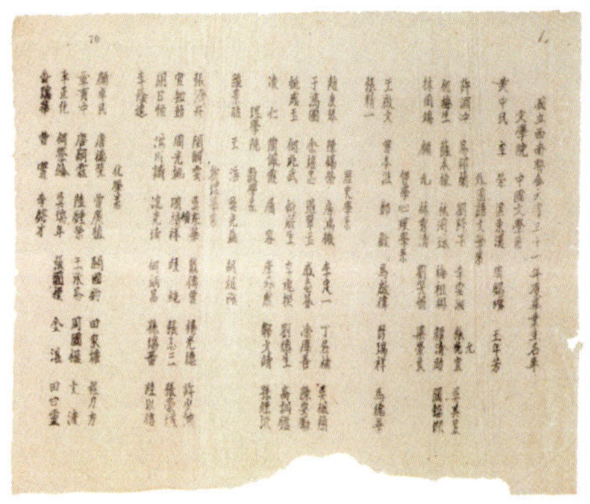

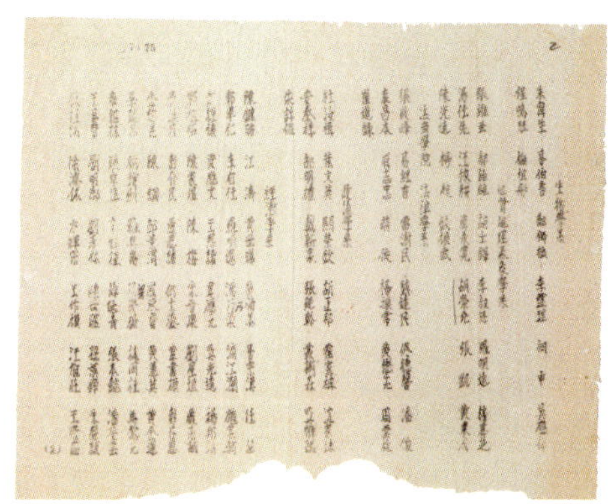

西南联大三十一年度毕业生名单（部分）。
◎ 云南师范大学西南联大博物馆藏

老师自由地讲，学生自由地听，如果上了两周仍然觉得这课不适合自己，那就退选然后改上其他课。要是觉得专业也不适合了，只要学分足够就可以自由地申请转系。进入联大后接触到物理的杨振宁被物理的奥妙吸引，递交了一份转系申请书后，就从化学系转到了物理系。后来成为哲学大家的何兆武，则在联大本科加研究生的七年里读了四个院系，最终找到了兴趣所在。在联大看来，令人忧心的不是学生频繁地转系，而是他们尚未找寻到适合自己的道路。联大的自由一方面给予了学生们足够的成长空间，让他们在不断试错的过程中认识自己；另一方面，这种自由就像一束光，引导着年轻人学会独立负责地做出抉择，找到个人的发展方向。

严谨务实

不过自由包容并不意味着师生们可以松懈懒散。即使教授们在课堂上能够不带讲稿，完全即兴，他们也从不马虎。在联大，吴宓讲课认真是出了名的，英语系的学生都知道他会仔细斟酌上课内容的详略，熟背引文，每堂课前还会找个无人的地方演练，保证课堂质量。同样认真的还有朱自清，虽然文辞研究课只有两名学生选修，他还是自己收集整理教材，一丝不苟地教学。如此例子在联大不胜枚举。要是偶尔出现不严谨的教师，联大会毫不犹豫地请退。除此之外，联大也决不允许教师言行有损师表形象，即便是有名望的教授也不例外，当时思学渊博的文史大家刘文典就因吸食鸦片被学校解聘。

严谨方面，学校对师生的要求是一致的。为了给学生们打下扎实的基础，联大在平时也总进行测验，反馈学生们的学习情况。学生们尽管对学业十分上心，但遇到考试也仍会紧张。老师可不顾情面，学生及格与否全凭试卷。一道题要是误差错误可能扣去一半分数，如果是方法错了那就一分不得，要再碰到常识性错误，那其他题再好这次也不及格。最让人苦恼的是那些得了59.5分的同学，拿到成绩只得连连哀叹。不过老师会在试卷上用半分的方式清楚地指明出错的具体步骤，也让他们不禁感慨学习须严谨。

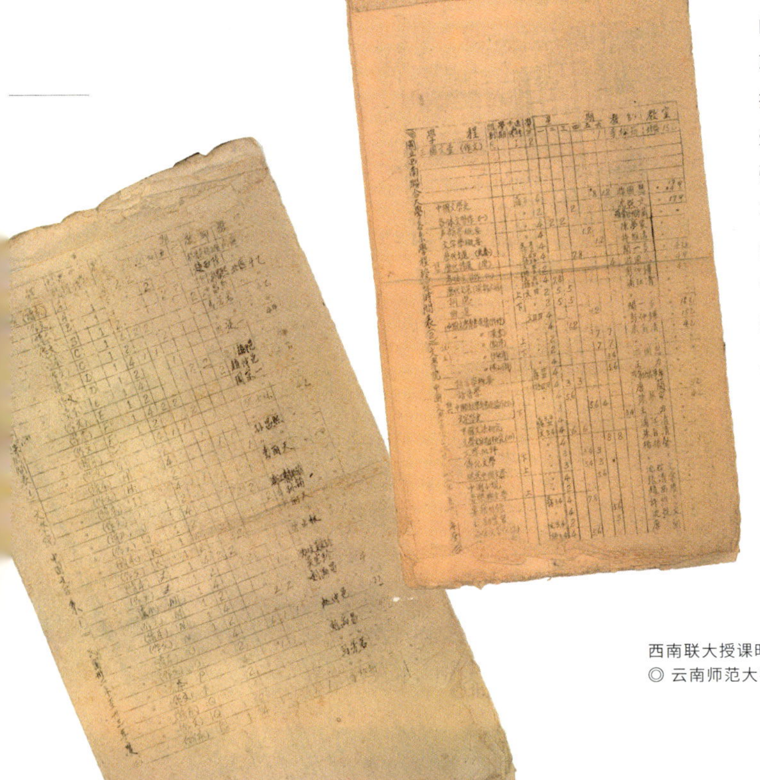

西南联大授课时间表。
© 云南师范大学西南联大博物馆藏

虽说学生能自由转系，但系主任们接到学生的转系申请后，依然会详细审查学生之前的成绩，评判学生是否适合本系。若是犹豫不决，土木系那位出了名的系主任蔡方荫有个抉择方法：凡在可准与不准之间的，一律不准。这样的严苛，倒让学生在平日里逐渐养成了认真踏实的学习习惯，大家日常的作业也会得到老师的认真反馈。学生们总爱阅读沈从文在自己作文后面附上的又长又有启发性的批语，沈从文也会把批改作业时发现的优秀文章推荐给报章杂志。即使在生病，朱自清也会连夜工作，好让大家在第二天就能获得反馈，及时了解自己的学习情况。

一心向学

抗战时期，对得来不易的读书研究机会，联大的师生们都很珍惜。面对日军对滇越铁路和滇缅公路的封锁及步步紧逼的困窘生活，一心向学的师生们总能找到克服困难的方法，抄书便是其中一个。好不容易得到的最新的研究书籍，教授们会轮流誊抄钻研，然后讲给学生们听。学生们要是得来本好书或教材，也会抄在粗劣的黄纸上，方便深入研读或日后借给有需要的同学。有了书，剩下就是寻找学习的地方，有书有照明的图书馆总是热门之选。每回临近开馆，图书馆前的台阶上就挤满了人，待门一开启转瞬间便座无虚席，那些没占上座的就只好站着看一晚上书了。还有些知道图书馆抢座不易的学生会转战到茶馆学习，在那儿要壶茶可以一直看到茶馆关门。不过毕竟是僧多粥少，到了考试时期，昆明那么多的茶馆里也不容易找到座位。学习中遇到了困难，大家也会努力克服。有些喜欢中西合璧的老师习惯把专有名词用英文表述，起初只有英文好的学生听得懂demand curve（需求曲线），但其他人也不甘落后，一边学习专业课一边补习英

西南联大书库旧影 © 北京大学档案馆藏

文，到最后基本都能明白老师所言。

在日军对昆明发动空袭最频繁的时间里，大家的学习也并没耽误，有时会调整上课时间，有时也会在跑警报的间歇继续上课。除了正常的课程安排，学生们还会主动学习，如果无法将想学的科目都列入选课表，那就去旁听。钱穆的国史大纲、陈岱孙的经济学都是非常热门的旁听课程，门外、窗外时常站满了人。旁听不仅限于学生，平常教授间也会相互旁听，开阔视野。同开《易经》课的闻一多和沈有鼎就时有互动，彼此探讨，不断优化各自的课堂内容。在课堂里要是有了疑惑，大胆提出质疑，老师认真回应的景象实属常见。

在自由包容、严谨务实和勤奋好学的氛围中，四年的联大生活宛若白驹过隙，回首向来虽有艰辛困苦，但也赋予了莘莘学子勇攀学术巅峰的决绝勇气和足以受用终生的厚实积淀。而未曾经历过那段光辉岁月的后来人，亦能从了解联大的学制学风的过程中汲取无尽的进步养分。

10

易社强：乱世堡垒中的自由价值

An interview with John Israel: The Value of Freedom inside a Wartime Fortress

采+文：林若羽 **编：**陆沉
interview+text：Lin Renee **edit:** Yuki

易社强教授几乎是在第一时间回复了邮件并欣然答应了我们的采访请求，西南联大在近期所受到的热切关注让他感到十分欣慰。谈到关于联大的一切：老师、学生、昆明、蒙自……他都一一详述，如数家珍。如同他曾自嘲的那般，因为对联大的研究太过投入，他只是一名专家，一名除了联大以外几乎“一无所知”的专家。但正是因为他贯彻于几近半生的研究，正是因为他对联大的这份持久的迷恋，才能够让我们今天有机会去了解一个立体而又鲜活的西南联大。

易社强教授在蒙自考察照片。◎ 云南师范大学西南联大博物馆藏

profile

易社强（John Israel），生于1935年，美国弗吉尼亚大学历史系荣休教授，曾就读于威斯康星大学和哈佛大学，师从费正清教授（John King Fairbank）。从事中国现代历史研究已50多年，其中对西南联大的调查研究已有30多年，著有《战争与革命中的西南联大》一书，被授予“西南联大荣誉校友”称号。

知中：你为《战争与革命中的西南联大》一书花了20年时间。最初是如何开始以西南联大为研究方向的呢？西南联大的哪些方面吸引了你？

易社强：在哈佛跟随费正清教授时，我撰写的博士论文主题是“1927年到1937年的中国学生运动”，还出版了一本名为《1927—1937年中国学生民族主义》的书。之后约在1970年，我觉得应该对这个课题进行进一步的研究，便去了位于麻省的哈佛图书馆，想找一些关于1937年到1949年间中国学生运动的资料。当时我在书架上看到一本书，名字非常新奇：《联大八年》。我不禁思考：联大？什么是联大？为什么只有八年？为了解答疑惑，我借阅了这本书。这是一个学生组织在1946年写的关于西南联大的故事。我一边翻阅，一边觉得这所大学实在太有趣了，我再也不想写关于学生运动的主题了。于是我直接更换了我的课题，从那时起投身西南联大的研究。

这所大学吸引我的地方——历史的重要性是一部分，它的主题本身也令我十分感兴趣。作为一名作者，同时也是一名历史工作者，我将历史视为一种艺术，书写历史对我来说极其重要。从文学的角度来看，联大这个主题有一个英雄史诗般的开始。师生们从长沙转移到昆明，在最危险的状况下进行了长达68天的长征路途，而在随之而来的抗日战争中，伴随着日方的炮火，他们还得承受最可怕的通货膨胀以及政治环境压力。即便如此困难，他们对学习的热情却依旧燃烧了整整八年，最后也取得了战争的胜利和学业的成功。这是一个多么精彩的故事！这个故事一定能够写出一本好书，所以我想由自己来讲述这个故事。当然，这个故事的最后一章是个悲剧——抗日战争胜利之后，昆明四名学生被杀害，1945年发生了“一二·一学生运动”，1946年闻一多被刺杀。对我来说，闻一多象征着联大的意义。

我们将联大的故事总结为一出悲喜剧——抗日战争胜利的欢欣以及随之而来的悲剧。从文学角度出发，这个结尾显得更加动人和心酸。所以西南联大对我的吸引力包含了它自身的历史重要性以及它在文学意义上所隐含的魅力。

知中：在你研究西南联大及出版《战争与革命中的西南联大》时，曾遇到什么困难吗？

易社强：我在研究西南联大时并没有遭遇太多困难。我在美国、中国台湾、中国香港都做过研究和采访，在中国大陆则进行了范围更广的调查。1980年，我为研究西南联大去了两次中国大陆。20世纪80年代，美国和中国刚开始进行学术交流，第一代交流学生和教授在中美之间不断来回，我也是其中一员。为了做研究，我必须找到一个交换学校，成为我在中国的接待单位。

或许是因为受到美国文化的冲击，当时北大与清华都以“没有人研究西南联大的相关课题”为由拒绝了我。最后据说是科学院院长私下去了当时的昆明师范学校拜访，是他们最终接受了我。那是西南联大师范学院的后继学院，也就是现在的云南师范大学。

联大教授钱穆所撰《国史大纲》书影。

1980年我去了昆明。那时“文革”才刚过去几年，而我又是1949年之后来到昆明的第一个美国教授，所以并不是所有师范学院的人都能接受我，一些人甚至认为我是特务。有一天我在街上遇到了一名中国学生，他说：“哦，易社强教授，我听说过你。”我说：“是吗？你听说过我什么事呢？”“他们说你是费正清教授的学生。他是美国的特务，而你是他的研究生，所以……”事实上有些人确实不知道我是谁，也不知道我为什么在这里。这就是1980年时我在昆明的背景。

但最棒的事情是，即便有一些人认为我很可疑，师范学校仍一直支持我做研究。他们带我去了叙永，1940年初的新生班就建在那里；然后又带我去了蒙自——西南联大迁往昆明之前的所在。他们把我需要的昆明的资料都提供给我，也为我引荐我想采访的人，他们非常开放非常自由。然而1986

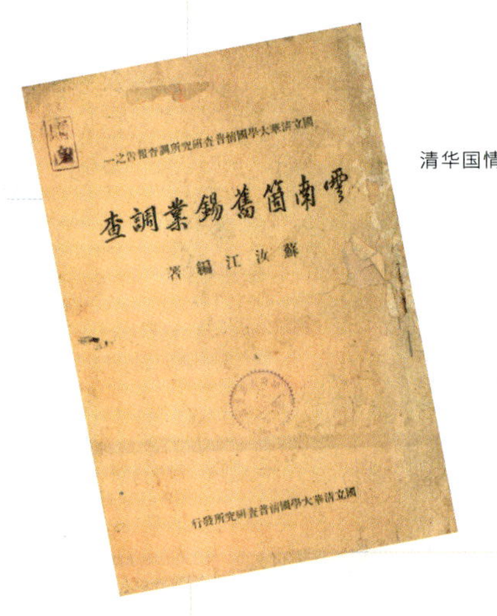

清华国情研究所《云南个旧锡矿业调查》书影。

年我回到北京时，作为联大校友会的客人，我去了清华大学并告诉他们我了解到清华大学有西南联大的档案馆，能不能让我进去看看时，他们说：哦，教授，非常不幸的是，最近我们的档案馆起了火灾，所有关于西南联大的资料都被烧毁了。听到这个消息我非常遗憾，于是我离开了，后来再也没有去过那个档案馆。这也算是我所遭遇的困难之一。

在出版了英文书籍后，联大校友会告诉我他们想出版这本书的中文译本，我为此感到非常开心。但因一些原因，中文版终没有在大陆出版。

后来有一个年轻人，他翻译了整本书，还给我寄来了目录的脚本，询问我能否同他合作。他可以在香港或者台湾出版这本书。这实在是太好了。最后，台北的传记文学出版社接手了我的中文译本。之后我也很惊喜地在北京找到了另外一家出版社，他们与我商定，待他们先确定内容之后再出版。

知中：北大、清华、南开三校在联大中保持着微妙的平衡。一方面，三校学生保留了各自的独立性，达到了和而不同；但另一方面，这种独立性又不至于引起分裂，例如另一个联合而成的学校，西北联合大学就产生了严重的内部矛盾。你认为是什么让联大的学生们，在保持对母校身份认同的同时，又共同构建了对联大的认同？

易社强：这个问题很好，这也是个关于联大的非常基本的问题。

首先，即便这三所学校有着自己独特的学风，但在战争爆发之前，它们已经有过互相往来的历史。比如说，很多南开的学生在毕业之后会继续进入清华或者北大就读，清华的学生则会前往美国、英国或是日本留学，归国的学子们有的进入了北大，有的则去往南开任教。在这些大学里，大大小小的家庭之间都有着千丝万缕的联系，比如冯友兰的几位兄长就分别在这三所大学里任教。

其次，学校之间合作的能力很大一部分取决于领导力。出于各种原因，这三所学校的校长中只有一人能够留在昆明。由于蒋梦麟和张伯苓都在重庆，清华校长梅贻琦就成为了西南联大的领导者。梅贻琦是将这三所学校融合在一起的非常完美的人选。他平日里十分低调，话很少，思想开放且为人宽容的他从来不强求别人顺应清华的标准。除此之外，因为美式教育在当时是最受尊崇和赞赏的，而且相比另两所大学，清华在联大拥有更多的学生和教员，所以这种联合化的教育模式能被联大人认同。

当然，时代背景的因素也很重要。如果这三所大学是在北京或者天津联合，可能争议会更多。但是他们在昆明：这是一个全新的地方，一个对他们来说完全陌生的城市。在战争环境的驱使下，拥有不同出生背景的他们在国难面前依旧保持着对学习的热忱，都决心联合起来抵抗日本。这些学生缩小了他们之间的不同：南开和清华的师生们有着从对方身上借鉴并互相欣赏的传统。这些都是西南联大能够将三所完全不同的学校联合起来的原因。

至于你提到的西北联大，我并不是很了解。从我所知道到的西北联大的资料来看，西北联大没有师生一起合作的背景，没有足够的领导力，便没有西南联大所拥有的优势。而且在我研究联大的时候，人们会说西南联大是空前绝后的，没有先例，无法超越，这也是令西南联大显得尤为独特的原因。

知中：在西南联大的教师群中，有一群来自国外的教授，如温德、燕卜荪等人。即便是

对中文几乎一窍不通的白英，也甘愿冒着被炮火击中的风险来到昆明。在你看来，除了对中国文化的痴迷之外，是什么让这群外国教授心甘情愿聚集在当时硬件条件并不好的西南联大呢？

易社强：这是个很好的问题。迄今我所了解到的是联大一共有五名外籍教授，他们来自不同背景，我也曾采访过至少两名联大的外籍教授。他们并不仅仅是单纯地被昆明或者联大或者战争所吸引，他们有自己的背景，也有自己的规划。

我举个例子，温德（Robert Winter），我在书中提到过我曾在北京采访过他。温德是在1923年来到清华的，并在清华待了很多年，后来因为战争爆发，日方占领了北京，所以才搬去香港，之后又从香港搬来昆明。温德被人称为“老怪物”，他来中国的原因是他不喜欢美式的物质主义，不喜欢美国人的自私和种族歧视。这是温德的背景。

我不太记得燕卜荪（William Empson）是怎么来到中国的，但在来到昆明之前，他曾经去过唐山、湖南和蒙自。他离开他的国家主要是因为他是一名诗人，而战争中的中国充满了戏剧、悲剧、感动和人情味。

白英（Robert Payne）是一名作家。他写过各种主题，包括西班牙内战，还曾采访过希特勒，同时他也是一名海军建筑的专家。他曾经在新加坡待过，直到1941年、1942年左右遭到日本的轰炸后才来到中国的大学任教。我不太记得是哪一所了，但我在书中有提及。之后，白英又来到了联大。

还有两名外籍教师。一位是葛邦福（J. J. Gapanovich），白俄罗斯人。和无法忍受美国才逃离到中国的温德有所不同，葛邦福是一名白俄罗斯人，在俄国爆发革命后，同其他俄罗斯人一样，他成了政治难民，然后来到中国，在联大教授欧洲历史。

最后一名是我曾经在华盛顿州西雅图市采访过的米士（Peter Misch）。米士的父母是居住在德国的犹太人，希特勒掌控德国后他不可能继续留在德国。他在广州待了一段时间，在中山大学教授地理，随着迁徙的中山大学又辗转来到昆明。在那里，他收到了西南联大的邀请。

还有一名外国人在云南担当着重要的角色：李约瑟（Joseph Needham）。他是《中国科学技术史》的作者，运用自己强大的自然科学背景知识将他所了解的中国的知识以及中文文化的知识结合起来。在战争期间，作为英国政府管理的英国科学组织的代表，他来过昆明一两次，也撰写了大量关于昆明的科学发展的文章。

由此可见，每一位外籍教授的到来并不是因为昆明对外国人有着无可抵挡的吸引力，而是因为他们自己的个性、价值观、背景或者对自我的规划才来到联大。

知中：关于温德教授，你在书中曾经提到过他是个非常愿意保护自己学生的老师。

易社强：对。当然，无论是谁，在中国教书那么多年之后，都会完全以中国老师的态度来对待学生们。因为他已经吸收了中国文化和教育模式，他知道在中国教书育人的意义：不仅仅是像普遍的美国式教师那样，单纯地给学生们传授知识。所以温德会多一份保护自己学生的责任感。其实很难用纯粹的中国老师或者美国老师的概念来区分他，因为温德是一个非常有自我特色的人。比如他上课讲莎士比亚的时候，会亲自表演出来。他并不像我所采访过的其他人。如果我记得准确的话，在他已经100岁的时候，他好像还在北京教书。他和清华有着密不可分的联系，甚至可以说他已经成为清华的一部分了。他并不像其他的在中国的老师，他们可能只是曾在中国教了几年或者十几年的书。但温德在来到西南联大之前，就已经在中国大陆和中国香港待了20年。

知中：当我们谈到西南联大，乃至今天的北京大学时，都能

很快地说出它们专属的“大学精神”或是“气质”，这是许多大学所欠缺的。你认为，是什么让联大得以形成自己独有的精神气质？

易社强： 关于这个问题，有一个非常值得探索的点。联大是依靠许多不同的背景而建立并繁荣起来的，比如我们已经讨论过的北大、清华、南开的校风，而联大有很重要的一部分学风来自蔡元培。蔡元培是信奉多元主义的，在他看来，没有哪个学校应该只代表一种观点、一种学问或者一种价值观，学校应该是百花齐放的地方。他非常坚持学术自由，这意味着每一个人，无论教授还是学生，都有权利去做他们自己的事情，而西南联大也不应该经受任何政治上的限制或者审查。

但是在国民党的统治之下，这怎么可能呢？主张党式教育和三民主义教育的国民党认为，学生们应当成为武器，应当遵守党章规则。那西南联大是怎么拥有这种自由的呢？因为军阀。通常情况下，我们不会将军阀视作自由主义者，但昆明有龙云的存在。军阀背景的龙云是云南省的领导者，他同重庆政府的关系是对立的，所以当他看到西南联大的学生们在批判重庆政府的时候，他非常开心，也十分愿意成为西南联大的后台。所以联大才能够在战争期间实现如此自由开放的多元化教育模式。当然还有其他因素的存在。

战争时期的中国非常穷困，学校也遭受了不少磨难。所有人都知道西南联大的人吃的是最差的米，有的米甚至都长出了蛾子。市场上剩下的蔬菜都进了联大人的汤碗里，一个月能够吃一次肉就是最大的幸福了，因为他们的生活条件仅仅只能满足基本的温饱问题。马克·吐温也许会把他们称为无产阶级，因为他们自下而上地看到了整个社会。他们虽然是中国的精英，但是在中国的社会中他们是最底层的人。他们看到了因战争而饱受痛苦的士兵们，他们听到了国民党官员所下达的命令，他们体会到了战争中的不公……但对这些，他们都能够辩证地看待。

因为昆明的特殊条件，因为西南联大特殊的时间和地点，这里有不公、有压迫、有政治压力、有反抗，但如果想将完全不同历史背景下的西南联大的学风转化到如今的中国大学，还是会存在很大阻碍。

知中：中国有一句古话叫作“乱世出英雄”，你认为这句话足以形容联大时期吗？

易社强： 我非常同意这句话。但有趣的是，有的人，比如国民党会觉得，西南联大的人们应当是

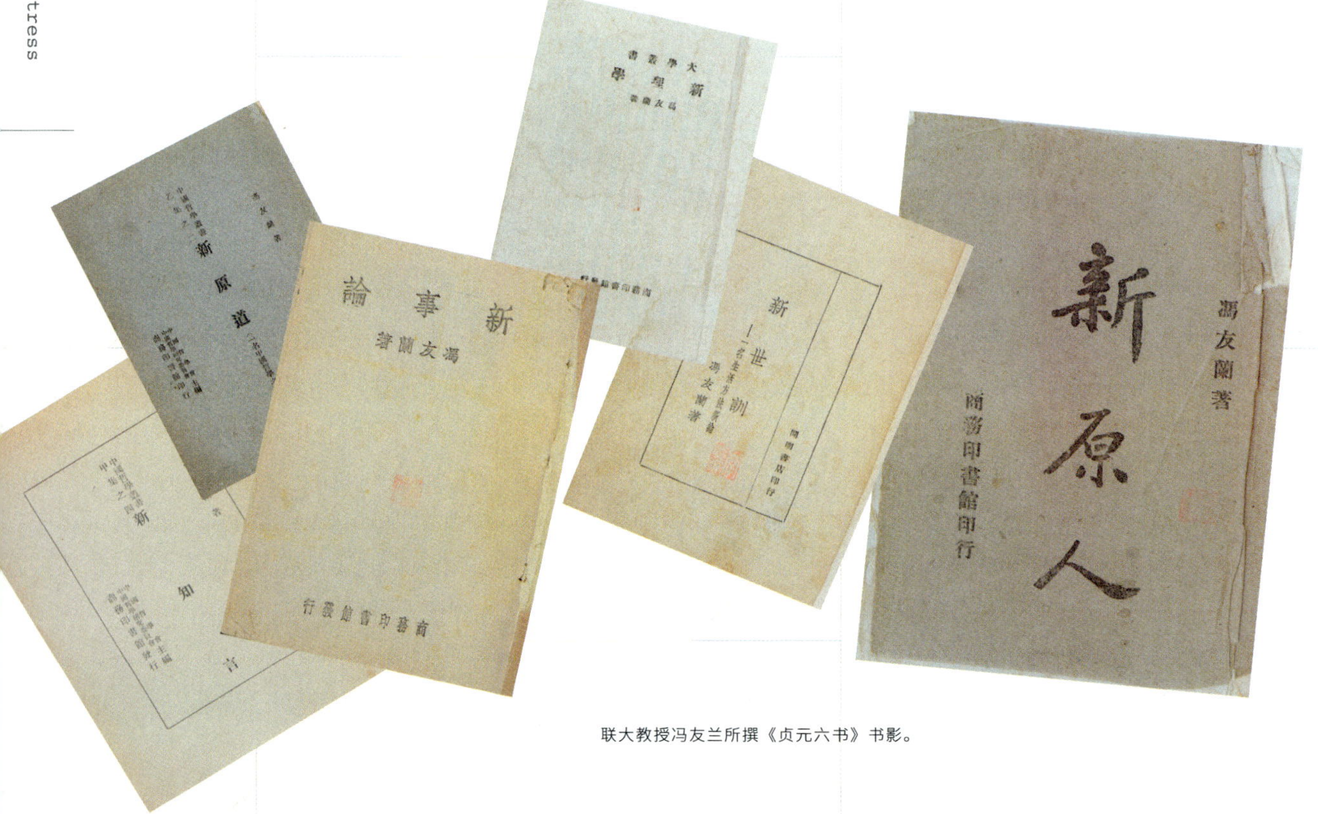

联大教授冯友兰所撰《贞元六书》书影。

爱国的，是有责任支持中央政府的，他们应该要反抗日本，并为战争提供大量的人才。他们的责任不是针对不公正而发声，更不是对政治条例进行批判。但西南联大的人不这么认为。因为联大有着学术自由、个人自由的学风，这些精英当然会对不公平发声。

最重要的是，在西南联大的教育中，这样的西方观念能够和中国传统文化的一些方面轻松地融合在一起。闻一多就是一个例子。闻一多将屈原视为心中的英雄，我认为闻一多之所以会牺牲他自己，不仅仅是因为他认为自己有权利去发声，更认为自己有义务发声。在中国的传统文化中，文人、士大夫都必须说出他们心中所想，即便同政府主义有所冲突，也必须为他们所见不平之事而发声。这是一个中西方传统结合起来的典型例子。我认为这也是关于西南联大的非常值得记住的事。

不喜欢白话文的刘文典认为我们拥有最伟大的中华传统，他觉得这些现代的、西方的文学毫无价值。但大多数西南联大的人则认为中国和西方的传统并未存在太多矛盾，比如冯友兰。冯友兰是在哥伦比亚大学拿到的博士学位，但他会谈论新儒家主义，也会谈论孔子。蒋介石也是信儒家的，他就很喜欢冯友兰的课。当国民党尝试让联大接受三民主义教育的时候，谁能够站出来反对呢？——冯友兰。他接受了蒋介石的褒奖，却拒绝接受政治对大学教育的限制。他的存在也让西南联大显得更加伟大。

知中：你多次强调“自由”对联大的重要性，但只是给予自由，就能带来好的教育效果吗？你认为在西南联大，自由是否有边界？

易社强：在我看来，学术自由和各种类型的自由都无法保证你获得好的教育。哪怕有100%的自由，但是不好的教授和懒惰的学生也会使学校教育毫无价值。所以自由仅仅是让一所学校运作的环境。如果你有非常优秀的老师和学生们，老师们在自己的专业领域有着非常强硬的知识背景，对非专业领域也思考过大量的问题，知道如何进行独立思考，知道如何有逻辑地进行推理论证；学生们渴望学习勤奋用功，拥有批判性思维，能够给整个大学带来独立思考的氛围，拥有这些，你就能够建立一所很棒的大学。所以自由只是拥有这样一所好的大学的条件，并不是大学所寻求的唯一因素。每一个人都有自己的价值、观点和看法。自由意味着每一个个体都能够发展个体性，能将个人的观点、个人的价值公开地表达，能够同他人探讨、辩论。

关于联大的自由有一个值得关注的点是，自由的边界有多远。有一名在德国学习、负责讲授德语和德国文学的老师，他是一名法西斯主义者，他相信希特勒所讲述的一切，譬如法西斯会带来强大、军事力量等。他信奉这些教条并公开讨论，还出版了一篇相关文章。1944年，他离开了联大去了另外一所大学，但他并不是被开除的。还有一个吸鸦片的教授，刘文典。他是被联大开除的，但并不单纯是因为他吸鸦片，而因为他经常离开学校去和少数民族的首领们一起吸鸦片而不来学校上课，不过最后他还是被云南大学接受了。综观联大这么多年，唯一一个为政治原因被解雇的教授是罗隆基。即使教授们加入了不同党派，但从来没有为政治原因而被解雇。在联大这是一个非常值得关注的点。

知中：联大的学习生活并不是象牙塔式的，学生们一直保持着对现实的密切关注。同样，文革期间，知青大学生们也放下书本上山下乡。你在之前的采访中谈到，想在抗战与文革期间的大学生中做一个对比研究，能和我们聊聊这个研究方向的最新进展

吗?

易社强： 这是一个很棒的问题。我现在确实是在做文革时期的学生群体的研究，不过并不是对比研究。我如今的课题同一群被称为“北京五十五知青”的人有关，就是那群从北京前往西双版纳计划开垦种植园的学生。在文革期间主张知青下乡，研究中下层贫农的时候，一些学生事实上已经自愿去往乡村地区了。当时一共有1700万知青，我不认为我们能够将其同战争时期的学生形成对比。另外，从1930年到1940年，整个国家的大学生只有4万，西南联大只有两三千人，精英群体很少。文革期间的知青中有很大一部分人是中学生而不是精英，他们并非出于自愿，而是被迫前往乡村。下乡的目的也不是继续教育，而是中止教育。我们知道这被称为“贫下中农的再教育”，但这是完全不同的。

但我发现了一些有趣的共同点。比如，这两个群体中都有来自北京的人，都是从城市到农村，都曾接受过关于中国现状的教育，并进而接触到了一些以前从未想过的会在中国存在的现象。西南联大的学生们在从长沙到昆明的长征路途中发现了同书本上所描述的完全不同的世界。在20世纪30年代，一个在北京的、中产阶级的、生活还算优渥舒适的学生，怎么可能会想到在湖南省西部或者是贵州省等地还有如此贫苦的地方？这段经历使他们有机会从完全不同的角度再次了解这个国家。他们知道了饥饿的意义，他们知道了生病时没有钱买药的意义，他们知道了在冬季经受彻骨之寒的意义，他们知道了那些以前从未经受过的却存在于平常百姓生活中的困境。

从这个角度来看，不同种类的中国学生多少有相同的弱点，即对于中国百姓现实了解的缺失。但这两个学生群之间的不同点还是有很多。

知中：西南联大提倡通识，国立中央大学提倡专才——在相同的社会背景下，你认为是什么导致了这种教育理念的分歧?

易社强： 我必须承认，联大包含了太多的意义，所以我已经成为一名仅限于联大的专家，没有时间去做联大和中央大学，或者联大和浙江大学的对比研究了。但我在弗吉尼亚大学的时候，有一名同事正好是毕业于中央大学的中国政治科学家。我们曾经友好地辩论过几次，他告诉我说：“不要认为西南联大是中国战争时期中最好的大学，我想让你知道中央大学也是一个非常棒的学校。”从教学和师资来看，中央大学教育的质量是很好的，但是它位于重庆，背景也不太相同。中央大学或许比较擅长教授经济学、英文、工程学等。

但有一个很重要的点，西南联大被人们称为民主堡垒，却没有人会将中央大学叫作民主堡垒，这就意味着在昆明的联大是非常独特的。蒋介石本身也曾担任过中央大学的校长，所以中央大学能够拥有同样的自由吗？如果闻一多在中央大学的话会怎样呢？他还能够任教整整八年而不谈论任何有关国家的话题吗？我深表怀疑。我并没有太多关于中央大学的背景知识，以上只是我所选择的一个用来对比两所高校的角度。

我想多说一点，关于学术自由和通常的民主自由。我虽然不了解中央大学的课程，但我觉得西南联大确实是应用通才教育的，这非常重要。因为清华大学采用美式教育，许多老师，包括梅贻琦自己也都曾在美国留学，并将美式教育带回了中国，这就解释了西南联大和中央大学必然有着非常不同的背景和原则。我不会说它们之间最主要的不同是通识教育和专才教育所致，但我认为这必须考虑到整个学术自由的原则。

知中：通识教育在抗日战争时期的意义，与在今天有何不同?

易社强： 我会给你一个跟之前的回答相同的答案。我毕生仅在一所中国大学任教过一年，所以我并未对现在的中国大学有太深刻的了解，但我对如今的中国大学也有一些印象。通才教育是有哲学基础的。学生们在西南联大的前两年，尤其是第一年，都被要求上一些公共课程，之后才是专业课程的学习。这个模式同美国本科教育的模式非常相似，这样设置课程的意义何在?

我们知道专门教育是为了教人进行一种职业工作，让你能够以此为生。然而通才教育、美式教育模式是教你如何做人。从这个观点看来，通才教育相较于现代中国教育，更贴近传统的中国文人的教育。

有一句古话叫“君子不器”，意思是受过教育的人并不是工具。如何成为一个人？怎样找到你人生的价值？你的生活并不仅仅是一天工作八个小时。但在中国，从幼儿园或学前班开始，直到大学毕业，教育模式均是为了考试而学习，为了学习而考试，然后找一份好的工作。这是一个充满专业性和经济性的目标。我并不是说这是一个不值得追求的目标，但这不是生活中的唯一。我知道现在有很多中国人在重新思考孩子们的教育方式；与此同时，有的美国人希望在考试中也能考到比中国人更高的分数，所以他们也在讨论是否应该学习一下中国的教育模式。

造成现在的中国教育和战争时期的中国教育有很大不同的原因有很多。从历史上来看，1949年之前，最受欢迎的教育模式其实是西方的教育模式，尤其是美式教育。但1949年之后，人们引进了俄罗斯式教育，而这也成为中国教育的基本模式。不过随着时间的变化，人们发现俄罗斯式教育并不能够解决所有的问题，所以开始引进选修课的概念化，1980年，我开始在中国生活。住在昆明时，我认识了很多中国的学生、教授，他们常问我关于选修课的事情。这在当下是非常新鲜的话题：它们有价值吗？你喜欢选修课吗？我们要怎样把选修课加入到我们的课程里？现在的中国教育，融合了一部分1949年前的模式、一部分俄罗斯式教育和一部分改革开放的教育模式，或者说，我们现在的教育是没有固化模式的。

有很多人认为西南联大能够对如今的中国教育模式贡献很多理念，这也是我发现的非常值得赞赏的一点。我所写的关于联大的书籍，在美国出版后的前20年间，连500本都没有卖出去，但它在北京被翻译出版后，短短6个月内就销售了两万本。对此我感到非常惊奇，也非常开心。为什么人们会对西南联大感兴趣呢？在我看来，或许是人们意识到了西南联大的教育模式中有很多能够传授给当代中国教育者的理念，抑或是人们也在寻找，以期可以从这所优秀的战时大学中学到什么。

知中：你认为联大的教育模式对当今中国大学有什么启示？应该如何借鉴？

易社强：我们已经讨论了使联大变得非常独特的历史条件，即便是在不同的地点和时间里，联大所经历的这些都仍然是有价值的。战争时期因为飞虎队，很多美国军人也来到中国，但有的人其实是感到有些沮丧的。因为他们知道，战争时期的美国大学并不是为年轻人准备的，那时保住爱国学生最好的方式是让他们暂缓大学的教育，成为一名军人。而在中国，人们有着截然不同的观念。

或许西南联大的教育模式能够对处于紧急情况下的一些国家有一定影响。你并不想牺牲一个国家所有的文化价值来参与战争，不论这场战争有多么重要。我认为这是西南联大教给我们的。西南联大的人们不仅把抗日战争视作国家主权的战争，他们更多地将这一战争视为对中国文化的挑战——在战争中日方做的第一件事便是炸毁南开大学，炸毁文化遗迹。联大的教授和学生们认为保护国家的文化是至关重要的，所以即便是在战争环境下，也会继续坚持学校的理念。联大的教育中很重要的一点是：挣钱谋生并不是教育的目的，读书这件事中还蕴含着其他的重要价值。

知中：你认为联大的教育模式是否还对现今的中国大学适用呢？

易社强：现在的学生们应该比我更适合回答这个问题，因为他们才知道中国的大学什么样。我对中国的大学还停留在非常初期的印象。很多人从小便被教育，读书是为考上好大学，所以有人告诉我，很多中国学生在大学阶段并不会特别努力用功，因为他们觉得已经实现了他们的主要目的——进入大学，取得大学学位。但西南联大的学生们对学习的态度是极其严肃的，他们对学习的兴趣令他们能够自发地被知识激发，即便生活艰难，甚至有安危之虞。现在的中国大学生或许不像战时的联大学生们对学习那么有热情。

我在上大学之前对学习并没有特别深入的感受，但我第一次进入到威斯康星大学时，看到人们可以如此紧密地参与学术讨论，我感到十分激动。这也是我希望今天的中国大学能够向联大学习的。

知中：如果可以回到联大，你会选择去听哪一位教授的课呢？为什么？

易社强：我很喜欢这个问题。1980年，我去昆明之前曾在北京花了一个月时间采访了几十位西南联大的教授，包括费孝通、冯友兰、金岳霖、钱端升等，他们都是非常出色的人。因为我不是工程师，没有任何这类专业方面的背景，我可能无法从理工学科的教授们那里学到知识，但能去听任何一位社会科学或人文学科教授的课程，我都会非常开心。

如果让我选择一名，我或许会去听潘光旦的课。潘光旦是一名社会学家，也是一个全能的人。他非常易于接受新事物，对很多不同事物感兴趣，凡是他阅读过、听闻过的，都囊括在他的脑海里。他在课堂上主要讲述优生学，这是一个已经过时的观念，我并不主张这一观点，但我仍然想听听看他是如何讲述的。他的主张非常保守，认为女人应该遵循优生主义，现代人很少会认同这个观点了。同样他也认为大学不应该仅仅设在城市，学生们应该去往农村，在农田里学习，向农民们取经。他的思维非常广泛，又具有创造性。他身患严重的残疾，因为事故失去了一条腿，每次都是靠着一条木腿走进课堂，谈论他的专业领域、分享世界上有趣的事情。我非常愿意了解这位潘光旦教授。

如果我还能够再提到一个人，我想聊聊这位和我的家族历史有关的人。我的岳父曾经是昆明中法大学的学生，战争期间闻一多也在那里授课。我的岳父听过闻一多的演讲，对他赞誉有加。闻一多是一个将中国传统和西方文化结合得非常精彩的例子，或许因为他在美国学习时研究过关于学术自由的内容。我认为闻一多受到屈原的影响比他受到托马斯·杰斐逊的影响更加深刻。他觉得在必要的情况下，冒着生命风险站出来为国家、为人民而演讲是哲学家的义务。所以他自愿为战争、为自由演讲并献出了生命。闻一多对我来说是个标志，他是西南联大学术价值和如何做人的最佳象征，也是他对所有人的教导——不仅仅教授学生们历史知识，还教育他们如何成为一个真正的人。

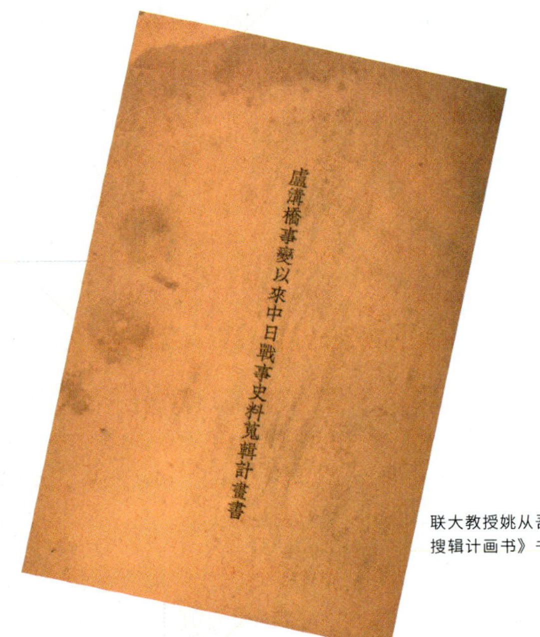

联大教授姚从吾《卢沟桥事变以来中日战事史料搜辑计画书》书影。

ZHICHINA
The National Southwestern Associated University
知中·《西南联大的遗产》特集
The Great Heritage of National Southwestern Associated University
西南联大

ZHICHINA The Great Heritage of National Southwestern Associated University
The Great Heritage of National Southwestern Associated University
ZHICHINA
The Great Heritage of National Southwestern Associated University
知中·《西南联大的遗产》特集
西南联大

灿若星辰，不可具表：联大文学院

Faculty of Arts: A Galaxy of Talents

文：林若羽 编：陆沉
text: Lin Renee edit: Yuki

文学院如同一个缩影版的西南联大，汇集多方的一流学者，讲授着方方面面的知识，传达着多元的思想。在这群致力于语言文学研究传播的教授中，有墨守成规的传统学者、决心改革传统封建文化的进步人士、倡议现代文艺创作需要反映现实的批评家、反对以作品干涉政治提及战争的清高文人，以及从世界各地来到昆明的外籍教师，其中不乏秉承联大独特风格而性情古怪之者。

文学院院系构成	
文学院	中国文学系 外国语文学系 历史学系 哲学心理学系

文学院一共有四个学系，院长系胡适，其间由杨振声和汤用彤代理，后由冯友兰继任。毕业生一共有：中国文学系98名、外国文学系197名、历史社会学系的历史学组和社会学组共计223名、哲学心理学系的哲学组和心理学组共计55名、教育系33名，培养了包括穆旦、汪曾祺、朱德熙、杜运燮、何兆武等在内的优秀学生。

Faculty of Arts: A Galaxy of Talents

中国文学系著名教授

中国文学系

中文系教授大多声名斐然，以北大清华著名学者为主，分为文学组和语言文字组，其中清华学者主要集中于文学组，北大学者多集中于语言文字组。初期由朱自清担任系主任一职，后由罗常培接任。

朱自清
1898—1948

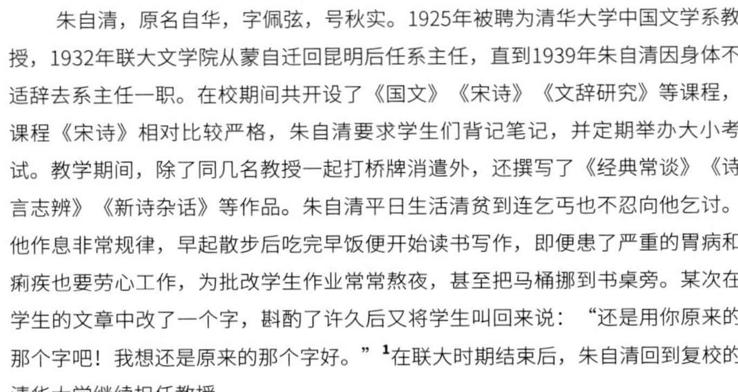

朱自清，原名自华，字佩弦，号秋实。1925年被聘为清华大学中国文学系教授，1932年联大文学院从蒙自迁回昆明后任系主任，直到1939年朱自清因身体不适辞去系主任一职。在校期间共开设了《国文》《宋诗》《文辞研究》等课程，课程《宋诗》相对比较严格，朱自清要求学生们背记笔记，并定期举办大小考试。教学期间，除了同几名教授一起打桥牌消遣外，还撰写了《经典常谈》《诗言志辨》《新诗杂话》等作品。朱自清平日生活清贫到连乞丐也不忍向他乞讨。他作息非常规律，早起散步后吃完早饭便开始读书写作，即便患了严重的胃病和痢疾也要劳心工作，为批改学生作业常常熬夜，甚至把马桶挪到书桌旁。某次在学生的文章中改了一个字，斟酌了许久后又将学生叫回来说：“还是用你原来的那个字吧！我想还是原来的那个字好。”[1]在联大时期结束后，朱自清回到复校的清华大学继续担任教授。

罗常培
1899—1958

罗常培，字莘田，号恬庵，笔名贾尹耕，斋名未济斋。1919年毕业于北京大学中文系。1934年于北京大学中国文学系出任教授。与赵元任、李方桂同称为早期中国语言学界“三巨头”。1940年后接任朱自清的系主任一职，是就任时间最长的一位。罗常培行事作风专制且一丝不苟，背后被称作“罗长官”。但对自己要求十分严格的同时，他也要求同学们能够学会独立思考并独当一面。中文系的其他课程相对比较自由，他的声韵课则要求不能迟到。罗常培非常珍惜刻苦学习的人和有才气的人，曾为学生写亲笔信介绍他到联大先修班去教书。同时也乐于维护学术自由，在《新华日报》误传闻一多将被联大解聘的消息时，罗常培坚决驳斥了这一报道并表示自己并不会对学者的尊严沦丧坐视不管。1944年，罗常培离开云南，前往美国继续求学。

杨振声
1890—1956

杨振声，字今甫。1915年考入北京大学国文系，1919年开始在《新潮》等杂志上发表反映民间生活的小说而登上文坛，同年赴美国哥伦比亚大学留学，获教育学和教育心理学博士学位。1938年任西南联大中文系教授及常务委员会委员兼秘书长，后任西南联大叙永分校主任和中文系教授并主编了大一的国文课本，被认为是推崇现代文学教育的第一人。杨振声身材高大，嗜好饮酒，为人热情且豪爽，不仅学生们经常去他住处拜访他，他自己也会经常邀请胡适、朱自清等人一同欣赏他从古董店里搜罗来的珍藏字画，并毫不避讳地举荐了当时资历还远远不够的沈从文担任联大的中文系教授，并在沈从文生活拮据的时候预支薪水给沈救急。受他提拔的还有李健吾、李广田等作家。1945年底，杨振声由西南联大派往北平负责复原北京大学。

1 《追忆朱自清》，作者：陈竹隐；《笳吹弦诵在春城——回忆西南联大》。

刘文典
1889—1958

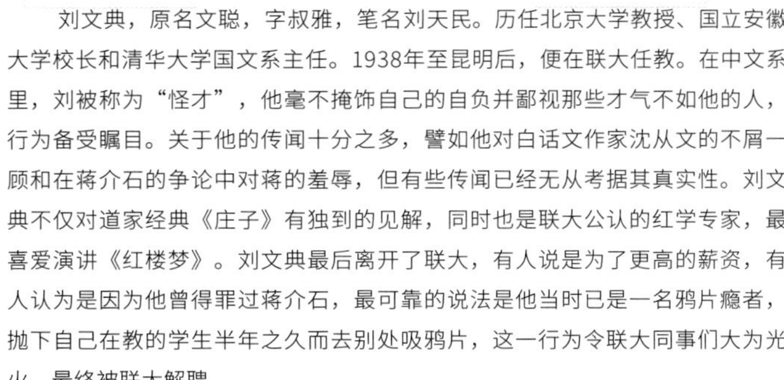

刘文典，原名文聪，字叔雅，笔名刘天民。历任北京大学教授、国立安徽大学校长和清华大学国文系主任。1938年至昆明后，便在联大任教。在中文系里，刘被称为“怪才”，他毫不掩饰自己的自负并鄙视那些才气不如他的人，行为备受瞩目。关于他的传闻十分之多，譬如他对白话文作家沈从文的不屑一顾和在蒋介石的争论中对蒋的羞辱，但有些传闻已经无从考据其真实性。刘文典不仅对道家经典《庄子》有独到的见解，同时也是联大公认的红学专家，最喜爱演讲《红楼梦》。刘文典最后离开了联大，有人说是为了更高的薪资，有人认为是因为他曾得罪过蒋介石，最可靠的说法是他当时已是一名鸦片瘾者，抛下自己在教的学生半年之久而去别处吸鸦片，这一行为令联大同事们大为光火，最终被联大解聘。

闻一多
1899—1946

闻一多，新月派代表诗人和学者，中国民主同盟早期领导人。本命闻家骅，字友三，生于湖北。1912年，闻一多考入清华大学留美预备学校，后在美国留学。1932年回到母校清华大学就任中文系教授，在朱自清休假期间代理过系主任。来自清华的闻一多被称为中文系的大师，因多才多艺在文艺界也有所耳闻。在昆明任教期间，负责授课古代神话、《楚辞》和《唐诗》等。闻一多的课堂如同他的诗一般浪漫，为了创造意境，闻一多会将上午的课程调到晚上，穿着深色长衫伴着月光和灯光讲课，也会绘制一些古代神话中的人物并将这些画作贴在黑板上讲课。“能够像闻一多先生那样讲唐诗的，并世无第二人。”[2]懂文又识画的他会将晚期的唐诗和印象派画作联系起来一并讲解，于是他的《唐诗》课被公认为是联大最精彩的课程。闻一多本身也是个性格极端的人，在解聘刘文典一事上态度十分强硬，在面对抗日战争之时也从一名浪漫主义诗人摇身变成了战士，为民主而呐喊，积极参与各项政治活动，蓄须直到战争胜利，被称为是学生们道德和政治上的楷模。后于1946年在昆明被国民党特务暗杀。

唐兰
1901—1979

唐兰是联大中少见的来自民间而非知名高校的教授。刘文典曾说：“联大只有三个教授，陈寅恪先生是一个，冯友兰先生是一个，唐兰先生算半个，我算半个。”唐兰幼年家境贫寒，民国初年毕业于商业学校，后从医开设医院，后复就学于无锡国学专修馆，1940年任西南联大中文系教授及北京大学文科研究所导师。唐兰在古文字学方面颇有造诣，为这方面的权威人士，主讲甲骨文。除研究古文外，唐兰本人还热衷研究美食，他大概是联大里唯一一个知道如何去除昆明干巴菌的松毛的老师。有一次一名学生在他家中吃到用昆明干巴菌做的打卤面，惊为天人。唐兰在北京大学迁回北平后继续担任北大教授并代理中文系主任。

2 《闻一多先生上课》，作者：汪曾祺；《南方周末》，1997

外国语文学系

叶公超 1904—1981

叶公超原名崇智，字公超。曾分别在美国赫斯特大学，英国剑桥大学和法国巴黎大学留学。1935年任北京大学英文系讲师，后成为西南联大外文系主任，负责拟定西南联大外语系的课目。在联大开设了《文学批评》《十八世纪英国文学》《英国散文及作文》《欧洲文学名著选读》等课程。说着一口纯正且优雅的贵族式英语的叶公超，时常穿着米色风衣，衔着烟斗，英伦气十足，在学生眼中颇有一番风度。他的课也有着十足的自由主义。上课时，他会先在黑板上用英文写下要点，然后添加提纲以启发学生们自由思考，或是让学生们朗读课文，学生如果提问便教他们自行去查《牛津词典》。叶公超从不表扬学生，总是批评或作弄他们。叶公超认为，学语言必须要精通骂人的话才算是彻底学会，他曾同邻居家的美国小孩互相对骂脏话，语出惊人令对方父母甘拜下风。叶公超信守“述而不作”，因此并未留下任何日记照片，《叶公超散文集》是他唯一的中文著作。

柳无忌 1907—2002

柳无忌是中西比较文学的开拓者，耶鲁大学英国文学博士，1932年任南开大学英文系系主任。来到联大后，主要讲授《西洋戏剧》和《现代英国文学》。他主张西方文学深受希腊文化影响，在中华书局出版了译作《英国文学史》，被列为大学用书。柳无忌给学生们的印象总是神采奕奕精神抖擞的，他讲课严谨、充实、认真清楚，说话语调清晰有力，非常便于学生记录上课笔记。在课余时间他喜欢同邵循正、浦江情等人一起打桥牌和下棋。1940年，叶公超离开联大后担任系主任，在任期间根据之前在南开的教学经历，更加注重学生们英语的学习，开辟了各种选修课，以供学生们选择，培养了我国大批翻译界和英语研究领域的专家。1941年，柳无忌离开联大前往重庆中央大学外文系任教。

罗伯特·温德 Robert Winter 1887—1987

联大中最传奇的外教之一便是温德，他把中国当作第二故乡，在这里生活了60余年。出生于法国的他同闻一多在芝加哥大学相识相知，被这位同人的才气深深折服。为了实现自己沟通东西文化的理想，温德听取了闻一多的建议来到中国，在清华外语系讲授英文、法文和西方文学。后随清华南迁至联大，被学生们认为是外教中最平易近人的一位，跟学生们的关系十分亲密。温德的《莎士比亚》一课受到联大学子广泛好评，在课上，他会用不同声音来表演人物之间的对话，听他的课就如同在看一场演出。“温德先生年逾六旬，而活泼仍如少年，讲解英诗时，或模仿尼姑，或假作魔鬼，‘唱作俱佳’，时常哄堂。”[3]他聪慧无比，热衷并擅长戏剧、园艺和游泳。也热爱动物，肩上常年立着一只猴子，跑警报的时候也不愿抛下。真性情的温德还是一个富有正义感的人，在许多次联大和日军正面交锋时，温德都为同事们挺身而出，保护清华的学术财产并冒死帮忙偷运钞票和枪支。联大时期结束后，温德转入北京大学西语系。

3 《联大八年》；西南联大《除夕副刊》；1946《除夕副刊》；1946

联大外文系有近十名外语教授，包括法文、日文、德文以及俄文。最主要的课程还是以英文为主。外文系课程丰富，因教授外文，气氛也较活跃，从不愿意随波逐流，因此广受师生好评。叶公超和陈福田均担任过外文系系主任。

吴宓 1894—1978

吴宓，联大“哈佛三杰”之一。现代学者、诗人、批评家，1943年代理联大外文系主任。在联大主要讲授世界文学史、欧洲文学史、罗马文学史、文学与人生、中西诗之比较、人文主义研究等课程，精通多种外语。深夜时经常一个人在灯下默默撰写明日上课的纲要和笔记，并不停用红笔批注修改，也会一大早就去楼下花园里研究讲课提纲。吴宓上课通常不带书或讲义，然而内容都能准确无误地写在黑板上。考试的时候，他不会催促学生交卷，反而总温和地让学生慢慢写。这样谦和的吴宓在生活中却是自由奔放的。他热爱《红楼梦》，某次在校舍附近看到有一家饭店名为“潇湘馆”，大怒勒令店家改名，认为这唐突了林黛玉。而他抛下妻女大胆追求毛彦文的不伦行为更令文化界一片哗然，但吴宓却不受世俗所束缚，甚至公然在课堂上向学生们大声宣读自己的情诗。

陈铨 1904—1969

陈铨，四川富顺人，1921年进入清华大学留美预备班，先后在美国、德国留学，钻研哲学、文学和英文，归国后到清华大学任教。陈铨精通德语，对德国文学也了如指掌。在昆明时，他跟林同济、雷海宗、贺麟等人创办了《战国策》特刊，以“文化形态”解释中国历史文化和世界格局，主张恢复战国时期文武并重的文化，以适应激烈的民族竞争。在联大，他积极倡导实践民族主义文学，教学之余从事编剧、导演、研究以及抗日活动。话剧《黄鹤楼》处女作大获成功后又创作《野玫瑰》，受到政府高官赏识，这给陈铨带来了巨大声誉。但随之而来的批评认为他的这部话剧存在艺术技巧上的缺陷，并且有美化汉奸的倾向。陈铨因此被左翼分子攻击，《野玫瑰》也被撤销了学术奖。对此陈铨反应平和，仅为自己作了一篇自辩，之后反而更加投入到剧本和小说的创作中去。1942年，陈铨去往重庆，任中央政治学校英文教授以及重庆正中书局总编辑等职位，脱离了西南联大。

钱钟书 1910—1998

钱钟书出生于江苏无锡教育世家，1929年考入清华大学文学系，当时即以自己的满分英文震惊全校，为叶公超的学生。后赴英国和法国留学研究。1938年，刚刚毕业的钱钟书受冯友兰和吴宓的邀请来到联大并被破格聘为教授，为此他拒绝了牛津大学的留校邀请。他在联大开设了欧洲文艺复兴、当代文学和大一英文三门课程。当时的钱钟书年仅28岁，为了显得老成一点儿，他上课都戴着黑边大眼镜，穿藏青色西装，黑皮鞋。钱钟书上课的时候只用英文讲书，口才极好，虽然不表扬学生，但总是微笑着的样子非常受学生们的爱戴。钱钟书年轻气盛，对许多未进行文艺创作而自我号称“文人”的人进行了嘲讽，传言中他对联大外文系的前辈也曾出言不逊，甚至得罪了曾经的老师们。钱钟书在联大任教不超过一年，便因为父亲体弱多病、思儿心切而离开，转而去湖南蓝田师院任教。

历史学系

联大的三校结合给历史学系带来的优势是组成了一个比战前任何一所学校都要全面的历史学架构，各时代各地区的历史课程多种多样。联大内几乎所有院校的学生在大一期间都被要求必修一年的中国通史，由历史系教授吴晗、孙毓棠、雷海宗等人分别在各个学院进行讲授。

刘崇鋐

1897—1990

刘崇鋐字寿民，福建福州人。于1911年考入清华，毕业后先后在美国威斯康星大学和哈佛大学获得文学学士和文学硕士学位，并在耶鲁大学研究欧洲历史和美国历史。回国后先后在南开大学和清华大学历史系任教，迁往西南联大后担任历史系主任，主讲西洋近代史和希腊罗马史，是近代西洋史学科的奠基人。刘崇鋐追求完美，认为文章倘若不能够流传于后世的话便不如不创作，所以一生并未留下太多作品，而多是书评。他待人和蔼可亲且有一颗爱国之心，常常去听政治讲演，甚至送自己的孩子参军上抗日战场。清华复校之后，刘崇鋐回到清华继续任教，建国后去往台湾，并在那里任教直到去世。刘崇鋐的藏书后来都捐给了清华大学。

陈寅恪

1890—1969

陈寅恪通晓希腊语、拉丁语、满文、藏文、梵文、巴利文等至少13种文字，身为清华的资深历史学家，同时也是古典文学研究家的陈寅恪被称为百年难遇的人物，同联大校长梅贻琦一同被列为清华大学百年历史上的“四大哲人”，也是联大最受瞩目的教授之一，即便是骄傲自负的怪才刘文典也毫不掩饰对他的尊敬和爱戴。陈寅恪总是抱着用黑布包着的重重的一大堆史料书籍进入教室，然后在黑板上工整地写下和课堂内容相关的史料，再一条一条讲解，对历史深谙于心的他从来不会讲超出史料以外的话，力求精准的他也要求学生们在答题的时候尽量精简，切忌冗长。在联大的生活十分艰苦，陈寅恪体弱多病，右眼失明，左眼患有疾病，视力已是恍惚，步履艰难，但还是继续坚持学术研究，并完成了多篇学术论稿，被授予“英国皇家学会研究员”的职称。1939年，牛津大学向陈寅恪抛来橄榄枝，陈寅恪携全家从昆明赴英国任教。

吴晗
1909—1969

吴晗原名吴春晗，是联大历史系教授，开设有中国通史、宋元明经济史两门课程。自小对明史有浓厚的兴趣，虽然聪慧且热衷于博览群书，但吴晗并不是个书卷气很浓的孩子，在中学的时候便学会了抽烟、旷课和打麻将。因为中学毕业后家道中落，所以在清华读书的时候靠工读维持生活，受到胡适的赏识，于1937年到联大任教。也许是因为早年的经历，吴晗为人诚恳热情，身上没有一点教授的架子，平日里经常同学生们接触并和他们诚恳地交谈。他认为真正的历史的创造者应该是平民百姓，而不是住在宫殿里的君王和官宦们。在联大教学后期，随着国民政府腐败的传闻愈演愈烈，吴晗加入了民盟，开始积极参加民主运动，变成了一名态度尖锐的社会活动家，不再相信读书治国，更不再进行史学研究。

傅斯年
1896—1950

傅斯年出生于书香世家，曾经在政治舞台上是个有名的人物。他曾担任北大学生会领袖，在五四运动中担任游行总指挥。后来受胡适思想影响而退出了学生运动，先后到爱丁堡大学和伦敦大学研究院学习。归国后，傅斯年在中山大学和中央研究院任职，而后前往北京大学任教授。在胡适继任北大校长后尚未归国的时期，由傅斯年就任代理校长。傅斯年脾气火暴，言语直接，身材肥胖，有“傅大炮”之称。他坚决不聘用在敌伪时期担任北大教授的人，认为忠与奸水火不可相容。担任国民参政员的时候，他曾上书弹劾孔祥熙和宋子文并成功，轰动了参政大会。这样刚直不阿的傅斯年非常受蒋介石的喜爱，但就算蒋介石再三邀请他加入自己的队伍，他依然坚持自己的自由主义，不肯加入政府。傅斯年虽然脾气火暴，却也有温柔之处。陈寅恪因为体弱下床困难，每当日军轰炸警报响起的时候，住在楼下的傅斯年总会冲上三楼将陈寅恪搀扶下楼送进防空洞内，傅斯年也非常疼爱自己的学生，告诫他们少谈政治，在学术研究上多花精力。在“一二·一”惨案发生之后，傅斯年对关麟征说：“从前我们是朋友，现在我们是仇敌。你杀死我的学生比杀死我的儿女还让我痛心。”

哲学心理学系

因为战前心理学系规模较小，因此联大将哲学系和心理学系合并起来便于管理。虽然本系拥有众多实力雄厚、理论覆盖东西方哲学的知名教授，但由于哲学心理学同现实职业的背离和谋生的不易，学生数量极少。

汤用彤
1893—1964

1916年，汤用彤在清华毕业之后，去往美国汉姆林大学和哈佛大学学习西方哲学，研究梵文和巴利文，掌握了印度哲学和佛学。同吴宓和陈寅恪并称为“哈佛三杰”。在联大主要开设了印度哲学史、汉唐佛学概论、魏晋玄学、斯宾诺莎哲学和欧洲大陆理性主义等课，是联大哲学心理系主任。在贫苦的生活环境之下，汤用彤家里经常吃稀饭过活，岁数不大，头发却已全白，同时还要忍受着失去长子汤一雄和最疼爱的女儿汤一平的痛苦。即便如此，他依然对学生教诲不倦，从未离开过联大。汤用彤上课时从不带讲稿，也不板书，直接走到讲台旁开始讲课，内容毫无重复之处，不会令人觉得乏味。他对中国佛教历史的研究被视为权威，然而他自己却并不以佛教为信仰。汤用彤为人正直诚恳而和蔼，他要求学生们理解课堂内容而非死记硬背，在对学生回答问题不尽满意时，会提醒学生去阅读某书里面某个部分以寻求答案，引导他们自己读书并独立思考。有时还会同两位十岁左右读附小的小弟弟在学校附近玩捉迷藏。联大时期结束后，汤用彤返回北大，出任文学院院长。

金岳霖
1895—1984

金岳霖被誉为“中国哲学界第一人”，同冯友兰一起创办了清华大学哲学系，后担任联大心理学系教授，著有著名作品《知识论》。他在联大主要教授逻辑和符号逻辑，上课的时候只揣一支粉笔在口袋里面，课本或者讲稿都从未带在身上。一贯不按照常理出牌的金岳霖因为记不住学生的名字，多是按照学生当天所穿衣服的颜色来点名提问。他也经常在下课前出练习题，当场作答的优秀学生可以免去期末考试。虽然教授刻板的哲学课，但金岳霖本人却充满了幽默感。他喜欢变换不同的衣着来上课，有时西装革履，有时就一身运动装。他还有一项兴趣则是养鸡。在女友离他而去之后，他发现身边的鸡还一直陪伴着他，便和鸡同桌吃饭，带它出去遛弯，一起过日子，就连跑警报的时候也会第一时间保护鸡的安全。他还喜欢带上一些石榴和梨子去和同事的孩子们比赛，输了就把这些果实送给他们。为人态度和蔼，诚实而又谦逊的金岳霖给人们留下了非常深刻的印象。

冯文潜早年留学欧美，主攻哲学和美学，是南开大学的文学院院长。他特别注重基础理论知识的培养，对学生的要求很严格。学生们需要熟读各类哲学史原著并撰写读书报告，而且大部分学生的考试成绩为六七十分，八十分以上的寥寥无几。但同时，他对自身的要求则更加严格，他认为如果自己没有一套单独的学术体系，便不足以为人师，不足以成一家之言。然而另一方面，他又是慈祥宽容的，在家中经济状况极其困难的情况下，也甘愿将自己家中的伙食分给生活艰苦的学生。对于学运，冯文潜则一向保持友善中立的态度。“一二·一”事件中，冯文潜一直没有对罢课一事表示任何意见，即便已有不少教授劝告学生们复课。他常常对学生们说学习知识不应该仅仅局限于书本上，年轻人更应该经常到外界去接触人群，去了解整个社会。

冯文潜
1896—1963

冯友兰
1895—1990

从小名列前茅的冯友兰，一路学习顺利，考取了北京大学哲学系，后获得美国哥伦比亚大学哲学博士学位。从美归国后，在开封大学、燕京大学任教。抗战期间迁往联大，任文学院院长，身为联大管理层的中坚力量，冯友兰对联大的建设有着不可磨灭的贡献和影响。在教学之余，冯友兰期望以自己的作品来引导抗战中的人民，于是便有了《新理学》等作的诞生，以西方逻辑阐述中国哲学的角度被视为是现代新儒家的经典思想体系，也奠定了他在中国哲学史上的重要地位。虽然冯友兰口音较重，但他从来胸有成竹，课堂内容逻辑清晰且穿插着生动有趣的逸闻故事，吸引力十足，使学生们觉得十分享受。他秉承培养学生创新能力的精神，坚持授人以鱼不如授人以渔的教学方法。冯对学生们关怀备至，学生们找他帮忙他都绝对不会推辞，甚至是不认识的被国民党特务所迫害的学生，冯友兰也会让他们躲藏在自己家中并极力帮忙掩护。冯友兰认为，教育不能缺少情感，爱心是教育的基础，尤其是在国家危难当前。爱国是一个人社会责任感的体现，更是一种需要培养的性格。

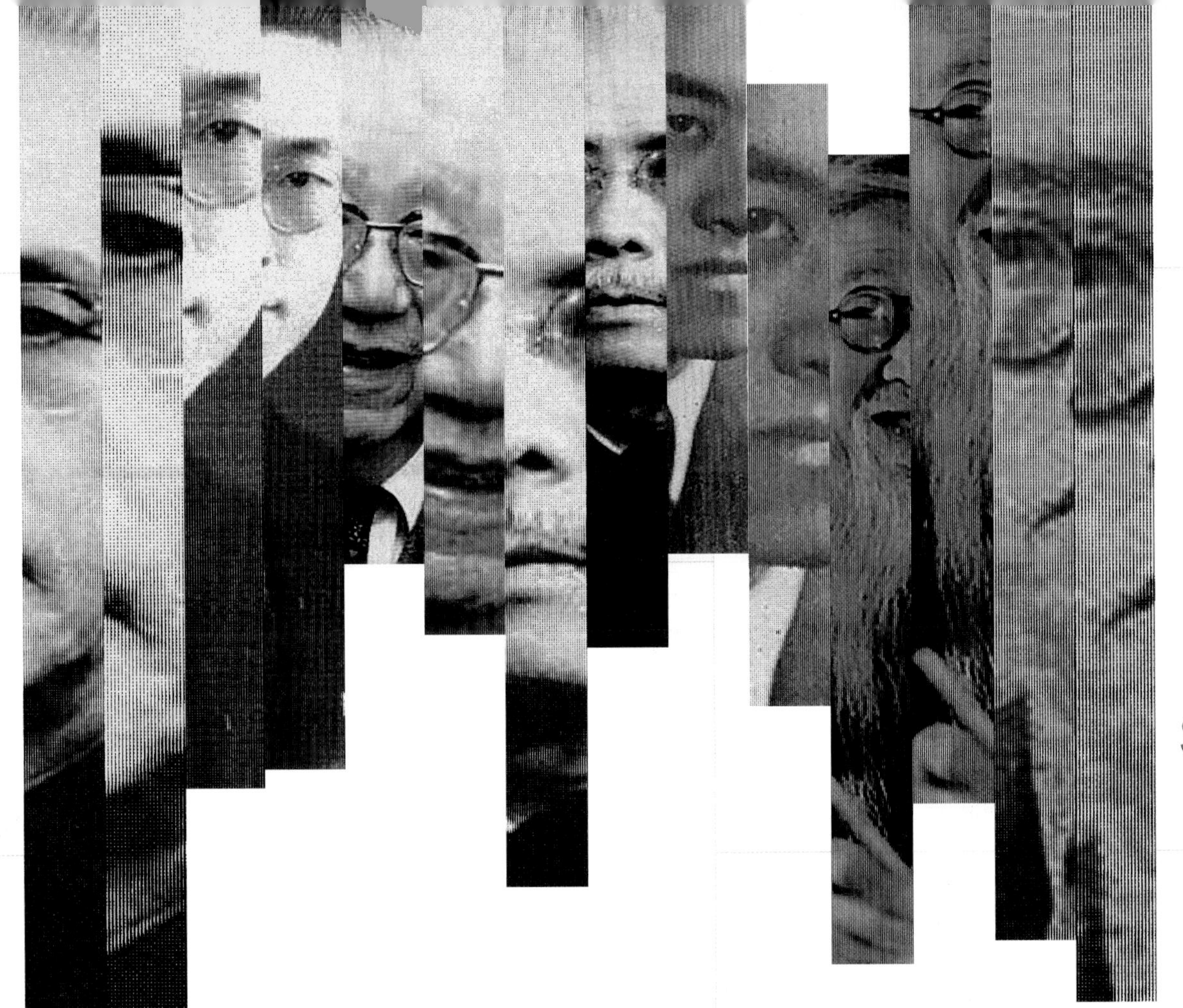

School of Law and Business

12

实用学科，法商学院

School of Law and Business

文：林若羽　编：陆沉
text: Lin Renee　edit: Yuki

法商学院师资队伍以南开教师为主，聚集了大量的海归教授。初期此院只有四个学系，后加入了社会学，一共为五个学系。法商学院因汇集了众多外来学科，几乎所有教授都是海归返校，大部分教授的内容或许会聚焦于书本理论而脱离当下实际的中国社会。但因其学科实用，也是联大对外输送社会人才数量最多的学院。

法商学院院系构成	
法商学院	政治学系 经济学系 法律学系 商学系 社会学系

法商学院的毕业生有：政治学系137名、经济学系698名、法律学系94名、商学系133名、社会学系56名。钱端升、周炳琳和陈序经曾先后担任过法商学院院长一职。

政治学系

政治学系的教授除系主任张奚若以外，几乎全是国民党党员，但他们的政治观点却颇为极端。一部分教师进入了政府机关，另一部分则抨击政府，因为涉及现实政治学，所以本系的学生数量多少同政府的声望好坏密切相关。

张奚若
1889—1973

张奚若，字熙若，陕西人，与同文学院的吴宓教授是同学，早年参加过辛亥革命，在美国哥伦比亚大学获得政治学硕士学位。回国后曾在中央大学任教，于 1929 年担任清华大学政治学系教授，后随校西迁到西南联大，并担任政治学系主任。英语极为流利且见多识广的张奚若有“棱角先生”之称。顾名思义，他做人做事都极具棱角，是个坚定的民主同盟拥护者。他曾将鼓吹共产主义的张申府教授赶出了清华，后来因为对国民党的腐败行径不满，他在联大图书馆的草坪前当着 7000 多名听众对国民党展开了猛烈的抨击和批判，甚至在蒋介石在场的国民参政会上也是直言不讳，言辞激烈。他的课堂评分标准也是十分严格，多数学生只能拿到 30 ～ 50 分，几乎没有人能上 80 分。但讲课时的张奚若却是温文儒雅的，富有智慧和魅力。他非常重视独立思考，即便和他观点对立，只要能够说出来便是他所欣赏的。他也常常劝诫学生们，学政治不是为了做官，也不是为了当一名研究学者，而是应当成为一名社会改革家，为社会服务。“学问要往远处大处着眼，不然再精深也是雕虫小技。”[1]

钱端升
1900—1990

作为张奚若的好友和同事，钱端升也是个因直率的批评而令蒋介石极为头疼的人物。同张奚若的无欲无求于官场不同，钱曾经离开北大到中央大学任教，被怀疑有政界野心，力图深入国民党的权力中心。然而也有人认为他并不屑于做官，只想单纯在学校里教书。他的人生轨迹中至少有20年是以教书为业，甚至为生的。除课堂以外，他还发表了大量政论，并主编了极具言论影响力的杂志《今日评论》，留下了不少作品。钱端升曾在8个月的时间内写出了170多篇社论。他支持言论自由，在同事罗隆基因为对国民党的直率批评而被解雇之时，钱端升以自己辞职作为威胁来表示对干扰言论自由的抗议。热爱联大的他还动员了自己的妹妹、堂弟等人报考联大，同时也十分支持青年学生的爱国运动。在“一二·一”运动发生后，他同其他几名教授一同在联大草坪的时事晚会上演讲；在惨案发生后，几名教授一同组成了法律委员会，准备起诉当局暴行，即便被特务寄了一颗子弹以示威胁，钱端升也没有半分退缩之意。

1 清华 36 周年校庆题词，作者：张奚若；《清华周刊》，1947

经济学系

在系主任陈岱孙的主持下，初创办的两年内，经济学系学生数量猛涨，甚至超过了其他院校的学生总数量。经济学系的课程囊括了新旧古典理论，以英美思想为主要导向，并在教学过程中不断地加入新的经济思想，更新教学架构。

陈岱孙
1900—1997

陈岱孙是一位身材高大、长相硬朗的教授，少言寡语，生活极其规律。他每天定时起床读书吃早餐，甚至讲课的时间也能把握得精准，上课铃一响便开始讲课，在他讲完最后一个字的时候正好下课。陈岱孙几乎不会在上课期间喝水，就这样直到一天的课完全结束。他也从未出过书，因为他将自己知识的精髓都奉献给了自己的课堂。听课的学生如果能够将他的讲义记录下来，便足以编成一部精彩的著作。他本人也坚决不用英文授课，虽然他已获得了哈佛博士学位，英文十分流利，但身为民族主义者的陈岱孙认为夹杂着英文授课其实仍是保留着一种被殖民的心态。陈岱孙的教学生涯长达70年，即便已经90岁了还在带博士生，终生未婚未育，他常常说自己一辈子只做了一件事，那就是教书。

赵迺抟
1897—1986

赵迺抟担任的是北大经济学系系主任，在哥伦比亚大学获得硕博学位后归国，主要讲授包括社会主义在内的经济思想史。即便曾在海外求学，他仍然喜欢穿着一件中式的褪色蓝布长衫，保持着传统中国人的风格。赵常常在讲课的时候引用诗词来讲述西方的经济立意，条理分明，每个钟头的课程内容都把握得十分精确。但学生却觉得他讲课的风格如同背书一样，没有陈岱孙那么优雅。他上课并不严格，评分标准也相对来说也比较宽松，和学生的关系也显得更加亲近。他一学期内通常会点三次名。“第一次你缺席，我会假定你去了重庆；第二次，我会假定你去了桂林；第三次，我会假定你到滇缅公路做生意去了。”[2] 为了躲避敌军的炮火，他住在相对遥远的岗头村，早出晚归，每天一共得走 8 英里路。

法律学系

法律学系由系主任燕树棠一手建立，但因学系内大多数教师的教学模式因泛于纸上，同法律精神相去甚远，也不易应用于实际之中，徒留枯燥和乏味。

燕树棠
1891—1984

耶鲁大学法学博士毕业的燕树棠是法律学系唯一的留美教授，他一手支撑了联大的法律学系，并担任系主任。他自认为是儒家的守护人，将安贫乐道视为人生准则。在其他教授都为了生计而兼职工作的时候，他宁愿艰难度日也要坚持自己的信念。同时，他也认为学生太过于独立的话，反而缺失了道德上的热情，不适合团队合作。燕树棠主张建设纪律严明的法治社会，因此竭力反对联合政府，维护国民党的正统，他甚至建议赦免一二·一运动中使学生和老师丧命的凶手，即当时的云南省主席李宗黄，引起了学生们的强烈不满。有人认为不仅他的思想反动且顽固不化，他的课堂也是十分枯燥乏味的，他只会背对着学生写满一黑板的知识点。其实不只是燕树棠，当时联大的法律系的大多数老师都没能受到学生们很好的评价，他们普遍被认为只会空谈法律条规，对真正法律所包含的精神一无所知。

2 《战争与革命中的西南联大》，作者：易社强；斯坦福大学出版社，1999，P174

商学系

同经济学系的三校联合组建不同，商学系是由南开大学单独组成的学系，但商学系和经济学系的课程设置基本相同，教师和领导也基本由一人兼任两系。1938年，自商学系主席方显廷辞职后，丁佶担任系主席，在这之后商学系人数锐减，和经济学系也并无太大区别，甚至可以将两个学系视作同一个学系。

商学系著名教授

丁佶
1905—1940

丁佶是联大商学系中唯一一名以经济学而闻名的出自南开大学的教授。他出生于福州，父亲曾留学日本。在清华大学毕业之后，丁佶选择到美国哈佛大学工商管理专业深造并主修会计专业，在学习之余，丁佶通过在饭店里洗碗或给别人家修剪草坪来维持生活。1933年回国之后，丁进入南开大学的经济研究所，后随校迁入西南联大，就任法商学院的教授并担任商学系系主任，开设了《初级会计》和《高级会计》的必修课。他对学生要求十分严格，是西南联大法商学院中的一股颇具潜力的中坚力量。1940年10月4日，丁佶同好友一起在昆明滇池游泳，因为腿部抽筋而不幸溺水身亡，年仅35岁。对于丁佶的逝世，媒体均报道十分遗憾。而在这之后于商学系授课的其他职员，都无法填补丁佶曾经的位置。

社会学系

社会学系一开始被并入历史学系，直至1940年分离出来，但因规模较小以及大众对社会学系的认知缺乏和误解，依然属于从属学系。后因同国民党政府合作开设研究所逐渐受到重视，社会学系的课程主要分为理论社会学、实用社会学和人类学三大部分。

社会学系著名教授

费孝通
1910—2005

在闻一多和李公朴均被暗杀后，费孝通的处境变得十分危险，他不得不携全家在美国领事馆内避难，面对如此困境，他却依然不放弃对于专制统治的批判。“一个国家怎能使人人都觉得自己随时可以被杀！人类全部历史里从来就没有过这种事。我们如今活在什么样的世界里！”[3] 同钱端升等人在联大草坪上迎着炮火举办反内战演讲且为民主运动而不遗余力地奔波着的费孝通，既是一名政治家，更是一名社会学家。初入联大，年纪轻轻的费孝通时时刻刻都精力充沛，和学生们一同打球、一同开会，深受学生们的欢迎。实力强劲的他 1933 年考入清华大学研究生院，是中国本土的第一个社会人类学硕士。1938 年，费又获得了伦敦大学经济政治学院博士学位。他对中国的农民研究得十分透彻，毕业著作《江村经济》获得了国际同人的高度评价，被认为是人类社会学上的里程碑式的作品。费孝通一跃成为 20 世纪中国最著名的人类学家和社会科学家，而联大社会学系也成了知识分子话语的标杆。

3 《这是什么世界》，作者：费孝通；1946

13

弦诵不绝，则复兴有望：联大理学院

Lianda's Faculty of Science: The Foundation of National Regeneration

文：绪颖 编：陆沉
text: Sui Wing edit: Yuki

西方科学在中国的发展始于20世纪20年代，第一批的学院派科学家主要由考取庚款的清华学子构成。因此，联大的理学院师资也大多来自清华大学。理学院沿袭战前清华的教育理念，不因战时条件恶劣而降低入学标准，相反更加要求学生具备刻苦钻研的品质，不适合学术研究的学生会被无情淘汰。理学院共设五系，第一任院长是原清华大学的吴有训，第二任是叶启孙。

理学院的构成	
理学院	算学系 物理学系 化学系 生物学系 地质地理气象学系

联大虽然地处云南，物质条件差，但师资力量雄厚，加上三校联合和理想的师生比例，课程数量不减反增，学生可以接受细分专业化的教导，教师之间也可以分工合作，互相学习。《战争与革命中的西南联大》中有相关的记录。以生物系为例，教师可以结合各自的专长授课，开设昆虫学和化学生物等课；几位教授可能根据专长分开讲授一门普通植物学课程。工业化学也分为有机工业化学和无机工业化学两门课。

算学系

算学系的师资团队里既有年近不惑、稳重的学科创建者，也有刚留学归国、充满活力的青年学者。《徐利治访谈录》中提及，在联大，来自北大、清华、南开算学系的教师们教学风格各不相同。他说："北大教师开课认真，基本上都是用心备课的。江泽涵先生与程毓淮先生就是典型的代表。清华的教师属于开放型的较多，讲课随便一些，备课差一些，但也是很有启发性的。比如，华罗庚先生给我们讲近世代数的时候，有几次因为在定理推导过程中出现错误，被挂在黑板上，讲不下去。但他讲课很有风度，非常富有启发性。南开数学系教师教学态度一贯认真，这是公认的'姜老夫子'（姜立夫先生）在上世纪30年代之前创办南开数学系后的历史传统。"

算学系著名教授

陈省身 1911—2004

陈省身，浙江嘉兴人，旅美数学家、微分几何学家、美国国家科学院院士、中央研究院院士。在联大，陈省身主要讲授微分几何。他授课清晰而有条理。杨振宁回忆陈省身时曾说："陈先生是一个绝顶聪明的人……我听他在美国的学生讲，当他算一道题的时候，经常越算越长，写满了一黑板，而陈先生一点都不着急，依然有条理地算下去。算到最后，长长的演算一项一项都相互消去了，最后剩下了一个极为简洁的结果，我们都觉得他有一种化腐朽为神奇的力量。他屡屡在做这样的事情，学生们觉得他上课像变戏法一样。"陈省身从 1949 年起移居美国，担任加州大学伯克利分校和芝加哥大学数学教授。1982 年，陈省身在伯克利主持创立了美国国家数学科学研究所（MSRI），该研究所已成为世界最重要的数学研究中心之一。

华罗庚 1910—1985

华罗庚，江苏金坛人，数学家、中国科学院院士、美国国家科学院院士。1930 年，他的论文《苏家驹之代数的五次方程式解法不能成立的理由》在上海《科学》杂志上发表。当时清华数学系主任熊庆来看到后，即多方打听并推荐他到清华数学系当图书馆助理员。1936 年，华罗庚获得奖学金去剑桥大学深造，但没有取得学位就归国了。在昆明，学生们一开始对这位有腿疾的教授不以为意，但他展现出来的才华却让学生们折服。1941 年联大的一份出版物这样称赞他："算学系的华罗庚举世闻名，他的名气与英国诗人拜伦不相上下。"1942 年，华罗庚在联大完成了他的第一部 30 万字数学专著《堆垒素数论》，然而这个稿子却在寄往中央研究院的途中寄丢了。1944 年，他重新撰写并增加了很多新内容的《堆垒素数论》英文版，由苏联国家科学院出版。随后，矩阵几何学作为一门新兴学科正式诞生。

算学系著名教授

曾远荣 1903—1994

曾远荣，四川南溪人，数学家、中国泛函分析研究的先驱者、国家一级教授。1927年毕业于清华大学。1927年，曾远荣赴美，先后在芝加哥大学、普林斯顿大学和耶鲁大学学习数学，1933年获芝加哥大学博士学位。同年回国受聘于中央大学数学系教授。1934年起，他在清华大学、西南联大算学系担任教授。后来又到四川大学、南京大学数学系教书，直至退休。在清华大学，徐贤修为其研究生；在西南联大，杨振宁曾听过他的授课。数学家田方增、江泽坚、徐利治均为其学生。徐利治曾提及曾远荣教授讲授的微积分课，提到他鼓励学生去看哈代的名著《纯粹数学》。“看名家著作，直接面向原著。”他认为这是联大算学系值得推崇的作风和培育青年学子的重要方法。

蒋硕民 1913—1992

蒋硕民，北京人，数学教育家、德国马堡大学哲学博士、中国偏微分方程学科的先行者、近世代数早期介绍者之一。在联大，蒋硕民开了两门课，一是高等代数，二是偏微分方程。他还开办有一个代数讨论班。蒋硕民的代数讨论班主要面向高年级学生，以不定期的学术演讲、讨论和读书报告为内容。讨论班的学术研究气氛相当浓厚，师生们互相切磋，开阔学术视野。数学系毕业生严志达回忆蒋先生，称他“见义勇为，高风亮节”。当时由于缺乏校舍，新生迁去叙永分校上课。叙永是个偏僻的山城，生活艰苦，很多教师都不愿去，但蒋硕民自愿前往，并欣然接受教授新生的教学任务。1947 年，蒋硕民去纽约柯朗研究所进修。1948 年任昆明师范学院数学系教授，对该校数学系的建设起了很大作用。1954 年到北师大数学系任教授。他的研究方向是偏微分方程、近世代数。

郑之蕃 1887—1963

郑之蕃，江苏吴江人。1900年进入上海复旦大学，后又进入康奈尔大学数学系，获学士学位。1910年在哈佛大学研究院进修一年。1920年起任清华大学教授，从事教育工作40余年，是清华大学数学系的创办人之一。著名科学家周培源、赵访熊、庄圻泰、王宪钧、段学复等都曾听过他的课。主要著作有《四元开方释要》《墨经中的数理思想》等。郑之蕃翻译过柯痕的《微分方程初步》和薛尔伍德·戴劳尔的《微积分》。此外，他对文史诗词也颇有研究，喜读吴梅村诗，著有《吴梅村诗笺释》，还曾作有《宋词简评》等。

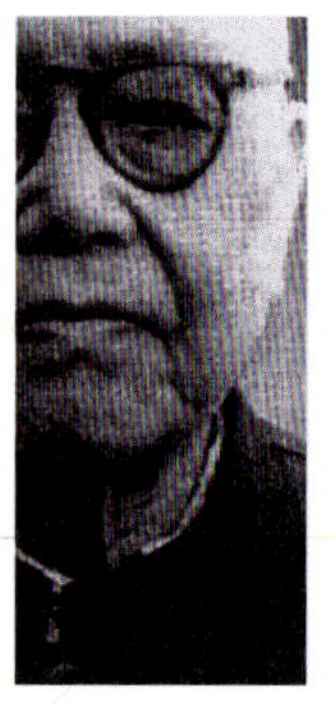

申又枨 1901—1978

申又枨，山西高平人，数学家。1922 年考入南开大学，由化学系转入数学系。1935 年获哈佛大学数学系博士学位，主要从事函数论及微分方程的研究。主要成就涉及复变函数的插值理论，是在新中国建立微分方程学科研究的创始人之一。1935 年，申又枨应江泽涵教授的邀请，到北京大学数学系教书，北大内迁昆明后，他继续在联大担任算学系教授。后来在 1952 年全国高等学校院系调整时，校长马寅初点名调申又枨回北大执教，并于 1953 年出任微分方程教研室首届主任。

物理学系

大一的通识课普通物理要是成绩低于70分，这个学生便失去了攻读物理的机会了。在联大学习物理学，不仅门槛高，往后也没有可以偷闲的时刻。物理学系的学生每学期有三次月考和期末考试。因此，算学系和物理学系被看作是理学院最难的两个专业。

由于学校的物理研究器材稀缺，能做的实验比较少，学习理论物理的时间就比较多，这也为学生打下了坚实的理论基础。李政道提及联大扎实的教育时说："当我到美国时，除了当时最新的现代物理，我几乎了解所有的物理学。对我来说，已经没有必要再补充什么了。"

但教授们也在用手边可以获得的材料尽量创造实验环境。北大的吴大猷教授看到战争形势并认识到，除非中国学者继续保持研究的技能和精神，否则战后学术建设是没有希望的。因此，他开始自己设计器材，曾利用北大抢救出的分光仪的光学部分，加上一具低压汞弧灯，在岗头村一个小泥屋里拼凑出一个简陋的分光仪，继续研究拉曼效应。同样，赵忠尧用50毫克镭，启动中子以产生人工放射性同位素，做实验研究宇宙射线。

这些学者把"弦诵不绝"当作自己的使命，并相信在战争时期仍把读书和研究的传统维持住，战后学术复苏甚至国家复兴就还有希望。

物理学系著名教授

饶毓泰
1891—1968

饶毓泰，江西临川人，中国近代物理学奠基人之一、中央研究院第一届院士。1913年考取官费赴美国留学。1917年获芝加哥大学物理系学士学位。1921年获普林斯顿大学硕士学位，次年获该校哲学博士学位，博士论文是研究低压电弧的电子发射速率的实验成果。联大教授吴大猷也是他的学生，他曾评价饶毓泰："学生由他获益之处，不在流畅的演讲，而在其对学术广解之深、对求知态度之诚、对学术的欣赏与尊敬，以及为人严正不阿的人格影响。"他毕生致力于中国物理学教学和科研事业，创办南开大学物理系，长期担任北京大学物理系主任，大力建设研究实验室，使北京大学物理系迅速位居国内物理教学和研究的前列。执教40余年，培养了吴大猷、马仕俊、马大猷、郭永怀等一批知名物理学家。

叶企孙
1898—1977

叶企孙，物理学家、教育家。生于上海县唐家弄一书香门第。1918年毕业于清华学校，1923年获哈佛大学博士学位，当时叶企孙主要研究方向是测量流体静压力对铁磁材料磁化率的影响。1929年，清华大学理学院成立，叶出任理学院院长。根据赵九章的回忆，叶企孙教授学识渊博，对学生循循善诱，不仅传授科学知识，还要求学生做一个爱国、正直、严谨的科学工作者。他邀请吴有训来清华时，把吴先生的工资定在自己之上，可见其谦逊的品质。叶启孙曾多次为助手熊大缜提议平反。

吴有训

1897—1977

吴有训，江西高安人，科学家、教育家。1920 年，吴有训毕业于南京高等师范学校，后赴美在芝加哥大学获物理学哲学博士学位并留校任助教。受叶启孙邀请，吴有训到清华大学建立起中国第一个近代物理研究实验室，开创了中国物理学研究的先河。他在学术上最重要的成就是全面验证了康普顿效应，并发展了该理论。康普顿效应，也被称为“康普顿－吴有训效应”，是量子力学的重要奠基发现。1938 年，吴有训任西南联大理学院院长。1945 年，美国在日本广岛和长崎投下两颗原子弹，日本随之宣布投降。美国原子弹工程的成功和他母校芝加哥大学有着千丝万缕的联系，吴有训的导师康普顿教授是美国原子弹工程——曼哈顿计划的重要组织者和参与者之一。于是，吴有训在联大和重庆中央大学，先后作了两次关于原子弹基本原理的科普报告，每次都有上千名师生参加。他的很多学生后来都成为科学家，如王淦昌、钱三强、钱伟长、邓稼先、杨振宁、李政道、冯端等。

吴大猷

1907—2000

吴大猷，广东肇庆人，物理学家，被誉为“中国物理学之父”。1929 年，吴大猷毕业于南开大学物理系，后取得美国密歇根大学博士学位。在西南联大任教的 8 年间，吴大猷主要负责的科目为电磁学、近代物理、古典力学、量子力学等。1939 年，他获中央研究院丁文江奖金，后来被选为台湾研究院院士。1975 年，吴大猷将历年教学讲稿整理成《理论物理》，共 7 册，这部书对中国台湾和东南亚的物理教学界产生很大影响。1983 年，吴大猷任台湾研究院院长。学术成就有专著《多原子分子振动光谱及结构》。

物理学系著名教授

马仕俊

1913—1962

马仕俊，四川会理人，理论物理学家。1935 年，他毕业于北京大学，后就读于英国剑桥大学，并在 1941 年获得博士学位。杨政宁和李政道在《悼念马仕俊博士》（三联书店）里有这样的记述：“他的讲课既清楚又有条理，而且范围广泛。今天我们回想那时的教室，既无暖气，又无御寒设备，窗户被常有的空袭震碎，泥地面由于使用过度而到处凹陷不平。想起这些，我们仿佛仍然可以看到年轻、瘦削、腼腆的马先生站在黑板前，振臂疾书。我们再一次认识到，默然诚意的努力可以战胜物质上的欠缺。”马仕俊教授将自己的大部分精力献给了理论物理基本理论的前沿探索，一直把自己研究的领域集中在理论物理探索的主流方向上。他从事粒子物理理论和量子场论的研究，主要致力于介子理论和量子电动力学方面的研究，先后发表论文近 40 篇。

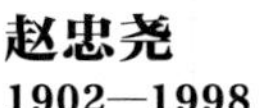

赵忠尧

1902—1998

赵忠尧，浙江诸暨人，物理学家、中国科学院院士。1920 年考入南京高等师范学校，1930 年获加州理工学院博士学位，同年发表《硬 γ 射线在物质中的吸收系数》和《硬 γ 射线的散射》等论文，发现反常吸收和特殊辐射，是人类历史上第一次观测到正电子，实验发现反物质。1932 年回国后，在极为简陋的条件下在清华大学建立了核物理教学实验室，首次在中国开设核物理课程。诺贝尔物理学奖得主杨振宁和李政道都曾受业于赵忠尧。李政道就盛赞赵教授是“核子物理的开拓人”。并认为早在 20 世纪 30 年代，中国的科学家就应该获得诺贝尔物理学奖，而这位得主应该是赵忠尧。1949 年，赵忠尧在美国加州理工学院进行原子核反应研究。

化学系

从1939年到1945年，化学系共有毕业生187人，比物理系（105人）和生物系（64人）加起来都多。除了学科本身的吸引力外，因为化学与实用工业有关，能保证毕业后找到工作，所以成为了理学院最热门的专业。此外，化学系的名师们也是许多同学报考这门学科的原因，其中最受欢迎的是北大的曾昭抡教授。

在西南联大，曾昭抡是化学系开课门类最多的教师。抗日战争前，曾昭抡就在教学中融入战时教育的内容，开设国防化学课。讲解毒气时，他不讲那些害人的知识，比如如何生产毒气；他不做实验生成毒气，而直接把毒气分类，教学生制作对付各种毒气的面具。在叙永分校时，他还教过学生们一些实用的化学知识，比如如何净化饮用水和如何建造厕所。曾昭抡还是一个国际形势分析家，他对国内外的大事了若指掌。据《西南联大始末记》记载，有一次公开演讲，他准确推断了诺曼底战役的发生，实际战役开始的时间与他的推断仅相差48小时。

化学系著名教授

黄子卿 1900—1982

黄子卿，广东梅州人，物理化学家、化学教育家。他于1919年考入清华留美预备班，在威斯康星大学化学系和康奈尔大学分别取得学士和硕士学位，1935年又获麻省理工学院哲学博士学位。在联大，黄子卿给化学系三年级的学生讲授重点课程物理化学，并著有教科书。在系主任杨石先出国后，他还曾担任过一阵联大的化学系主任。学术上，黄子卿重视实验在化学教学中的作用。他认为，“要教好书，不然误人子弟。但不能光当教书匠。不做科学研究在科学上就会落伍，不能成为一名合格的大学教师”。他的重要科研贡献是精确测定了热力学温标的基准点——水的三相点。

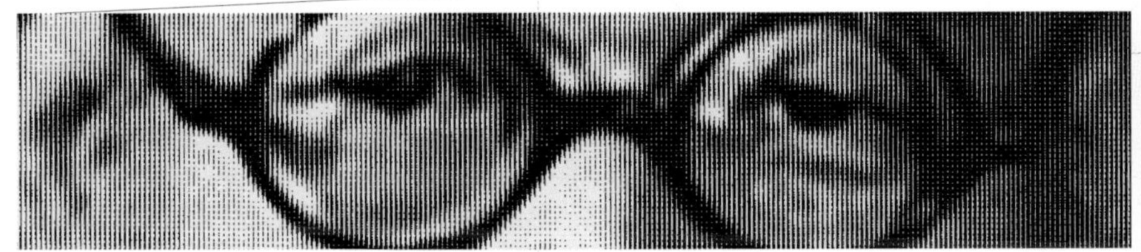

刘云浦 1902—1994

刘云浦，江苏泰县人，化学家、教育家。1927年毕业于厦门大学，1930年于加州大学获得科学硕士学位后，转入南加州理工学院，专攻物理有机化学，并获得哲学博士学位。刘云浦曾任北大、联大和浙大等校的化学系教授。在联大教书时，他认真备课，对教学丝毫不放松。他常讲的课程有化学原理、普通化学、无机及有机化学、化学热力学和物理化学等。他的科学研究服从于教学，并把传授知识当作他毕生的事业。1952年院系调整后，刘云浦任天津大学化工系教授兼物理化学教研室主任，是天津大学化学系的创建者之一。他还主编了全国统编教材《物理化学》。

曾昭抡 1899—1967

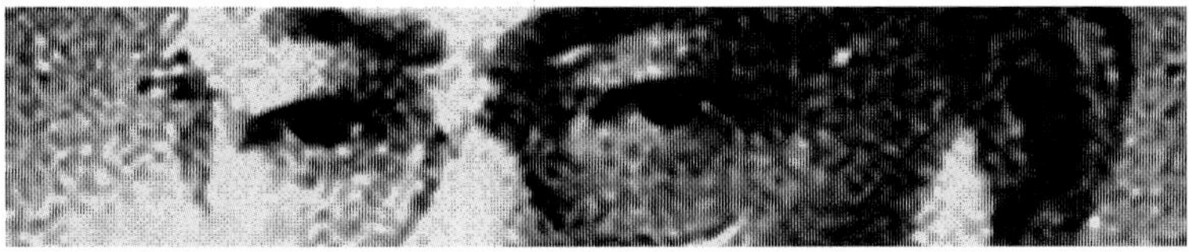

曾昭抡，湖南湘乡人，化学家、中国科学院院士。1920 年毕业于清华学堂，六年后取得美国麻省理工学院科学博士学位。1931 年，学校由长沙向昆明迁徙时，曾昭抡便是湘黔滇旅行团随团教授之一。他是个不修边幅、行为乖张的学者，学生总能回忆起他的破袜子和破鞋子。但他性格淳朴善良，在学校的时候和学生一起吃饭、休息、参加政治辩论、跑警报和捡柴火，态度从来都是谦和的。晚年，曾昭抡主要从事元素有机化学方面的研究，并对中国化学名词的命名与统一做出过重要贡献。他在联大的学生、中国科学院院士唐敖庆曾撰文回忆《我的老师曾昭抡教授》，此文收录于北京大学出版社出版的《一代宗师——曾昭抡百年诞辰纪念文集》，可以一读。

孙承谔 1911—1991

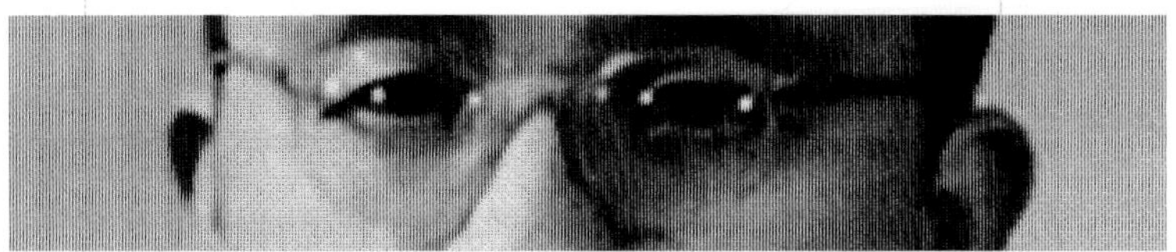

孙承谔，山东济南人，物理化学家、化学教育家。从清华学校毕业后，1929 年他进入美国威斯康星大学化学系学习，1933 年获哲学博士学位，时年 22 岁。1934 年，孙承谔被聘为美国普林斯顿大学研究助理。在著名物理化学家艾林指导下，从事化学反应过渡态理论的研究工作，于 1935 年与艾林共同发表了有关 $H_2+H^{\cdot} \rightarrow H+H_2$ 反应的第一张经精确计算得出的势能面图，是近代化学动力学的重要成就之一。1935 年起，他归国任北大、西南联大教授，讲授普通化学、物理化学等课程。在昆明的艰苦岁月，他还坚持进行了物质结构和物性间关系等方面的研究工作，发表了一系列有关的研究论文。1948 年后，孙承谔一直在北大化学系任教，直到退休。

钱思亮 1908—1983

钱思亮，浙江余杭人，化学家、教育家，“中央研究院院长”。1927 年考入清华大学化学系，1931 年获清华大学理学院学士学位，并以庚子赔款奖学金，与吴大猷、张兹闿一同赴美，进入伊利诺伊大学化学系。1934 年，钱思亮以毕业论文《具有旋光性之双轮基质变成不旋光体之速度》获得哲学博士。他在北大和联大教授普通化学和有机化学两门课。1940 年其父亲钱鸿业在上海遇刺身亡，钱思亮回沪奔丧后无法再返昆明，便于上海化学药物研究所担任研究员。1948 年前往台湾，于台湾大学任教，1951 年接任台湾大学校长一职。钱思亮是台湾前“外交部部长”“监察院院长”钱复的父亲。

张青莲 1908—2006

张青莲，江苏常熟人，无机化学家、教育家、中国科学院院士。1931 年考取清华研究生院无机化学专业后，又到柏林大学进修物理化学系。张青莲对同位素化学造诣尤深，是中国稳定同位素学科的奠基人和开拓者。在联大里，他主要讲授高等无机化学、稀有元素、复合物化学等课程。1943 年，当时负责学术交流的吴有训先生向张青莲征集论文时，他应允在 3 个月内交出一篇论文。当时因为条件困难，联大的许多科研工作已经停止了，但他通过综合他先前在国内外发表的作品撰写成《重水之研究》论文集一书，如期完成许诺。该书被当时的政府评为“教育部学术二等奖”。1952 年全国高等学校进行院系调整，张青莲任教育部课程改革委员会化学组副组长。晚年他主要从事同位素质谱法测定原子量的研究。

生物学系

生物学系的教授们研究方向各不相同，他们能结合各自专长、合作授课。在昆明，联大、云大和清华农业研究所的生物学家也经常通过学术讨论会交流切磋。除了繁重的教学任务，学者们仍孜孜不倦地从事学术研究：吴征镒在从长沙前往昆明途中不忘采集植物标本；赵以炳研究海拔对中国人血相的影响；张景钺指导助手对云南魔芋进行形态学的研究；殷宏章等在国外发表了有关气孔中磷酸化酶的论文；牛满江用当地两栖动物蝾螈进行解剖及色素细胞和胚胎发育的研究工作；陈阅增草履虫交配型的研究成果后来在美国发表；沈同领导的动物生理学实验室通过动物实验证实了云南白药对治愈伤残的功效；沈嘉瑞研究了“昆明滇池及洱海中甲壳类”；赵以炳研究“蝾螈水盐平衡”；黄浙进行了“昆明涡虫分类和生殖发育”的研究；李继侗在做燕麦胚芽向光性的研究；汤佩松主持的农业研究所植物生理学研究室开展了植物生长素的研究，完成了“离体活细胞水分关系的热力学研究”。

在联大的岁月里，生物学系的师生充分利用了地理优势，为以后的生物学研究做出了很多贡献。

生物学系著名教授

李继侗 1897—1961

李继侗，江苏兴化人，植物学家、生态学家、中国科学院院士。1925年获耶鲁大学研究院林学博士学位。回国后，他是南开大学生物系唯一一位教授，所以负责讲授了生物学系几乎所有课程。联大内迁时，李继侗也是湘黔滇旅行团的一员。当时，李继侗腿部有炎症，行走困难，总是先由两位青年教师扶持走一段路，然后才能勉强自行走动。他就这样和师生跋山涉水，历时68天，终于抵达昆明。在联大，除继续讲授植物学有关课程外，李继侗还担任先修班主任，义务兼了14项服务性工作。1952年全国院系调整，李继侗任北大生物系植物学教研室主任，并创办了中国第一个植物生态学与地植物学专门刊物《植物生态学与地植物学资料丛刊》。

陈桢 1894—1957

陈桢，江西铅山人，动物学家、遗传学家、教育家。毕业于金陵大学，他在1921年取得哥伦比亚大学硕士学位。回国后，陈桢担任西南联大教授，在大学里开设细胞学、动物生理学、动物遗传学、中国生物学史等课程。1946年起复任清华大学生物系教授兼系主任，其间曾于1947年兼任联合国教育科学文化组织中国委员会第一届委员。1953年起担任中国科学院动物研究室主任。在金鱼遗传、蚂蚁行为和生物学史研究上获重要成果，20世纪30年代编著了高级中学《生物学》教科书。

生物学系著名教授

吴韫珍
1899—1942

吴韫珍，上海青浦人，植物分类学家。1922年毕业于金陵大学农科，次年考取清华留美公费生，赴康奈尔大学学习园艺和植物分类学。1927年，吴韫珍获博士学位后归国，任清华大学植物学教授。在西南联大，他主要讲授植物分类学和本地植物两门课。1938年到滇西大理、鸡足山采集植物时，由于过于辛劳，胃病复发，因手术感染而去世，终年仅43岁。吴韫珍留下的植物分类的研究成果，有完整图解附笔记的植物1000余种，有图解而记载不全的有2000余种。已整理出版有《华北蒿类》《华北胡枝子》《中国植物名录》《植物名实图考学名考证》等。

赵以炳
1909—1987

赵以炳，生理学家、教育家、中国冬眠生理学的创始人。1929年他从清华学校毕业，赴芝加哥大学生理学系学习，并于1934年获博士学位。在西南联大期间，他就地取材，对滇池盛产的蝾螈进行了一系列皮肤呼吸与肺呼吸的比较研究，证明蝾螈的肺是有效的呼吸器官，推翻了当时某些国外专著中关于蝾螈的肺只是沉浮器官，没有呼吸作用的结论。赵以炳曾在肌肉的渗透性、皮肤呼吸、哺乳动物冬眠与低体温以及高级神经活动生理学等方面发表研究论文50篇。对刺猬冬眠的研究享有国际声誉。

吴素萱
1908—1979

吴素萱，山东青州人，植物细胞学家。吴素萱毕业于中央大学农学院，和物理学家吴健雄、胡适的表妹曹诚英是同学。1941年，她获美国密西根大学研究院博士学位，回国后任西南联大教授。吴素萱教学认真，对同学也很热情。她在生物系教解剖课程，常勉励同学专注于生物学研究，不要离开学校就改了行。1947年，她以特约教授的身份前往英国牛津大学和爱丁堡大学讲学。1948年末，她受聘为北大生物系教授。后到中国科学院植物研究所任研究员，从事植物细胞学的研究工作。20世纪50年代，素萱发现并系统地研究了植物细胞核穿壁运动和核更新现象，提出了独创性的见解。50年代后期，她在禾谷类作物远缘杂交的受精过程及其杂交后代的细胞学分析方面取得显著成绩，并对水稻受精过程及一些葱属植物细胞内的结晶体进行了精细的研究。

张景钺
1895—1975

张景钺，江苏武进人，植物形态学家、教育家、中国科学院院士。1920年清华学校毕业后公费赴美国留学。联大时期，张景钺在联大生物学系任教。生物学家陈阅增、陈德明曾回忆，初到联大时，因图书设备稀缺，生活困难，他们感到灰心丧气。但张景钺勉励他们，“至少还有显微镜可用，就地取材，有什么条件就做什么工作”。上植物显微技术课时，所需试剂都无法买到。张先生没有因此而取消实验，而是和肖承宪等老师一同研究，用当地的材料代替，比如以桉树油替二甲苯，以云母片代替盖玻片等，很好地完成了教学任务。1949年后，张景钺继续担任北大生物系教授。著名的植物学家严楚江、唐耀、徐仁、王伏雄、吴征镒、孙兆年、李正理等，都是出于他的门下。

地质地理气象学系

清华地学系可以追溯到1929年，系主任是原北大教授袁复礼。北大地质系的建设工作则由孙云铸承担多年。这二人是联大游历最广的学者。到了联大，地学系和地质系合并为地质地理气象学系，系主任由孙云铸担任。

联大的地质地理气象学系其实可以说成是地质系，因为地理和气象学都只有一名资深教授。得益于云南是地质学家的天堂，矿产丰富，各时期地层保留完整，地壳结构复杂，有许多可以研究的课题。联大的地质学家们基于大量田野调查，陆续发表了多篇论文。

当时教学物资稀缺，系主任孙云铸于是引导师生融入到大自然，鼓励他们自行采集和鉴定标本。地质系的师生们在短期内就搜集了许多滇桂地区的地层和古生物标本，既丰富了教学材料，也让青年教师和学生们的研究能力和工作能力都得到了提升。

地质地理气象学系著名教授

地质地理气象学系著名教授

袁复礼 1893—1987

袁复礼，河北徐水人，地质学家、地貌第四纪地质学家。他与其弟弟前北京图书馆馆长袁同礼、前北京师范大学校长袁敦礼，被中国文化教育界尊称为“袁氏三礼”。袁复礼于 1913 年考入清华学堂高等科，1920 年获得哥伦比亚大学硕士学位。毕业后，袁复礼参与创建了中国地质学会，并领导了中国—瑞典西北科学考察团。1929 年，袁复礼在新疆迪化附近发现了亚洲第一件恐龙化石，轰动世界古生物学界。这种化石后被命名为“袁氏三台龙”化石，袁复礼也因此获瑞典皇家科学院“北极星奖章”。1932 年起，他在清华大学地学系担任教授和系主任。1938 年 3 月，由袁复礼、曾昭抡等 11 名老师和 200 多名学生组成湘黔滇旅行团，从长沙出发前往昆明。在旅途中，他沿途进行考察和社会调查，随身带着地质锤和罗盘，遇到感兴趣的岩石和地质结构就在本子上记录并采集样本。除了认真治学的作风，他也关爱学生。“一二·一”运动时，他执意站在进步学生一边，甚至遭到特务毒打。

冯景兰 1898—1976

冯景兰，河南唐河人，地质学家、矿床学家、中国科学院院士。其父冯台异为清朝进士，其兄冯友兰为哲学家，妹冯沅君为作家。冯景兰于 1916 年考入北京大学预科，之后赴美国留学，就读于科罗拉多矿业学院和哥伦比亚大学。回国后，冯景兰担任过清华大学、西南联大、云南大学和北京地质学院等校教授。他是中国最早进行现代矿床地质研究的学者之一。在担任两广地质调查所技正期间，开展了中国人在两广境内首次进行的现代地质调查，还研究并命名了“丹霞地貌”。

孙云铸
1895—1979

孙云铸，江苏高邮人，古生物学家、地质学教育家、中国科学院院士。他于 1916 年考入北洋大学采矿专业，次年转入北京大学地质学系。1924 年出版了《中国北方寒武纪动物化石》一书，这是中国第一部大型古生物学专著。1926 年，孙云铸赴德国哈勒大学读博士，回国后在北京大学地质系任教授。联大期间，他是地质地理气象系的主任。孙云铸是中国古生物学与地层学领域的主要奠基人。他对三叶虫有深入的研究，发表过《中国中部和南部奥陶纪三叶虫》《中国北部上寒武纪之三叶虫化石》等专著。

赵九章，河南开封人，东方红 1 号卫星总设计师、中国人造卫星事业的奠基人、中国科学院院士。1933 年，赵九章毕业于清华大学物理系，后于德国柏林大学取得博士学位。在联大，赵九章为地质地理气象学系高年级学生开设必修课理论气象。此外，他还先后在航空工程学系和物理学系开设航空气象、高空气象、大气物理、海洋学等课程。赵九章是联大有名的严师，他的课堂讲述条理清晰，育人循循善诱。他要求学生们有扎实的数理基础，并注重阅读原著文献，掌握学科的最新进展和发展趋势。1944 年经竺可桢推荐，主持中央研究院气象研究所工作，兼任中央大学理学院气象系教授，讲授动力气象学。1966 年，中科院成立卫星设计院，被任命为院长。1968 年秋在北京服安眠药自杀。1999 年被追认为“两弹一星”元勋。

赵九章
1907—1968

鲍觉民
1909—1994

鲍觉民，安徽巢县人，中国经济地理学家。1933 年，鲍觉民毕业于中央大学地理系，并于 1940 年取得伦敦大学经济地理学博士学位。回国后，他被南开大学聘为教授。到了昆明，他参与对昆明物价变化的分析，为当时政府经济政策存在的问题提出了有效的解决措施。鲍觉民在西南联大还发表过论文《云南呈贡县落龙河区的土地利用》。1947 年后，鲍觉民历任南开大学教授、经济研究所所长、台湾研究所所长、中国地理学会人文地理专业委员会主任委员、《国外人文地理》杂志主编等职。在长达 61 年的执教工作中，他积极倡导和发展中国的人文地理学、政治地理学、旅游地理学及大洋洲经济地理研究。

米士是美籍德裔地质学家，哥廷根大学地质学博士，在希特勒统治下，有犹太人血统的他被排挤出德国。为躲避纳粹的迫害，他前往中国中山大学地质系任教，并兼任两广地质调查所研究员。在昆明，他除了在联大任教，还任职于中央研究院地质研究所。这段时间里，他对云南的地质构造进行了详细的研究，提出了“澄江运动”与“晋宁运动”的概念，发表了《云南构造史》等著作。米士擅长野外工作，专攻地域构造和区域动力变质学。在野外的时候，他和学生们一起住在农户的牛棚、猪圈顶上，打地铺，吃挂面，生活艰苦朴素。他总是和学生强调做地质研究不能只相信眼睛的判断，一定要敲开岩层仔细观察后才能下结论。太平洋战争爆发后，因为军方怀疑他是德国的情报人员，在野外工作的米士曾被国民党军队扣留，所幸后来无事，有一种说法是留德派朱家骅帮忙周旋解决的。

米士 Peter Hans Misch
1909—1987

14

设备齐全，巨擘济济：联大工学院

Institute of Technology: A Well Equipped Faculty with Talents

文：绪颖　**编：**陆沉
text: Sui Wing　**edit:** Yuki

联大工学院是建立在战前清华工学院基础上的。1932 年清华大学工学院成立，当时有土木工程、机械工程和电机工程三个系。到了联大，随着南开大学的化学工程系及中央政府指令创建的航空工程系加入，工学院达到了五个系，另外还设有一个电讯专修科。联大工学院院长是原清华土木工程系教授施嘉炀。

工学院的构成	
工学院	土木工程学系 机械工程学系 电机工程学系 化学工程学系 航空工程学系 电讯专修科

工学院的高年级学生很少能和其他学院的同学碰上面——只有第一学年他们会在校本部上通识课，比如国文、英文、中国通史、物理概论、微积分等；大二开始，他们便转移到拓东路校区去。工学院在拓东路上设施齐全，教室、办公室、图书馆、医务室及课外活动场所都有。迤西会馆是工学院教学楼的中心，用作教室、办公室和图书馆。东面的全蜀会馆用作教师和学生宿舍及大教室。男生宿舍在拓东路与太和街街角的东北，原是盐行仓库，被称为盐行宿舍。西面的江西会馆则是实验室区。

工学院实验室来之不易。早在1935年，当时清华大学的助教董树屏就带队把清华工学院的设备从北平转移到武汉。七七事变前到山东实习的工学院师生也带走了尽量多的设备器材和图书。由于梅贻琦校长的远见和当机立断，院长施嘉炀、助教董树屏等人的艰辛辗转，工学院成为联大设施最完备的学院，以至于后来一些理科学生转系到工学院学习。比如本来学习物理学的1941级学生、摩擦力学专家郑林庆到了联大就转读机械工程。1942级学生、两弹一星元勋、火箭专家王希季也回忆道："我们学物理学，普通模拟、各种基础的实验设备，它都具备。我们学机械学，实习时，锻工机床都具备。不是新的，但是它都有。那些设备都是从北京千辛万苦地运来的。图书也很宝贵，我们的图书馆有书。"

土木工程学系

在联大，土木工程学系的师生不仅刻苦钻研学术，还协助云南政府解决土壤、材料的问题，勘测设计公路，并参与建设云南新机场，供美国第十四航空队使用的飞机场就包括在内。联大的工科研究所土木工程组成立了云南省水力发电勘测队，这个队制订了开发水力资源的初步计划，在两年内设计出一批水电站。这些实践工作一方面改善了云南省当地的建设，另一方面也能够让学生积累社会经验和赚取生活费。

根据土木工程学系的施熙灿回忆，二年级学的是工学院的基本课程，比如微分方程、理论力学、材料力学、工程地质等。当时主课程力学抓得很紧，还有突击小测试。习题作业也多，大家兢兢业业，丝毫不敢怠慢。三年级学的主要是土木工程学系的专业课程，比如测量、结构力学、水力学以及一些实验课程。土木工程学系1943年入学时有50人，到1947年准时毕业的只有20人，可见毕业门槛之高。

施嘉炀
1902—2001

施嘉炀，福建福州人，水力发电学家、工程教育家。1915年考取清华留美预备学校，之后在美留学间共获得4个学位，分别是：麻省理工学院的机械和电机工程双学士学位，麻省理工的机械工程和康奈尔大学的土木工程硕士学位。1928年起，施嘉炀在清华大学土木工程系工作。1937年，他和魏文贞在北平结婚，胡适为证婚人，叶企孙为主婚人。抗日战争爆发后，施嘉炀随清华南迁，出任西南联大工学院院长。到了昆明，他立即与地方政府合作设立水力发电勘测队和水工试验室，共同研究云南省各种有关水文水利工程问题。施嘉炀也关注长江三峡水利工程的规模问题，虽然没有经费支持，他仍设法去现场调查，收集数据。他持着科学研究是为生产服务的观点，投身钻研那些在工业生产中发现的问题，以提高生产率。

土木工程学系著名教授

土木工程学系著名教授

蔡方荫
1901—1963

蔡方荫，江西南昌人，土木建筑结构学家、中国科学院院士。1925年毕业于清华学堂土木科，1928年获麻省理工学院土木工程硕士学位。在联大时，蔡方荫主要教普通结构学。虽然他指定了美国出版的教科书，但他上课从不照本宣科，而是去粗取精，加入自己心得的内容，形成独特的体系。工学院大考小考都多，他有时会把庚款考试的题目拿到课堂上考学生。他的学生回忆月考的情景："当我们摊开试题，执笔作答，困惑于难解的题目时，蔡师则口衔烟斗，漫步巡视于桌间走道，看我们搔首皱眉，苦思不已时，他似微露得意之色，偶尔清清喉咙，发出一声相当大的喷嚏声，更增加我们一分'惶恐'，题目愈答不出来。"在联大工学院，小考得零分、期末考试不及格都是常见的。同学们虽然怕蔡教授，但也明白老师的良苦用心。当遇到那些不会的题，学生们常常听他一点拨，就能找到诀窍，问题迎刃而解，也因此更有学习动力。

陶葆楷，江苏无锡人，环境工程学科奠基人。1929年，陶葆楷获麻省理工学院土木工程学士学位，次年获哈佛大学卫生工程硕士学位。陶葆楷自回国后，就一直希望能在卫生工程方面做些实际工作。当时在北平，陶葆楷尝试与协和医院公共卫生系合作，建立东城区卫生事务所，清华负责井水改良、厕所改造、垃圾处理及食品卫生等工作。西南联大时期，陶在昆明做军事卫生工程的研究，为抗日做出贡献。陶葆楷还编写了国内最早的给水工程相关教材《给水工程》，并被商务印书馆收录于《大学丛书》。1960年，清华大学土木、建筑两系合并，他与梁思成共同担任土木建筑系系主任。20世纪70年代，陶葆楷在清华大学倡议成立中国第一个环境工程专业，并担任清华大学环境工程研究所所长。

陈永龄，北京人，大地测量学家、中国科学院院士。1927年，考入清华大学工程学系，后转入国立交通大学土木工程学院，并作为庚款留学生赴英国帝国理工学院学习，获大地测量专业硕士学位。1939年，陈永龄获柏林工业大学测量学系工学博士学位，回国任教于西南联大，主讲测量平差和地图投影等新课程。1943年，他在四川中国地理研究所任研究员的同时，还在同济大学兼任教授。陈永龄曾领导编写了中国第一部《大地测量法式》及教科书《大地测量学》。1965年，陈主持完成了测定珠穆朗玛峰高度的技术方案，被誉为『珠峰测高第一人』。

覃修典，湖北蒲圻县人，水利学家。1932年毕业于清华大学土木工程系，1935年获美国麻省理工学院土木工程学系水利专业硕士学位。1937年起覃修典任教于清华大学、西南联大，主要讲授水力发电工程、河港工程和水力学等课程。在联大期间，他曾带领学生对云南境内的滇池、石龙坝、螳螂川、洱海、下关、腾冲叠水河等河川的水电资源进行了勘测和调查。1980年代，覃修典参加三峡工程专题论证。他是拒绝在三峡工程最后的论证结论上签字的学者之一。

陶葆楷
1906—1992

覃修典
1909—1994

陈永龄
1910—2004

刘恢先
1912—1992

刘恢先，江西莲花县人，中国科学院院士、结构工程与地震工程专家。1933年，刘恢先毕业于交通大学唐山工学院。1937年获康奈尔大学博士学位后，他先在湘桂、叙昆、黔桂、平汉等铁路任工程师，后在浙江大学和西南联大土木工程学系任教授。1947年，刘恢先在美国阿曼—惠特尼公司任工程师，后在伦斯勒理工学院任教授。1951年，刘回国任清华大学教授，中科院工程力学研究所所长。他奠定了中国地震工程学方面的基础，在中国最早提出“小震不裂、大震不倒”的设计思想。主持编写了中国第一本《建筑抗震设计规范草案》（1959年）和唐山地震历史性文献《唐山大地震震害》。

机械工程学系

在工学院的学习不能有丝毫松懈。教授们会给学生布置大量的实验、制图、设计和测试。为保证作业及时发还，助教们有时候熬夜批改作业到天亮。

机械工程学的孟广喆和刘仙洲教授就因其严格教学让很多学生又敬又怕。刘仙洲教授总是准时到达教室，然后关上门，检查是否有人旷课。迟到者要么站在门外听课，要么当着众人的面走进教室挨他的训斥。工学院的成绩由考试分数和课堂表现两部分组成，过度旷课就意味着不及格。孟广喆和刘仙洲教授还经常轮流给学生突击考试，而且评分极其严格。有学生回忆道："有一次考试刘教授出了一个题目，要求答案精确到小数点后三位。那个时候光靠计算尺难以精确到小数点后三位，忽略了这个要求的学生虽然过程和答案都是对的，但还是被刘仙洲教授判了个零分。必修课机械学不及格，第二年需要重修，而且进阶课程机械设计也得延后学。"回忆这件事的学生也不埋怨刘仙洲教授，反而称赞他不仅在学问上，还在德育方面亦教会学生行事严谨的道理。

机械工程学系著名教授

庄前鼎 1902—1962

庄前鼎，上海青浦人，机械工程专家、机械工程教育家。1928年获麻省理工学院化学工程硕士学位。他在美国麻省理工学院担任助理研究员，并在波士顿斯威工程等大公司任工程师。回国后，庄前鼎历任清华大学机械工程系主任、航空研究所所长、西南联大航空系主任。在联大时期，他领导航空研究所克服困难，在昆明建立了5英尺口径回气式航空试验风洞，配备了各种测量仪器和仪表，开展了航空动力学等方面的试验研究。在联大的艰苦岁月里，庄前鼎一直在科研的前线工作，没有谋名谋财之心。他多次拒绝重庆国民政府的调聘，并表示："我这辈子不做官，也不善于做官，我要以毕生精力踏踏实实地做些有益于国家、造福于人民的实际工作。"抗日战争胜利后，他还关注民生，在赴美学术研究期间，他对如何改进大米和大豆的加工，以保持大米的营养成分提高大豆的营养价值进行研究，用英文发表《健康米》一文。

刘仙洲 1890—1975

刘仙洲，河北完县人，工程专家、中国科学院院士。1918年，他以第一名成绩获香港大学工程科学系学士学位。刘仙洲曾担任过北洋大学校长，东北大学、唐山工学院、清华大学、西南联大教授，中国机械工程学会副理事长等职。他是中国自编工科大学教科书的创始人。1933年，刘仙洲开始编订《英汉对照机械工程名词》，成为中国机械工程名词的统一者。主要著作有《机械原理》《热工学》《中国机械工程发明史》《中国农业机械方面的发明》等。

孟广喆

1907—1989

孟广喆，北京人，机械工程与焊接专家。1929年毕业于清华大学土木工程系，1932年获美国普渡大学机械工程硕士学位。孟广喆曾任南开大学、西南联大教授，南开大学工学院院长，中国工程学会焊接理事会理事长等职。他在联大期间承担了材料力学、应用力学、汽车工程、机械零件、发电工程等十余门课程的教学任务。他教学认真，治学严谨，受到张伯苓的赞赏。著作有《焊接结构强度和断裂》等，译作有《焊接结构学》《焊接金属结构的制造》等。

周承佑

1901—1983

周承佑，江苏南京人，教授。1924年，周承佑毕业于麻省理工学院机械系。回国后，他先后在南京工专、天津北洋大学、南京中央大学、山东大学、浙江大学和西南联大等校任教授、系主任，曾讲授过机构学、工具机学、汽车工程、内燃机、机械制图、机工学等课程。1942年起，周承佑任上海工业专科学校、私立上海纺织工学院、华东纺织工学院教授和校长。他毕生从事教育工作，专长机械工程，学识渊博，治学严谨。

王遵明

1913—1988

王遵明，江西南昌人，机械工程专家、机械工程教育家、金属冶炼学家。1935年，王遵明毕业于清华大学物理系，后为麻省理工学院冶金系研究生，并于1939年获该系博士学位。其实，他从美国学成回国之初，江西省建设厅有意请他负责开发赣南矿山。但当时政局动荡，开发矿山一事难以实现。后来，王遵明应聘到位于昆明的清华大学金属研究所工作，兼任西南联大教授和滇北矿务局顾问工程师。在抗日战争时期，他除了完成联大的“钢铁的热处理”和云南大学的“冶金学”教学任务外，还在极为困难的条件下研制出“锌—锑高热电压合金”，参加了重庆的资源委员会展览，可惜在战乱的年代这个科研成果没有得到应有的重视。

董树屏

1909—2000

董树屏，辽宁沈阳人，教授。1929年入东北工学院读机械工程，1930年在北平大学借读。1934年，董树屏毕业于中央大学机械系，同年清华大学成立机械系，他应邀到清华大学任刘仙洲教授的助教，主要负责实验设备管理、开设实验课等。1947年，董树屏赴美康奈尔大学进修并获康奈尔大学研究院荣誉学者称号。回国后，董树屏在清华大学长期从事热能工程的教学和研究。他专于热力发电厂设计、锅炉原理及热能转换和利用，编著有《势力发电厂》《热能转换及利用》。

电机工程学系

这些未来工程师们的学习和生活节奏与其他学院学生截然不同。工学院的学生几乎没有时间旁听别的课和读闲书。他们天天与丁字尺、计算尺和草稿纸相伴，忙于应付每学期约30场的考试。那些想要研究电机工程的学生，大一微积分和大一物理的成绩至少要达到70分。到了大二，每周日早上都有小考以检查学生是否能够灵活运用基本概念。实验课的研究计划也得预先准备，实验报告交迟了就没有分数了。

1944年入学的潘际銮（南昌大学校长、中科院院士）回忆道：“那时候考题很难，而且各个老师讲解的内容和方法也不一样。一场考试下来，不及格的人可能有半个班。为了应付这种情况，老师想出了个调整分数的方法，叫‘开方乘十’。比如，一个学生原本是36分，开方乘10后正好是60分。用这个办法，总算保证了至少三分之二的学生及格。”

关于在联大的学习方法，他还总结道：“光是听课听懂了或者做题做对了都不够，要把内容学通了。不只局限于一本教科书，而要把相关的知识都掌握了，融会贯通，考试才能顺利通过。”他在读书期间，总是自学中外各种物理教材，成绩也因此名列前茅。

电机工程学系

章名涛，浙江鄞县人，中国电机工程学家、中国科学院院士。1924年，章名涛毕业于上海圣约翰中学，后赴英国纽卡斯尔大学电机工程系学习，并获曼彻斯特工业大学硕士学位。1932年起，章名涛在清华执教，筹建电机系，教过电工原理、直流电机等十几门课。在联大，他担任电机工程学系主任。1940年，章名涛趁休假，化装成商人回北平探望母亲并结婚，不料被日本人得知其真实身份，要请他到敌伪统治下的北大教书。章名涛予以回绝，可是被得知身份的他，要离开日本人控制的北平去抗战大后方的昆明是十分困难的事情。于是，章名涛拜托在香港大学工作的好友，弄到了香港大学临时讲师的聘书，才得以离开北平前往香港。不料珍珠港事件爆发，他从香港绕道河内，又跋涉两个多月才回到昆明。从此直到1945年抗日战争胜利，他一直在西南联大教书。

章名涛
1907—1985

顾毓琇
1902—2002

顾毓琇，江苏无锡人，教育家、科学家、诗人、戏剧家、音乐家、禅学家。1923年，顾毓琇从清华毕业，赴美国麻省理工学院学习电机工程，成为该校第一个取得科学博士学位的中国人。同时，他的话剧创作也硕果累累。1925年，其作品《琵琶记》在波士顿美术剧院公演，这部话剧聚集了冰心、梁实秋、闻一多、赵太侔等文艺工作者，甚至日后成为美国第一夫人的南希·里根也参加了演出，是中国话剧史上里程碑的事件。抗日战争时期，院长顾毓琇除了忙于工学院的组建工作外，还为兼任所长的清华无线电研究所和航空研究所而奔忙，随后他又担任国民政府教育部政务次长、战时教育委员会主任委员等职。中国社会科学院对于顾毓琇的评价是：“先生之学，可谓中西兼顾、文理皆精，是中国近代以来唯一能够左手娴熟于人文，右手精通于数理的旷世通才。”此言诚然。

张钟俊，浙江嘉善人，电力系统和自动化专家、中国科学院院士。他是国立交通大学电机系学士，麻省理工学院硕士和博士。回国后，张钟俊先后担任武汉大学、国立中央大学教授。1948年，张钟俊写成国际上第一本阐述网络综合原理的专著《网络综合》，同年讲授自动控制课程——伺服机件。1973年，为了解决潜艇的惯性导航，张钟俊主讲现代控制理论，同时编著了《矩阵方法和现代控制理论》一书，该书成为我国最早阐述现代控制理论的著作。

张钟俊
1915—1995

任之恭，山西沁源人，物理学家。1926年毕业于清华学堂高等科。此后的6年中，他先后在麻省理工学院、宾夕法尼亚大学、哈佛大学获得学士、无线电通讯硕士和物理学哲学博士等学位。回国后，他受到叶启孙的邀请，到清华大学物理系和电机系讲无线电和量子力学。

在联大时期，他担任清华大学无线电研究所所长。那时候，没有多少学者把无线电与近代物理联系在一起，而任之恭却深通这两门学科。他的研究方法是理论与实验并重，而且总是将他感兴趣的领域——无线电、电子学和当代物理学，尤其是量子力学的概念紧紧地结合在一起。“他给人一种在富饶的科学三角洲辛勤耕耘而获得巨大成果的印象。”1946年出国研究，后留居美国。而后以其亲属的捐赠为基础，在清华大学设立“任之恭奖学金”。

任之恭
1906—1995

马大猷，广东汕头人，物理学家、中国科学院院士。1936年获北大物理系学士学位，1940年获哈佛大学哲学博士学位。回国后，马大猷任联大工学院电机系副教授。两年后，时年27岁的他成为联大最年轻的教授。马大猷曾说过：“在我的思想里，大学最高的就是教授，而不是任何别的职位。”教授，一直是马大猷最看重的称呼。马大猷的研究成果涉及物理声学、建筑声学、噪声控制学、语言声学等多个方向。1959年，他主持人民大会堂音质设计，以两套电声系统成功地为世界上最大的集会厅堂实现演讲和文艺演出双重功能。马大猷治学严谨，宁缺毋滥，他的学生基本是五六年以上才能毕业。而且，在他教书的40年间，只培养了30来个研究生。因此，他的学生都很庆幸能够师从于他。“他留给我们的，更多的是宝贵的精神财富。”马大猷的关门弟子、中科院声学所的李晓东回忆道。

马大猷
1915—2012

钱钟韩，江苏省无锡市人，工程热物理和自动化专家、中国科学院院士。他是巨贾钱基厚之子，作家钱钟书的堂弟。1933年，钱钟韩毕业于上海交通大学，后赴英国伦敦大学理工学院取得学位。回国后，他曾任浙江大学机械系教授、西南联大电机系教授、南京中央大学机械系教授、南京大学工学院院长、东南大学名誉校长等职。钱钟韩主要从事热物理学和热工仪表自动化的教学和研究，创办了国内最早的热工仪表自动化专业，培养出新中国首批电厂运行自动化专家。

钱钟韩
1911—2002

化学工程学系

工学院的教授们除了在自己的专业领域里成绩斐然，也在其他领域有所建树。电机系的顾毓琇教授就兼是一位诗人、戏剧家、音乐家和禅学家。化学工程学的陈国符教授既是造纸专家，也是道学研究专家。陈国符研究《道藏》及中国炼丹术的历史，可以追溯到他在浙江大学学习期间。他在外文期刊《科学月刊》上看到一篇介绍中国炼丹术的文章，就把这篇文章译成中文并发表在《化学》杂志上，引起这篇文章的作者——麻省理工学院化学教授戴维斯的注意。陈国符到德国达姆施塔特工业大学留学后，戴维斯与陈国符取得了联系并经常讨论有关中国炼丹术的学术问题。在这期间，他翻译了《道藏》中的《丹经要诀》和有关孙思邈的资料。在联大任教时，他每周有一半时间住在龙泉镇清华大学文科研究所阅读《道藏》。在一年左右的时间里，他已经通读了《道藏》全5000册书籍，成为中国通读《道藏》的第一人，并写成了《道藏源流考》的初稿。

化学工程学系著名教授

张大煜，江苏江阴人，物理化学家、中国科学院院士。1929年毕业于清华大学，1933年获德国德累斯顿大学工学博士学位。回国后，他在清华大学和西南联大任教，兼任中央研究院化学所研究员。在昆明，张大煜从基础研究转向石油、煤炭方面的技术科学研究，以期为抗日胜利贡献力量。他利用云南丰产的褐煤，在昆明附近宜良滇越线上建立了一个从褐煤低温干馏提炼汽油的小型实验工厂，经过无数次实践，终于炼油成功。后来因为人力、物力和经费的重重困难，工厂停办了，但这为他在五六十年代创建我国第一个石油煤炭化学研究基地提供了宝贵经验。

张大煜
1906—1989

谢明山

1911—1991

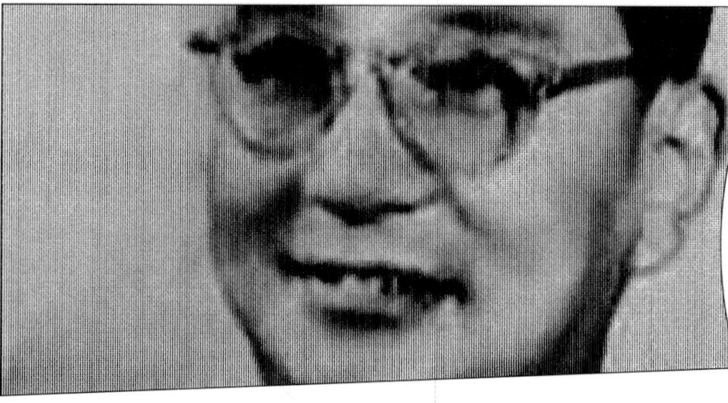

谢明山，浙江宁波人，中国台湾化工业元老、台湾现代化工研究和化工教育的主要奠基人之一。谢明山早年考入南京国立中央大学。1936年，以第一名考取庚款，留学伦敦大学帝国学院。1939年，他获得化工博士学位，并回国任西南联大化工系系主任。1949年谢明山赴中国台湾，历任台湾大学化工系教授、中原理工学院院长、东海大学工学院院长，还在台湾教育主管部门任职。主要著作有《化学工程机械》（合编）。

陈国符

1914—2000

陈国符，江苏常熟人，工业化学家和教育家、《道藏》研究领域及中国炼丹史权威。1937年毕业于浙江大学化工系，1942年获德国达姆施塔特工业大学工学博士学位。回国后任教于西南联大工学院，兼任理学院化学系教授。他在化工系开设了工业化学、造纸机械及化学专业德文三门课，并编写了英文教材数种。他率先将纤维素化学学科引入中国，开辟了中国造纸领域的新技术。此外，陈国符最突出的成就是开辟了《道藏》研究这一新的学术领域和对《道藏》的目录学及《道藏》中国外丹黄白术（即中国炼丹术）史料的基础研究。

武迟

1914—1988

武迟，浙江杭州人，化学工程学家、教育家、中国科学院院士。1936年，武迟毕业于清华大学化学系，后供职于上海中央研究院化学研究所。1939年，获麻省理工学院化学硕士学位后，他回国任清华大学和西南联大等校教授，石油化工科学研究院总工程师等职。武迟长期致力于石油炼制生产技术开发和科技管理工作。在大庆原油的合理加工、炼油厂挖潜改造、“五朵金花”科技成果的推广应用、顺丁橡胶工业化技术的突破、炼油和石油化工催化剂的国产化等方面做出贡献。

航空工程学系和电讯专修科

1938年7月底，联大遵当时的教育部命令在工学院机械工程学系基础上设立航空工程学系。机械工程系主任李辑祥在力学的基础上扩充课程，把机械和制造方面的课程都包括在内。航空工程学系主任庄前鼎在授课之外，还兼任新设的航空研究所所长。

1939年2月，电机工程学系附设电讯专修科。1939年起，又设立先修班和进修班。专科的学生和电机系、机械系的学生共用设施，使得实验设备被有效利用。部分电讯专修科的学生响应战争时期的需求，经过两年学习就前往战场支援抗日战争。

在20世纪二三十年代，中国有很多学者从哲学的角度提倡科学。他们主要想利用科学的方法来探索哲学上的真理，是从一种学术层面讲究科学。但是应用科学还有更实在的用途，比如国家和地区的基础建设。工学院是联大唯一的一个学院，它开设的许多课程为满足军事和战争时期的特殊需要。工学院师生们通过学校的研究设施为国家和地区服务，尤其是昆明以及整个云南省，其战时和战后在工业、交通和国防上的很多发展都得益于联大工学院的贡献。

周惠久
1909—1999

周惠久，辽宁沈阳人，金属材料学家、力学性能及热处理学家、中国科学院院士。1931年，周惠久毕业于唐山交通大学土木系，随后赴美，取得伊利诺伊大学理论及应用力学硕士学位和密歇根大学冶金工程硕士学位。1938年，他在联大机械系和航空系任教授，并在清华航空研究所兼职。1941年，周惠久转入陆军机械化学校战车机械工程研究所工作，主要研制战时急需的汽车配件，同时还在该校下属的机械化工程学院任教，培养车辆工程专门人才。1954年，周惠久主持制定全国第一份金属学及热处理教学大纲，并翻译苏联《金属学导论》教材。

丁履德
1912—1972

丁履德，山东日照人，内燃机专家、教授。1937年获意大利都灵大学航空研究院工学博士学位。同年回国，并先后任国民党航空委员会航空机械学校教官，浙大、西南联大等校教授，主讲飞行力学及设计、应用空气动力学、流体力学、内燃机动力学、热工学等十几门课程。1945年赴耶鲁大学机械研究院学习，后至美国纽沃克工学院任教。丁履德曾说自己在美国这段时间“自始至终尽力研究，也曾有点成绩表现，为的是要给中国人争面子”。1947年8月他接到厦门大学航空系的聘书，遂回国，先在青岛结婚，后赴厦门工作。1950年，丁履德被任命为山东大学工学院院长。

王德荣
1915—1969

王德荣，江苏无锡人，航空航天教育家。1932年毕业于上海交通大学，1937年获帝国理工大学硕士学位。回国后，历任西南联大航空系主任，教授飞机结构与航空工程学概论。在联大的艰苦岁月中，教授们也做副业补贴家用。王德荣就曾联合化工系主任谢明山研制出“西曼”墨水，在昆明市场上和“派克”牌墨水竞争。1952年后，王德荣任北京航空学院教授和飞机系主任。此后，他一直从事航空教育和力学研究工作，在飞机结构力学、壳体热强度与稳定性、断裂力学和有限元素法等方面均有论述，发表有《三角形机翼的应力分析》等多篇学术论文。

宁榥
1912—2002

宁榥，顺天府密云县人，航空动力学家、航空教育家。1936年，宁榥毕业于清华大学机械系航空组，随后作为庚款学子赴牛津大学留学取得科学硕士学位。1941年，他先后在西南联大、清华大学和北京大学任教。1952年院系调整，北京航空学院成立，宁榥被调入北航，参加创建航空发动机系和喷气发动机实验室，为以后该系的发展奠定了基础。“文革”期间，他被作为“反动学术权威”关进牛棚。从教50多年来，宁榥编写教材及讲授课程十余门，主要是内燃机、柴油机、发动机动力学、发动机设计、喷气发动机原理及构造、燃烧室气动力学、气动热力学等航空领域相关内容。

王宏基
1912—1996

王宏基，江苏吴江人，发动机专家、航空教育家、超音速燃烧研究的学术带头人。王宏基于1933年从上海交通大学毕业，次年留学意大利，攻读航空工程。1937年回国，历任成都空军机械学校教官，浙江大学、西南联大、交通大学等校教授。1949年后，王宏基历任华东航空学院、西安航空学院和西北工业大学航空发动机系教授。他长期从事内燃机、航空叶轮机、航空发动机原理和燃烧学的教学和科研工作。著有《内燃机》《航空叶轮机原理》等航空院校主要教材。

周荫阿
1903—1983

周荫阿，河北安国人，我国早期从事无线电技术及教学工作的先驱者之一。1924年赴法国勤工俭学，1929年毕业于巴黎中央无线电学校。回国后先后在东北大学、齐鲁大学、西南联大及昆明师范学院等校任教。周荫阿在联大任电讯专修科主任。组成西南联大的北大、清华、南开三校复原北返后，西南联大师范学院留昆续办，更名为国立昆明师范学院，周荫阿出任昆明师范学院总务处总务长、理化系教授。他的主要著作有《无线电实验》《超外差收音机修理》《真空管学》等。

Normal College of Lianda

15

桃李向荣实累累：联大师范学院

Normal College of Lianda

文：绪颖 编：陆沉
text: Sui Wing edit: Yuki

1938年8月初，教育部要求在全国各个地区建立6所师范学院，云南省的中学教师由联大负责培养。于是，联大在北大教育学系、南开哲学心理教育学系和云南大学教育学系的基础上组建成师范学院，并下设国文系、英语系、史地系、公民训育系、算学系、理化系和教育学系7个系。院长由南开的黄钰生担任。师范学院学制5 年，毕业生须修满170个学分。

师范学院的教育学系、公民训育学系以及专修科的教务通常由师范学院的专职人员承担，而其他系的课程多是请文、理、法商学院的讲师兼任。进入师范学院的门槛相对低，因此有些学生先考取师范学院，再寻找机会转到联大其他更有名的院系学习。

师范学院的构成	
师范学院	国文学系 英语学系 史地学系 数学系 理化学系 教育学系 公民训育学系 体育部

大一期间，师范学院学生与其他院系学生在校本部一起上基础必修课。师范学院学生也可以到其他院系自由选课以修满选修课的学分。该院所有学生必修教育学理论、教学方法和心理学方面的课程，他们还须进行一年的教学实习。除了通过基础必修课、参加期末考试、写毕业论文外，师范学院学生要在一、三、五年级的时候参加统考。

院长黄钰生根据自己年少时在南开学校（中学）的生活经历，对师范学院的学生进行严格管理。他在院规中要求学生衣着整齐而不华丽，仪表端庄而不放荡，口不出秽语，行不习恶人。除了家在昆明的学生，学生一律要在校住宿，有事外出过夜要请假，男女生不得擅自进入对方宿舍，会见客人只能在会客室。早晨按时起床，严格遵守学习时间，晚上按时熄灯。每日清晨，学生得排队做早操，举行升旗仪式。

黄钰生依着《卿云歌》的曲调填词，撰写了院歌：“春风熙熙，时雨滋兮，桃李向荣，实累累兮……”勉励师生像春风春雨那样辛勤育人和学习。1938 年12 月12 日是师范学院第一个院庆日，晚上学院师生在昆华中学的操场上开营火联欢会，活动的主题是 “传播光明”。晚会的营火代表有无限光明和热量的光源，老师们是传播光明的使者，吸收光和热并照亮和温暖每一位同学……活动结束时，师生们围着营火边跳舞边唱《传播光明》这首歌，国文学系的张清常老师担任合唱的指挥。

1939年，师范学院办起了中等学校在职教员进修班，为在职的中学教师提供深造学习的机会。10月，联大校委会决议设立西南联大师范学院附属学校，聘请黄钰生兼任附校主任。黄钰生十分重视对附校学生道德品质的培养，也重视良好风气的建立。他希望学生能自觉地勤奋学习、讲秩序、讲整齐、讲礼貌，并有远大理想。经过他几年的努力，这个六年一贯制的附校在教学和育人方面，都是昆明其他学校的好榜样。黄钰生也称办联大附中是平生所做最满意的事情。因此，有人批评他把工作重点放在中学管理而非大学。三校复员平津时，师范学院脱离联大成为独立的昆明师范学院，联大附中也改为昆明师院附中。

联大师范学院用8年时光为云南乃至全国培养了许多人民教师，这些毕业生在云南省的城市和农村里默默地为全省中小学教育的进步做贡献。这对云南文化、经济和社会面貌的改变起了深刻的作用。

国文学系著名教授

国文学系

国文学系的教授有来自文学院的兼职教授朱自清、罗常培、浦江清和杨振声，也有专门聘请的教授，如沈从文、萧涤非和张清常等人。

聘请沈从文到联大来教书一事曾闹出风波来，朱自清在他的日记中写道，“今甫提议聘请沈从文为师院老师，甚困难”。主要是因为当时校委会和文学院有些教职员并不认可这位只有小学文凭的“新文学”小说家，沈从文的履历也未能达到《本校教师资格标准》中对教授或副教授的几项要求。最后，在联大常务委员杨振声的举荐，以及朱自清和罗常培的帮助下，学校同意聘请沈从文，并破格给出了副教授的职位。1943年，沈从文因书教得好，受学生肯定，晋升教授。

沈从文
1902—1988

沈从文，湖南凤凰人，中国现代文学家、小说家、散文家和考古学专家。14岁时，他投身行伍，浪迹湘川黔交界地区。1924年开始进行文学创作，撰写出版了《长河》《边城》等小说。他曾入围1987年和1988年的诺贝尔文学奖。抗日战争爆发后，沈从文到西南联大任教，主要教三门课：各体文习作、创作实习和中国小说史。沈从文的学生汪曾祺的著作《人间草木》中收录一篇回忆恩师的文章《沈从文先生在西南联大》，文章记述了沈先生的讲课风格、创作理念、为学生张罗作品发表和其他生活趣事，值得一读。新中国成立后，沈从文在中国历史博物馆和中国社会科学院历史研究所工作，主要从事中国古代历史与文物的研究。

国文学系著名教授

萧涤非
1907—1991

萧涤非，江西临川人。1933年于清华大学研究院毕业。1936年底，萧涤非应聘到四川大学任教，后来因拒绝加入国民党被突然解聘。闻一多闻讯邀请他到西南联大任中文系副教授。在战争时期为了补贴家用，萧涤非曾先后在中法大学、昆华中学、天祥中学任课，但仍然因为经济拮据而不得不把第三个孩子送走。萧涤非曾在“文革”中被诬为“反动学术权威”。他一生致力于中国文学史研究，其中以《杜甫研究》尤为卓著，被学界称为“20世纪的杜甫”，主编《杜甫全集校注》。主要论著有《汉魏六朝乐府文学史》《杜甫诗选注》《乐府诗论薮》《杜甫研究》《中国文学史》（与游国恩、王起、季镇淮和费振刚合编）。

余冠英
1906—1995

余冠英，江苏扬州人，中国古典文学专家。1931年毕业于清华大学。在联大期间，他讲授中国文学史、各体文习作、历代文选等课程，并担任《国文月刊》的主编。余冠英做主编的时间有5年之长，他秉承该刊的宗旨，坚持促进国文教学以及鼓励青年学子自修国文。在昆明期间，他还曾参加楚图南、闻一多等发起的十二教授签名运动，声援反对蒋介石的斗争。由他主持编写的《中国文学史》是古典文学研究领域中的重要成果，经他主持编选的《唐诗选》为公认的唐诗最佳选本之一。他的代表作品有《诗经选》《乐府诗选》《汉魏六朝诗选》《三曹诗选》等。

浦江清
1904—1957

浦江清，江苏松江人，古典文学研究专家，1926年毕业于南京东南大学。浦江清主要从事中国古典文学研究，讲授中国文学史课程近30年。浦江清与朱自清合称“清华双清”。二人私下关系非常好，是稳定的桥牌牌友。他也是“清华谷音社”的成员之一，在昆明时候常和同样爱好昆曲的教授、文人、艺术家们定期雅集。在清华国学研究院期间，浦江清受王国维、陈寅恪等的影响，致力于文史考证。他的主要著作有《清华园日记·西行日记》《杜甫诗选》（合编）等，主编有《朱自清全集》，主要论文有《八仙考》《花蕊夫人宫词考证》《屈原生年月日的推算问题》等。女儿浦汉明曾写对其父亲的回忆文章《魂牵梦绕忆清华——忆父亲浦江清先生》，此文收录于《永远的清华园》。

张清常
1915—1998

张清常，贵州安顺人，语言学家。1937年毕业于清华大学研究院中文系。1938年由他谱曲的《西南联大校歌》流传极广，然而对于校歌词作者是罗庸还是冯友兰存在争议。联大50周年的纪念文集《笳吹弦诵情弥切》中收录了张清常的《忆联大的音乐活动——兼忆西南联大校歌的创作》一文，文章提到了许多联大生活细节，也对这个争论做出了一些解释。他在语言文字领域早期致力于音韵、音乐、文学三者之间关系的研究，后期致力于语音史、词汇史及社会语言学的研究。著有《中国上古音乐史论丛》《胡同及其他》《北京街巷名称史话》《战国策笺注》（合著）等。

英语学系

英语学系的特聘教授只有凌达扬和李宝荣二人，其他几位兼职教授，如叶公超、陈福田、潘家洵和袁家骅，他们都是文学院外国语文学系的教师。英语学主任本是叶公超，他弃文从政去了伦敦后，由陈福田继任。有学生曾这样回忆陈福田教授，“身体壮健，一口华侨国语比英语差得多。”陈教授自编的《大一英文》的不仅是联大内部通用教材，后来也被收录到《大学丛书》风行全国。

陈福田，外国语言学家、西洋小说史专家。陈福田出生于夏威夷，是哈佛大学教育学硕士。他曾任美国檀香山明伦学校教师、美国波士顿中华青年会干事。1923年起，陈福田执教于清华大学。他是清华大学外国语言文学系主任、西南联大外文系主任。陈福田爱好广泛，常参加校系的文艺演出，还会拍电影和打垒球。陈福田喜欢淡泊宁静的生活，在西南联大时期，他和陈岱孙、金岳霖、李继侗等教授，开辟了一个菜园。课余时，几个教授在一起浇水、施肥、除虫、拔草。1948年后，他移居夏威夷。

潘家洵，江苏苏州人，翻译家，易卜生等欧洲近代剧作家作品的译者。1920年，潘家洵毕业于北京大学西语系。抗日战争期间，他任西南联大文学院院长兼教授。根据当时联大英文系学生、翻译家许渊冲回忆：“大一英文课分三个组，A组的陈福田注重美国英文，B组的钱钟书注重英国英文，C组的潘家洵注重中文翻译。在学生中最受欢迎的是潘家洵，很多人在窗子外面听他的课，听他翻译易卜生的作品。”1949年后，潘家洵在北大西语系任教授。先后在中国社会科学院文学研究所和外国文学研究所做研究员。主要译著有《少奶奶的扇子》《华伦夫人之职业》《萧伯纳戏剧选》《易卜生戏剧选》等。

陈福田 1897—1956

潘家洵 1896—1989

袁家骅 1903—1980

凌达扬 1894—1986

袁家骅，江苏沙洲人，语言学家。袁家骅从北京大学英文系毕业后考取庚款留英公费生，赴英国牛津大学莫尔敦学院攻读印欧语历史比较语法。1937年至1940年间，他在牛津大学攻读古英语和日尔曼语言学，回国后，在联大教授英语及语音学。在联大期间，他和其他学者对川、滇、康等西南诸省进行广泛的田野调查，他的研究主要集中在两个方面：一是对西南少数民族语言的调查和研究，二是对汉语方言的教学和研究，并对窝尼语、阿细语、僮语进行过较为深入的探索。出版的学术专著有《阿细民歌及其语言》《汉语方言概要》。

凌达扬，广东人，教授。父亲凌善元是牧师，兄长凌道扬是著名林学家、农学家、教育家、水土保持专家。兄长凌道扬与钱穆、姚传法等曾呼吁香港政府成立中文大学。堂弟凌宪扬是上海沪江大学末任校长。凌达扬早年曾就读于上海圣约翰大学和清华学校。1915年起先后在耶鲁大学和哥伦比亚大学研究欧洲史及文学。他的一生都在从事英文教学，自1920年起，在中国各大高校任英文教授，先后有清华大学、青岛大学、东北大学、中山大学和西南联大。1956年，凌达扬调入上海外国语大学英语系，一直教书到退休。

英语学系著名教授

史地系

师范学院的史地系想要的培养不是学科的研究者，而是知识的传播者。尤其在师资匮乏的战争时代，既能教历史又能教地理的教员更符合需求，所以在学系设置上就把这两门放在一起。史地系的教授队伍中，只有教自然地理学的周廷儒是专职，兼职教授有来自文学院的刘崇鋐、雷海宗和钱穆，也有来自理学院的张印堂、洪绂和钟道铭等教授。

周廷儒

1909—1989

周廷儒，浙江新登人，地貌学家、地理学家、中国科学院院士。1933年，周廷儒毕业于中山大学地理系。抗日战争爆发后，他辗转至昆明，任教于联大史地系讲授普通自然地理学课程。1946年，周廷儒获中英庚款名额，赴加州大学伯克利分校留学。周廷儒受“文化景观”学派创始人美籍德国学者索尔教授的影响很大。他以1942年西北考察所收集的资料为基础，融汇自然地理条件与人文现象，完成论文《甘肃走廊和青海地区民族迁移的历史和地理背景》，获硕士学位。之后，他在北京师范大学地理系任教授，兼任中国地理学会副理事长等职。主要著作有《中国地形区划草案》《新疆地貌》。

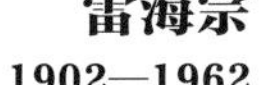

雷海宗

1902—1962

雷海宗，河北永清人，历史学家。1922年，雷海宗毕业于清华学堂高等科，此后入芝加哥大学主修历史学，辅修哲学。1927年，他以《杜尔阁的政治思想》获得博士学位。雷海宗在联大任历史系教授时讲过中国通史、中国古代史、西洋通史、欧洲近古史和欧洲中古史等课程。中国通史是联大的公共必修课，听课的人多，他和钱穆各教一班，用自己的一套理论体系，内容也大不相同。雷海宗在联大学子心中的形象和学术成就，在他的学生们的回忆录，比如联大历史学系毕业生、教授何兆武的口述著作《上学记》和旅美学者何炳棣的《被忽视的“雷海宗的年代”》中有详细的记述。雷海宗在“文革”期间被打成右派，成为重点批判对象。他在学术上提倡兼顾考证和综合，是“战国策派”和“清华学派”代表人物之一。主要著作有《中国文化与中国的兵》《文化形态史》《西洋通史》《中国通史》等。

张印堂

1903—1991

张印堂，山东泰安人，中国近代地理学家、人口学家。早年就读于燕京大学，后前往英国利物浦大学留学，1930年获地理学硕士学位。1933年返回中国。1934年他在《地理学报》创刊号发表《中国人口问题之严重》，是有文字可考的认为中国需要计划生育的第一篇论文。他曾先后担任中央大学、燕京大学和北平师范大学地理系讲师。后出任清华大学、西南联大教授、地质地理气象系地理组组长。1948年后寓居美国。

洪绂
1906—1988

洪绂，福建闽侯人，地理学家。他于1925年从福建协和大学物理系毕业。1928年，洪绂赴法国里昂大学专攻经济地理。他的毕业论文以“茶”为主题，详细论述了地理与茶叶的关系、中西茶叶贸易以及茶叶对中西文化交流的影响等，并以此获得了里昂大学地理学博士学位。之后，他又进巴黎大学政治学院攻读外交。在国外期间，洪绂掌握了英语、法语、德语等多国语言。归国后，他在中山大学、清华大学、西南联大的地理系任教授。洪绂与地理界同行们发起组织了中国地理学会。1949年，洪绂赴台湾，任台湾师范大学教授，完成了六册台湾中学使用的《中国地理》教科书。

钱穆
1895—1990

钱穆，江苏无锡人，“中央研究院院士”、历史学家、儒学学者、教育家、香港新亚书院创校人。钱穆于9岁入私塾，熟习中国的传统文献典籍，13岁入常州府中学堂学习，1912年因家贫辍学，后自学。钱穆在联大讲授的是公共必修课“中国通史”，和雷海宗各教一班，用当时学生的话说：“同时开讲中国通史的两位教授好似在打擂台，他们各有所长。”钱穆除回昆明上课外，其他时间都卜居宜良山中撰写《国史大纲》。这是钱穆一生中最重要的学术代表作，也是一部享有盛誉的中国通史著作。该书发行后，便成为各大高校的指定教科书，鼓舞了当时知识青年抗日救国的热情。在《八十忆双亲·师友杂忆》中，钱穆回忆了双亲及师友，也提到一些他在联大和其他教授学者鲜为人知的轶事趣闻。

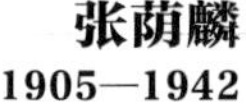

张荫麟
1905—1942

张荫麟，广东东莞人，历史学家。张荫麟17岁时发表《老子生后孔子百余年之说质疑》，指出梁启超的考证错误，梁启超称之为“天才”。1929年，张荫麟从清华大学毕业后赴美，在斯坦福大学学哲学。1937年，受中研院史语所所长傅斯年之托，撰成《中国史纲》。这部作品以选材精审、结构谨严、文笔优美，备受学界赞誉。张荫麟于1938年受聘为联大教授，兼任历史系和哲学系两科。1939年，张荫麟曾被重庆军委政治部请去做顾问，可他认为在政治部无事可为，遂回联大教书。张荫麟在科技史、宋史、清史、历史哲学诸领域，亦多创见。他继承自司马迁以来的中国史学传统，又能汲取西方历史哲学的经验，是20世纪“史界革命”的中坚人物。

数学系

从理想目标看，联大数学系是为了培养数学专家，师范学院数学系是为了培养数学教师。江泽涵、杨武之和赵访熊兼任过师范学院数学系的系主任，姜立夫、张希陆、杨善基教授都曾在数学系执教。联大的数学系为云南省基础教育培养了上百名数学教师，可以称得上是“红土高原上数学教师的摇篮”。

杨武之 1896—1973

杨武之，安徽合肥人，数学家、教育家。杨武之于1923年赴美，取得斯坦福大学学士学位，后转往芝加哥大学继续攻读。1926年，他以《双线性型的不变量》一文获得硕士学位，两年之后，又以《华林问题的各种推广》获得博士学位。杨武之曾在清华大学和西南联大数学系任系主任，讲授过很多代数课程，特别是30年代初开设的群论课，影响了大批的后学者。杨武之教学严谨，他不允许学生在作业中写错字，发现则罚抄一百遍。据说，他曾在黑板板书时写错了字，下课后他当着学生面纠正了自己的错误，并在黑板上重写了一百遍以示对自己的惩戒。此外，杨武之喜爱传统文化，尤精围棋。他也是诺贝尔奖获得者杨振宁的父亲。

姜立夫 1890—1978

姜立夫，浙江平阳人，数学家。他的主要研究范畴为圆素几何与矩阵理论。他的学生有江泽涵、陈省身、刘晋年、孙本旺和申又枨等人，好几位都曾在联大担任教职。姜立夫于1915年获加州大学理学士学位，1919年获哈佛大学博士学位，论文题目是《非欧几里得空间直线球面变换法》。他是中国数学学科的元老级人物。1920年，姜立夫在南开大学创办算学系，抗日战争期间又任教于西南联大，兼任新数学学会主席。1941年，数学研究所筹备处在昆明成立，担任主任的姜立夫倾注了大量心血，把关人员延聘、图书积累、经费筹措和所址选取等问题。姜立夫还参与了《算学名词汇编》和《数学名词》两书的编辑。在中山大学期间，他主持了外国数学教科书的翻译工作。其子姜伯驹是北京大学数学系教授。姜立夫侄女姜淑雁和侄女婿叶楷的《怀念慈爱的叔父姜立夫教授》一文收录于联大回忆录《笳吹弦诵在春城》中，可以一读。

杨善基
1902—1966

杨善基，安徽洪镇乡人，教授。1926年南开大学毕业后，返乡任怀宁中学教师。1929年留学哈佛大学，攻读数学专业。学成回国后，先后任青岛大学、厦门大学数学系教授。历任国立编译馆编辑、西南联大教授、蓝田国立师范学院数学系主任、南岳国立师范大学教授、安徽大学教授。解放后任南昌大学数学系教授，1953年调任华中师范学院数学系教授，毕生从事数学教学和科研工作，为国家培养出许多优秀人才。译著有《微分几何学》等。20世纪五六十年代担任《数学通报》编辑。

赵访熊
1908—1996

赵访熊，江苏武进人，数学教育家、计算数学家。赵访熊曾求学于清华大学、麻省理工学院电机系并获得哈佛大学硕士学位。赵访熊在联大工学院讲授微积分达6年。在教学上，他提倡“启发式，少而精”，培养学生独立思考，经常向学生讲授学习方法。赵访熊是中国最早提倡和从事应用数学与计算数学的教学与研究的学者之一，他自编的工科教材《高等微积分》一开始只是工学院的内部教材，因为广受师生好评，后整理出版，这也是中国第一部面向工学院数学的教科书。他在方程求根及应用数学研究方面颇有建树，发表的20多篇学术论文的很多成果都为实际部门采用。在昆明期间，赵访熊除了担任理学院数学系主任、师范学院数学系主任外，还兼任美军战地服务团英文报刊编辑及战地服务团华语教员和英文会话教员。

江泽涵
1902—1994

江泽涵，安徽旌德人，数学家，教育家，中国科学院院士，1926年毕业于南开大学。1930年获美国哈佛大学博士学位。曾任北京大学教授、数学系主任。主要从事不动点理论、莫尔斯理论、复迭空间与纤维丛等领域的研究工作并取得突出成就。早年研究尼尔森的不动点类理论，成功地用复迭空间替代了双曲几何，为尼尔森理论的推广打下了基础。之后和姜伯驹一起提出自映射的伦型概念，证明尼尔森数具有伦型不变性。在他的指导下，姜伯驹和石根华在尼尔森数的计算和尼尔森数的实现问题上取得了重大突破。他们的工作打破了这个课题研究长期停滞的状态，因此获得很高评价。

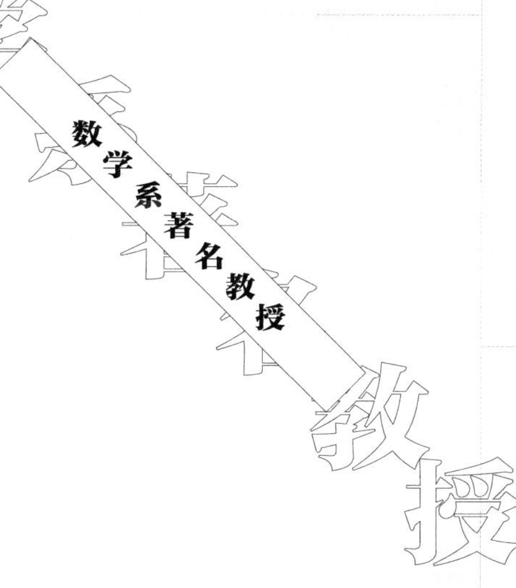

理化系

和史地系相似，师范学院的理化系主要培养中小学教育的教师，所以这个专业的设置就把物理和化学放在了一起。当然，课程和考核的难度比理学院的物理和化学系要低得多。

师范学院理化系和理学院化学系系主任杨石先，除了行政工作，还承担拓东路上工学院的化学基础课教学。校本部和拓东路校区相距十多里，因为条件艰苦，没有交通工具，他每周两次徒步到工学院上课，从不迟到、从不误课。后来，杨石先兼任教务长，前后做了六年多教务和教学工作的他，备受学生和同僚尊敬。

杨石先 1897—1985

杨石先，安徽怀宁人，化学家、教育家、中国科学院院士。1918年，杨石先毕业于清华学堂，并于1922年取得康奈尔大学硕士学位。1923年起，他任南开大学教授。1931年，杨石先获耶鲁大学博士学位，并被选为美国科学研究工作者学会会员。同年回国，继续执教于南开大学。杨石先经历了南开最跌宕起伏的阶段：主要研究农药和元素有机化学的他，领导有机化学系成为南开的优势学科；南开被日军轰炸后，他和黄钰生带领留校学生避难；三校组成联合大学时，杨石先代表南开参加筹组，主持学校的行政工作。1957年，杨石先任南开大学校长。此外，他长期从事化学教育并创建了南开大学元素有机化学研究所，系统研究有机磷杀虫剂、杀菌剂、除草剂及植物生长调节剂等高效农药。

郑华炽 1903—1990

郑华炽，广东中山人，光谱学家、物理教育家，我国利用光谱学探讨物质结构的先驱者之一。1928年，郑华炽从南开大学毕业后，前往柏林工科大学学习。1934年他获得奥地利格拉芝工业大学工学博士学位，他专长于对红外吸收光谱和紫外吸收光谱，尤其对同位素效应的研究。执教50余年，郑华炽曾任北京大学、西南联大、北师大等校教授，也担任过联大叙永分校的教务主任。在联大时期，郑华炽教授普通物理学，邓稼先是他的学生，也是他的妻弟。新中国成立后，郑华炽还担任过物理学会北京分会常务理事、光学学会常务理事，《中国大百科全书》物理学卷编委，《物理通报》杂志常务编辑。

严仁荫 1908—1977

严仁荫，天津人，化学家。1931年毕业于清华大学化学系。他在1937年获美国威斯康星大学哲学博士学位。严仁荫曾任贵阳医学院副教授、西南联大和清华的教授。在联大期间，已经是教授的严仁荫不只专注于自己学术领域的研究，闲时他也会去听其他学院教授的课，比如他就曾和学生一起旁听“大烟袋”刘文典讲《红楼梦》。严仁荫专于分析化学，对共沉淀和均匀沉淀法进行深入研究，在联大讲授分析化学基础课和专业课。他领导翻译了阿列克谢耶夫斯基的《定量分析化学教程》。在北大化学系任副系主任时，他与系内同事合作，努力克服1958年以来“科研大跃进”“教育革命”所造成的偏差和某些混乱，使系里的教学工作稳定起来。

教育系

教育学系由北京教育学系、哲学系，清华哲学系、心理学系，南开哲学教育系和云南大学教育学系合并而成。教授黄钰生、陈雪屏和查良钊三人奠定了整个师范学院的风格。黄钰生对学生训诫说教、查良钊待学生友善热心，陈雪屏则通过观察找出引导学生的方法。当时负责指导三民主义青年团的陈雪屏发现，督促学生专心学习可以削弱学生的激进主义思想。在教育学几位老师的指导下，师范学院学生注重仪表，谦逊温和，服务勤恳，乐观向上。

冯文潜
1896—1963

冯文潜，河北涿县人。1915年，冯文潜毕业于天津南开中学，本科在美国葛林乃尔学院主修哲学，副修历史。1920年，他转入芝加哥大学研究院深造，后赴德国柏林大学研究院攻读哲学和历史。冯文潜认为他在外留学最大的收获是对“国家观念日渐真切”。在德期间，他结识了不少留德学生和学者，如陈寅恪、俞大维，而且与南开中学时的同学周恩来重新建立联系。他还利用假期徒步访问德国的农村和中小城市，考察风土人情，同德国的许多知识青年结下了深厚的友谊。回国后，他曾任联大哲学系教授，南开哲学系教授、文学院院长和校图书馆馆长等职。冯文潜对南开有极其深厚的感情，教书育人有专业精神。在联大的时候，他负责南开大学边疆人文研究室的后勤工作。当时物质条件差，他的夫人做零工、典卖衣物换钱以买来新鲜食材请研究室的年轻学者们饱餐一顿。

黄钰生
1896—1963

黄钰生，湖北沔阳人，教育家、图书馆学家。1919年，黄钰生留学美国芝加哥大学，并获得教育心理学硕士学位。1925年，黄钰生在南开大学哲学系任教。“七七事变”后，他协助校长张伯苓转移南开大学的师资力量和仪器物品至长沙临时大学。1938年秋，联大增设师范学院，黄钰生被任命为院长，同时兼任师院附属中学、小学的主任。抗日战争胜利后，他又担任天津市教育局长和南开大学秘书长。

孟宪承
1894—1967

孟宪承，江苏武进人，教育家、教育理论家、华东师范大学首任校长。孟宪承毕业于南洋公学预科和圣约翰大学，并在1918年留美华盛顿大学，获教育学硕士学位。1920年，孟宪承又赴英国伦敦大学教育研究所深造。先后在清华大学、西南联大、北师大、浙大等校任教。他在联大师范学院担任教育系主任，主要研究教育学教学和研究。1952年起，他专任华东师范大学校长，晚年致力于中国古代教育史研究，培养中国教育史研究生。他还主编过《中国古代教育史资料》和《中国古代教育文选》。

教育系著名教授

沈履
1896-1981

沈履，四川成都人，心理学家，杨绛的堂姐夫。1918年，沈履毕业于清华学堂后，赴美留学取得芝加哥大学社会科学学士学位。1922年，他在威斯康星大学获教育学心理学硕士学位，并在哥伦比亚大学进修。归国后，沈履历任上海浦东中学校长、浙江大学秘书长及四川大学教务长等职。在联大期间，沈履是联大总务长、叙永分校主任，可以说是联大实务的管理者。他主要做教育行政工作，也开设过教育心理学课程。沈履和钱钟书是襟亲。钱不辞而别，离开联大时，还曾给沈履留信道：“不才此次之去滇，实为一有始无终之小人，此中隐情不堪为外人道。”新中国成立后，沈履于1952年调任北京大学心理专业任教授，直至退休。

杜元载
1904—1975

杜元载，湖南溆浦人，法学家、教育家。1922年，杜元载考取北京师范大学研究科，后赴美国留学，相继获得明尼苏达州立大学教育学硕士，西北大学法学博士学位。1928年，杜元载应河南中山大学校长邓萃英之邀，任河南中山大学法科教授兼法科主任。此后在北师大、北大、西南联大、西北大学等校任教育学教授、院长等职。1949年杜元载携家眷去台湾，历任台湾“考选部”司长、“司法行政部”司长等职。随后他出任台湾师范大学校长、教育学专业博导。他的学术专著主要有《中国刑法研究》《社会教育》《杜威教育哲学》等。

吴俊升
1901—2000

吴俊升，江苏如皋人，教育家。吴俊升于1920年考入南京高等师范学校，1928年赴法国巴黎大学留学，并取得教育哲学博士学位。回国后，吴俊升任北京大学教育系教授兼系主任，还在台湾教育主管部门任职，最后担任香港中文大学新亚书院第二任校长。吴俊升毕生致力教育，曾问学于哲学家和教育家杜威，对杜威教育思想有研究并受其影响。他在巴黎大学的博士论文即为《杜威教育学说》，此后又曾编撰《约翰·杜威教授年谱》等。

汪懋祖
1891—1949

汪懋祖，江苏苏州人，教育家。1916年，汪懋祖赴哥伦比亚大学教育学院学习，师从杜威，获硕士学位，后成为哈佛大学研究员。回国后，汪懋祖曾任北京师范大学教务长兼代理校长、江苏省督学等职。后来，他放弃大学教授及督学等职务，重返苏州，在第一师范学堂的基础上创立苏州中学，并为首任校长。他当时推行的许多办学方法至今仍在苏州中学广泛应用。抗日战争期间，汪懋祖曾任西南联大教育系教授。1938年初在昆明，汪懋祖筹划在滇西办学之事。他到云南西部各地考察，决定在大理创办一所中等师范学校，目的是提高少数民族的文化水平、为边疆同胞培养师资。他请了过去的学生及几位逃难到云南的爱国青年任各科教学和校务，这十几个人亲自设计、施工，将一所破庙改造成初具规模的学校，即后来的大理师范学校。抗日战争胜利后，汪懋祖返回苏州，任社会教育学院教授。

公民训育学系著名教授

易社强说："师范学院与联大其它所有院系相比，它在政治上是最'正统'的。"当时联大学生的政治思想派别可以分为左、中、右三派。与其它学院不同，师范学院设置了对昆明国民党支部直接负责的分部和主任导师，且师范学院学生受国民党政府的经费补助。因此，师范学院的毕业生多是支持当时的国民党政府。

樊际昌
1898—1975

樊际昌，浙江杭州人，中国现代心理学先驱。1920年，樊际昌从上海南洋公学毕业后，留学华盛顿大学攻读心理学。在这之前，樊际昌结识了比他长15岁的蒋梦麟，视其为良师益友。1926年应蒋梦麟邀请，樊际昌先后任北大心理学教授、心理学系主任、北大教务长和西南联大教务长。珍珠港事变后，陈纳德率飞虎队来华，为应付语言上沟通的困难，政府令联大开办译员训练班，樊际昌被任命为训练班的主任。在很短时期内，译员培训班就成功培养了一批合格译员。后来樊际昌调任蒋梦麟的助手，工作十分繁重。他儿子结婚的那天，在上海华山饭店的婚宴上仍不时有人向樊际昌递交文件，听候指示，等待签字。当时手下称樊际昌为"樊阎王"，可见职权之高。1948年樊际昌随蒋梦麟去了台湾，1964年他从"农复会"退休后在台湾大学任教。

陈友松
1899—1992

陈友松，湖北京山人，教育家、翻译家。陈友松早年留学菲律宾、美国，1935年在美获哲学博士学位。他在电化教育、苏联教育、比较教育等方面有开拓性贡献。1940年，昆明广播电台正式播音后曾设置"空中学校"专题节目，就是由他倡议的。在民族存亡的关头，陈友松将电化教育看作是"摧坚除强，移风易俗，继绝存亡，立心立命"的有力工具。昆明发生"一二·一"惨案的时候，他目睹青年学生遇害，写下"沉沉怨气憾乾坤，白昼狰狞兽食人""恨无寸铁护髦士，尚有秃笔讨顽癫"的悼诗，可见他对进步学生运动的鲜明支持。陈友松的博士论文《中国教育财政之改进》被誉为我国教育财政学的第一部专书，开拓了新领域，美国著名教育家杜威称他为"东亚一流学者"。他专心于学术，致力于翻译介绍外国教育，译文达数百万字。

曾作忠
1895—1977

曾作忠，广西灵川人，教授。1929年，曾作忠进入美国华盛顿大学研究院深造，主攻教育心理学。1932年获哲学博士。回国后，他先后受聘为暨南大学、云南大学、西南联大教授。1941 年，曾作忠应广西大学校长雷沛鸿之邀到广西讲学。第二年，他就担任广西师范学院校长。他是广西学界声誉卓著的学者，为广西的教育进步出了许多力。他通晓英语，能笔译俄语、法语，出版专著14部，其中用英文出版的有两部，还发表论文70多篇，约150万字。

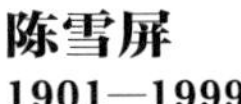

陈雪屏
1901—1999

陈雪屏，江苏宜兴人，教育家。从北大哲学系毕业后，1926年他前往哥伦比亚大学心理研究所进修。1930年返国，在东北大学担任教育心理系主任。1932年，陈雪屏在北大理学院心理系任教，并曾担任北大的训导长。在昆明的时候，陈雪屏曾和其他教授一起为云南留美预备班讲课。留美预备班以基础学科、本国文化、美国史地等科目为主，培养20岁以下的滇籍高中毕业生赴美学习。专攻教育的陈雪屏当时给学生讲授的是《青年之三大问题及求学问题、求业问题、求爱问题》。后期，陈雪屏随当时的政府渡台。1949年在台湾省教育主管部门、行政主管等各部门任要职。1953年开始，他担任台湾大学心理学系教授，并着手筹备成立该校研究学院。

马约翰（体育部）
1882—1966

马约翰，福建厦门人，现代中国运动员、体育理论家和体育教育家。马约翰毕业于圣约翰大学，是清华大学最负盛名的体育精神人物。在他任体育部主任后，改变了传统教育重知识轻体育的情况。梁实秋、吴宓都曾因体育成绩未达标而被马约翰扣留，直至达标后才准毕业。马约翰曾任远东奥运选拔委员会委员、田径委员会主席兼足球运动法委员和全国选手总教练、全国运动会总裁判等职务。著有《体育的迁移价值》《我们对体育应有的认识》等论著，被誉为“中国体育界的一面旗帜”。

ZHICHINA
The Great Heritage of National Southwestern Associated University
知中·《西南联大的遗产》特集
The Great Heritage of National Southwestern Associated University
西南联大

西南联大
ZHICHINA
The Great Heritage
of National Southwestern
Associated University
知中·《西南联大的遗产》特集
The Great Heritage of National Southwestern Associated University

16

昆明茶馆新茶客

New Guests of Kunming Teahouse

文：温嘉宝　编：陆沉
text:Wen Jiabao　edit: Yuki

民国时期，茶馆文化是社会生活的一个重要组成部分。国立西南联合大学迁入昆明之后，也融入当地茶馆，成为昆明茶馆中一道独特的风景。对于昆明人来说，这是一批新奇的新茶客；而对西南联大的学子来说，茶馆既是他们学习与休闲的好去处，也让他们看到了学校外的人间百态。

云南滇池旁售卖食物及饮料的小贩。
◎艾伦·拉森（H. Allen Larsen）摄

昆明街头，人们正在品尝食物。◎威廉·迪堡（William L. Dibble）摄

1944—1945年间的昆明街头，城门上书有“还我河山”标语。◎威廉·迪堡（William L. Dibble）摄

爱吃茶的昆明人

昆明人都喜欢吃茶。不管是繁华的市中还是偏僻的乡下，没有哪条街上是没有茶馆的。农民、商人、文人雅士、机关职员、挑夫小工，不管什么身份的人，走进茶馆就都一样：一碗茶、一碟点心或瓜子，听听评书和小曲，直到太阳西垂，再慢悠悠回家去。

根据陈珍琼的研究，民国时期的昆明一共有四种茶馆，分别是清饮茶馆、播音茶馆、清唱茶馆和说书茶馆。清饮茶馆中专卖茶水，昆明大部分茶馆都是这一种。播音茶馆是指在卖茶水的同时，会播放歌曲、京戏、滇戏和新闻广播等唱片以供茶客娱乐的茶馆。清唱茶馆，昆明本地人也把它称为“乱弹”茶铺。这是因为最初有一群戏剧爱好者总聚在一起自娱自乐，唱戏演出不收费用，还可以为茶馆招揽生意，这才出现的。说书茶馆，或者叫评书茶馆，一般规模比较大，像《薛仁贵征东》《七侠五义》这样的民间历史故事都是茶馆里常见的评书。这些茶馆的茶客多是底层劳动人民，他们到茶馆里来听故事，同时也从评书中学习历史知识和正统的价值观念。

在昆明，茶馆就是市民们的自由世界。不管是什么身份的人，只要踏进茶馆，就可以光着膀子盘腿坐着，就像回到自己家里一样。茶馆本是当地人主要的休闲去处，但在西南联合大学迁到昆明之后，这里出现了一批新的茶客。

1944年间，在云南乡村乘船的飞虎队队员。
◎查尔斯·吉尔吉斯（Charles Kirgis）摄

1944年，昆明平民们用午饭的场景。
◎艾伦·拉森（H. Allen Larson）摄

联大学生：昆明新茶客

1939年春夏，西南联大终于建成了自己的校舍。在当时，砖木瓦房的联大图书馆是整个学校唯一可供学生自习的地方，然而这座图书馆只有不到200个座位，西南联大却有两三千名学生，可谓“僧多粥少”。当时，每个班级没有固定的教室，学生如果需要自习，要自己到各个教室找空位。西南联大40人一间的宿舍更没有让学生们学习的条件了。联大校舍里用电十分不稳定，经常停电，要学习只能自己点油灯。据西南联大的学生许冀闽回忆，当时学生们的油灯就是在一个小盘子里放上一根点着的灯芯，不怎么亮，还会冒烟。

图书馆座位不够，教室、宿舍条件简陋，就是在这种情况之下，联大学生找到了学习的新去处：茶馆。当地人习惯把去茶馆吃茶、聊天称为“坐茶馆”，但这群从北京来的大学生每天长时间沉浸在茶馆中，把带有京味儿的“泡”字带到了昆明。昆明茶馆出现了新一批茶客：“泡茶馆”的联大学生。

茶馆的态度：体谅还是抵抗？

对经济条件不是很充裕的联大学生来说，茶馆是他们休闲、学习、写作、讨论时局的好去处。当时昆明流行着一句话：“昆明有多大，西南联大就有多大。”想要研究当时的西南联大，自然避不开联大周围的小茶馆。

很多学生来到茶馆一待就是一天。汪曾祺在散文《泡茶馆》中曾写过一位典型的联大茶客。文中称这位同学为泡茶馆“冠军”，因为他每天清晨一醒来就去茶馆，洗漱用品也放在茶馆，早餐之后一碗茶，一坐坐到中午；午餐之后再来一碗茶，一直坐到晚上；晚餐之后依旧一碗茶，一直坐到茶馆打烊。周而复始……

可以想见，不是每一家茶馆都会对这批“穷学生”大开方便之门的。当时在昆明，茶馆老板对联大茶客有着不同的态度。

昆明飞虎队所在“虎穴”（Tiger Den）的外部场景。
◎威廉·迪堡（William L. Dibble）摄

在距离西南联大最近的凤翥、文林两条街上有十余家茶馆，联大的学生常在这里出入。在20世纪40年代的一份调查《茶馆与昆明社会》中，陈珍琼表示，这两条街上的代表茶馆“德全茶社”“顺记茶社”和“德记茶社”的茶客，有半数以上都是学生。这些茶馆一般会提供一些地瓜、花生或小点心让学生充饥。这种茶馆十分清楚联大学生的生活处境，所以也能体谅这些学生的“流亡”生活，并不介意这些茶客长久“泡”在茶馆里。

但在另一些茶馆中，联大学生就没有那么受欢迎了。它们对学生采取“消极抵抗”的态度，有时说些闲话、给点脸色，或故意把灯光调暗，停止给学生加水。每个茶馆不过也就是几十个座位，又要用电、又要用水，考虑到经营成本，老板们都担心这些一坐就是几个钟头却不花钱的穷学生会害得茶馆亏本。

新茶客的茶馆生活

联大新生在刚刚入学时，还会每天晚上匆忙到图书馆门口排队，后来等他们发现了“泡茶馆”的乐趣之后，就很自然地加入到这个队伍当中。为什么茶馆如此吸引人？

与前来闲谈的市民显然不同，对西南联大的学生来说，茶馆首先是代替了自习室的学习之地。1939年夏天考入西南联大外语系的巫宁坤曾在文章《西南联大的茶馆文化》中回忆起自己在联大时的茶馆生活：

> 我们一边饮茶，一边虔诚地诵读一部又一部文学经典，在茶香水气里领受心灵的洗礼。我们坠入沈从文描绘的如诗如画的“边城”，倾听他那透明烛照的声音、温存的节奏和音乐，如醉如痴，流连忘返。有时竟忘了回学生食堂去吃饭，只得用花生米来充饥。

昆明市民在茶馆中谈天说地，而联大学生则在茶馆里对各种学术问题辩论不休。杨振宁曾回忆说，当时激烈争论的他们经常是茶馆中最喧闹的一群人，他们在茶馆中“无休止地争论物理学上的问题”，而如果这时有老师在场，还可能看到大家争个“面红耳赤”。

再者，茶馆的天然优势让它成为联大学生的社交沙龙。联大学生在这里找到了不同于市民的独具特色的娱乐活动，比如校友会、同乡会、社团讨论会等等。除此之外，联大学生还喜欢在茶馆中打桥牌，汪曾祺的文章《泡茶馆》中写过，在文林街的一个茶馆，其实就是一个桥牌俱乐部。

在老舍的小说《茶馆》里，民国茶馆中会张贴一张纸条警告茶客“莫谈国事”。虽然昆明茶馆里也有这张纸条，但这丝毫不能阻止联大学子们畅谈政治时局。20世纪40年代，传遍全国的《茶馆小调》就出自昆明茶馆：

> 老板说话太蹊跷，
> 闷头觉睡够了，
> 越睡越糊涂呀，
> 越睡越苦恼呀，

昆明市周边的运河。
◎艾伦·拉森（H. Allen Larsen）摄

艾伦·拉森（H. Allen Larsen）在昆明飞虎队空军基地。
◎高登·汉姆（Gordon O. Ham）摄

倒不如干脆大家痛痛快快地谈清楚，
把那些压迫我们，
剥削我们，不让我们自由讲话的浑蛋，
从根铲掉！
倒不如干脆大家痛痛快快地谈清楚，
把那些压迫我们剥削我们不让我们自由讲话的浑蛋，
从根铲掉！

对昆明人来说，西南联大的这群茶客给他们的吃茶生活带来了新鲜的力量；而对联大学生来说，这里不仅是他们学习的地方，也让他们看到了社会底层的生活情形，丰富了自己的人生经历。就像林徽因在《昆明即景茶铺》诗中说的那样："每晚靠这一碗茶的生趣，幽默估量生的短长"。

17

联大的师生生计

Daily Life in Lianda

文：王思涵 编：陆沉 图：云南师范大学西南联大博物馆，北京大学档案馆，任雨
text: Wang Sihan edit: Yuki photo: The Museum of National Southwestern Associated University, Archives of Peking University, Ren Yu

每逢高考季，网络上就会开始比较各大高校：谁的食堂最好吃？哪个学校连空调都没有装？如果把西南联大列入榜单，恐怕会不幸成为倒数第一。因为在战乱中四处流离的联大，条件确实算不上好，自然比不上和平年代的大学，但就在这种艰苦的环境中，联大还是成了一个奇迹。

联大蒙自分校博物馆还原的联大宿舍场景。
◎ 任雨摄

吃在联大

说起云南，人们一般会想起玫瑰饼、饵块、野生菌这种美食，但对抗战期间的联大师生来说，这种美味是他们无福消受的。一方面，昆明的物价高得离奇，而联大的伙食又很糟糕。郑天挺曾评价云南的食物“淡得可怕”，就可知当时那儿确实不是一个寻美食的好去处。

联大食堂没有座椅，学生们只能站着用餐，而且空间还极小，盛饭用餐时几乎是摩肩接踵。在叙永时，盛菜的碗都放在地上，大家用粉笔绕着画个圈，蹲在圈外用餐，这就算是一桌了，而且联大的伙食还得由学生们自办搭伙。一个膳团大概会有6到10桌，每月一期，到期后搭伙者就可以更换膳团。但伙食质量较高的膳团也就寥寥几个，成员更不会轻易决定退出，偶尔有了空位也多是让知道内情的人率先抢了过去。膳团并不提供早饭，一天只有两餐，因此早饭还得自己解决。曾有学生热心地办了稀饭膳团为大家提供早点，但没什么人愿意早上6点起来喝稀饭，稀饭膳团便消失了。倒是学生服务处的豆浆、馒头深受同学们喜爱，联大落幕前它都还有800位顾主。

闻一多先生因全家时在断炊威胁中，不得已挂牌制印。
◎ 北京大学档案馆藏

联大的伙食质量十分糟糕。那时，大家吃的都是公米，总也煮不熟，学生们称之为“八宝饭”，因为里面除了米、谷子、稗子外，还会有沙子和泥巴。伙食质量糟糕，一方面是战时物资短缺的原因，另一方面，联大的厨房条件非常糟糕。曾有女生夸张地说，“联大的厨房恐怕是世界上最脏的地方”——不光遍地污垢，而且还是老鼠、苍蝇、蟑螂的乐园，这样的厨房做出来的饭菜可想而知好不到哪儿去，而且在饭里发现些老鼠屎、头发丝早就是家常便饭。这还不是最糟的，由于没有足够的床位，联大的厨工就把厨房当作宿舍，一张双人床四个人挤着睡。厨房油烟重，厨工们的被褥上积了厚厚的污垢，有时买回来的菜也随手往被子上扔。条件之艰苦，可见一斑。

但这并不意味着没有机会品尝美食。抗战胜利初来时，物价暴跌，而贷金和公费都还维持着原来的水平，这就让联大师生有机会开开荤。一顿饭的六样菜中，至少有四碗非肉即蛋，附近中学的学生都跑来联大包伙食。就算实在不喜爱食堂的饭菜，也可以去别处下馆子，甚至有的同学会出三倍的价钱在饭馆里包饭，这样就不用吃食堂的糟糕饭菜了。

因为联大的膳团不提供早饭，学校门口就聚集了许多早点摊，卖些鸡蛋饼、面条这样的街边小吃，很受学生们欢迎。可以想象，昆明清晨的早点摊冒着热气腾腾的白烟，学生们排队等着老板为自己盛上一碗

联大工学院学生食堂
◎ 北京大学档案馆 藏

司家营联大教师居所
◎ 云南师范大学西南联大博物馆藏

面，偶尔交谈几句。战争时期，这种富有生活气息的闲适可谓十分珍贵。

在蒙自的时候，文法学院的师生当然也没有错过当地极为美味的小吃：过桥米线和年糕。而且蒙自从东门到海关大楼的鹅卵石街上，还有许多咖啡店可以供学生们消遣，店里还会出售奶油蛋糕、番茄鸡蛋饼和什锦点心。蒙自很小，师生们光顾多了，自然就和店老板成了朋友，蒙自的饭馆里就常聚了三三两两的人和老板闲聊，从家庭琐事到抗日战事，无所不谈。吴宓就与蒙自的一家稀饭店老板私交颇深，老板常拿自己收藏的古董出来与吴宓讨论，吴宓还曾写书法作品赠予对方。

穿在联大

联大学生的打扮也颇有意思。长征期间，有一部分学生自香港取道海路，就买了许多新潮的服饰。这在昆明还算好，若是在蒙自这样的偏远小镇，就会引得路人驻足观看。女生们穿着短裙或是开衩的旗袍，不免会在思想闭塞的小城里引起纷争，于是联大不得不规定女生要穿着朴素。但即使是随便穿穿，对偏远地区的村民来说也已经太过新潮。

不仅女生，联大男生的穿着也颇有趣味。北大、清华、南开三校的男生各有特色：北大男生多穿长衫，清华的偏爱西装，南开男生则喜欢穿夹克，戴顶

联大师生在蒙自使用过的生活用品。
◎ 任雨摄

软底小礼帽。三校的风格似乎从着装打扮上就可见一斑了。但学生们毕竟没有太多的闲钱花在打扮自己上，衣服破了只好随便缝缝，等破了又再修补一番。而且由于物价涨得飞快，洗件衣服得花上100法币，若是要烫一烫，价格还得翻倍，学生们就只好自己动手洗。

昆明的气候多变，有时候刚下完雨便出大太阳，没过多久又开始下雨，气温也反复无常。因此穿棉袄的同学往往会发现身边的人正穿着春装。若是碰上雨季，几天连绵不绝的大雨会把校园里的地弄得泥泞不堪，走过几遍后，鞋子几乎就已经破旧得不能再穿了。

但总有解决之道。美国陆军军服曾在联大同学中风靡一时，军服质量好，又便宜又好看，几乎人手一件。美国兵的鞋子也派上了用场，这种鞋子是为行军设计的，可以适应各种各样的地面情况，学生们不用再担心雨季时走两遭就会磨坏一双鞋了。但他们从哪儿才能弄来陆军士兵的衣服？美国兵来到昆明后，总是出去喝酒或赌博，而他们又不愁衣服穿，有时付不起酒钱就拿衣服去抵。招待他们的店家知道大众喜爱美国人的军服，有时还偷了拿去卖掉。这样一来二去，陆军军服就风靡起来了。

住在联大

衣服毕竟还是身外之物，如果要求不多，能够蔽体、能够保暖也就够了，但宿舍是休息的地方，而联大的住宿条件确实不能算好。学校的建筑经费有限，宿舍还是用茅草充当屋顶。最初的房子没有电灯，只能用汽灯照明。新舍装了电灯后情况也并未好到哪里去，因为灯光十分微弱，而宿舍里又是8人共用一盏灯，不足以提供自习的亮度。直到暑假后再次改装，才使同学们在宿舍内也可读书。室内的陈设也极为朴素，墙上总有蜘蛛网和灰尘。大概是嫌这样太过凄凉，有的学生就往墙上贴些海报，让宿舍显得没那么单调。

由于用茅草充当屋顶，墙壁也是土坯的，楼房总免不了有这样或者那样的损坏——有时出于天灾，有时出于人祸。昆明雨季一到，茅草顶肯定架不住那雨点的“狂轰滥炸”，在室内都不得不打着伞。碰上大风天，宿舍里就到处是一层黄土。但这还算好的，若是有敌机光顾，那就不只是漏水和落灰了，宿舍楼面临的可能是被“肢解”的危险。

而且，宿舍内还总是藏着各种各样的“小动物”。譬如文法学院在蒙自时，就没少被蛇虫惊吓。有位清华大学的青年讲师夜归时，发现墙上有条黑色的大裂缝，正觉得奇怪呢，结果拿灯一照，才发现那根本不是什么裂缝，而是一条巨蟒。这可把那位讲师吓坏了，径直摔倒在地。不过，像蛇这种肉眼可见的动物还算好，见到就躲便是，由于卫生环境糟糕，跳蚤这类神出鬼没的生物才是令人头疼。一来它咬人极痛，二来你还捉不到它。有同学深受跳蚤的烦扰，大呼这是他工作的最大妨碍。

跳蚤的出没很大程度上源于联大根本没有浴室，大家往往是跑到云大学生服务处或者是青年会去洗澡。以前联大还有一间空房子供同学们自己从井里取水淋浴，但后来那座空房被改成了辅食部，大家洗澡就更困难了。有的同学会去澡堂淋浴，但澡堂收费颇贵，一周下来得花去一两千法币；或是就直接穿了短裤，到井边取一盆水从头到脚地淋过去。幸好昆明并没有太过寒冷的时候，不然这样洗澡，估计会引起感冒。

战时的条件难免艰苦，这点大家心知肚明，因此便不能成为阻碍学生学习、教授们做研究的理由。师生们常常苦中作乐，饭里有泥沙，就笑称其为“八宝饭”，适应适应也就能接受了；图书馆漏水也不躲避，撑起雨伞继续读书；雨点落在教室的铁皮屋顶上叮咚作响，要盖过教授的声音了，大家就竖起耳朵听得愈发认真。这或许也是联大精神的一种体现。

联大师生使用过的幻灯机以及文具。
◎ 任雨摄

西南联大民主墙上的反内战壁报
◎ 云南师范大学西南联大博物馆藏

18

星星之火：联大的学生运动

Sparks of Fire: The Student Movement in Lianda

文：林若羽 **编：**陆沉 **图：**云南师范大学西南联大博物馆，北京大学档案馆
text: Lin Renee **edit:** Yuki **photo:** The Museum of National Southwestern Associated University, Archives of Peking University

来自五湖四海的他们，在炮火和号角的陪伴下，经历命悬一线的惊险；在天寒地冻的迁徙之路上，品尝饥寒交迫的苦楚。背井离乡的炎凉，世间百姓的流离，让他们无法忍受国难当前却依然暗自涌动的黑色阴影。面对权势和刀枪的禁锢，也许身无遮蔽，也许无名无姓，为了脚下的这片土地，他们也只有这一身铁血可以肆意挥洒，就像是原野上的星星之火。

“打倒孔祥熙！”

1941年12月，珍珠港事件导致太平洋战争爆发。当时被归为英属殖民地的香港地区也被卷入这场浩劫之中。日军在战事爆发后开始迅速攻打香港，然而当地还有众多的军政要员和文化界的重要人士如陈寅恪、陈济棠、何香凝、茅盾、胡霖等。国民政府为了保护他们避免被日军俘虏，便加派航班，力求在日军占领香港之前将这些重要人员抢先送回内地。

出乎意料的是，当自香港起飞的最后一架飞机抵挡机场时，早已在机场等候多时的新闻记者和要员家属们并没有看到陈寅恪、胡霖等人，从飞机上下来的是孔祥熙的夫人宋蔼龄、二女儿孔令伟，孔家的老妈子和大批行李箱笼，甚至还有几条洋狗。

目击了现场的《新民报》采访部主任浦熙修愤而发表了一篇《伫候天外飞机来——喝牛奶的洋狗又增多七八头》。数日后，《大公报》总编辑王芸也在名为《拥护修明政治案》的社论中写道："譬如最近太平洋战争爆发，逃难的飞机竟装来了箱笼老妈洋狗，而多少应该内渡的人尚危悬海外。善于持盈保泰者，本应敛锋谦退，现竟这样不识大体。"更有报道称，上将陈济棠及《大公报》总经理胡政之已经登上飞机却被蛮横的孔家二小姐用枪指着而被迫下了飞机。

这些报道犹如一石激起千层浪，引发了众人的强烈不满，矛头纷纷指向孔祥熙。

孔祥熙是个什么样的人物？他自称孔子第七十五世孙，毕业于耶鲁大学，以经销煤油起家，创立了丰厚的家业，后身兼数职：他不仅是国民政府的行政院院长、财政部部长，还担任了中央银行的总裁，掌控着四大国有银行的财政大权，并将国家的经济命脉牢牢握在手中。相比那些受抗战时期通货膨胀之苦而吃不饱穿不暖的知识分子，自称需要每天吃半磅猪肉才能确保身体康健的孔祥熙自然被视为权欲熏心的贪腐之徒。

一周后，交通部长张嘉璈的信刊登在了《大公报》上。信中指出，"洋狗"这一事件属子虚乌有。事实是，香港和九龙之间的交通已断绝，电话无人接应，更是无法联系到抢救名单上的人员。当时日军敌机已来势汹汹，没有机票的人员都不被允许进入机场，孔家家眷是于慌乱之中搭乘唯一还有空位的飞机才回到重庆，许多珍贵文稿都未携带在身上，仅抓了几件旧衣物傍身，更不可能带大量的私人行李。宋蔼龄是每日要写字的人，身上却连一支笔都没有。再者，所传孔家二小姐的洋狗，其实是该架飞机的两位美国机长的，机长则是见飞机上还有余位才将狗一同带上飞机的。

然而随着该事件社论的发酵，平日里已经对孔家奢靡生活有所耳闻的人们对孔家夫人和洋狗替文人搭乘飞机这一既定印象深刻不已。在香港失守之际，各路学者纷纷被俘、被困或自杀的传言遍布了整个大街小巷，更有联大教授陈寅恪已不幸去世的流言。当西南联大的学生们了解到他们的导师本应乘上这架飞机却被洋狗占据了座位时，更无法抑制内心的怒火：在国家危难之时，生死攸关之刻，一心为国生活清贫的师长们无法得到及时的救助，却由那平日里贪腐熏心、享尽权益的富家子弟如此横行于世。"著名的史学教授陈寅恪导师，不能乘政府派去香港的飞机离港，命运似不如一条洋狗……"很快，历史系的几名学生发表了题为《悼师陈寅恪》的文章，另一名学生王无本则在联大的民主墙上张贴了一篇《喊！》，记述了有关这次事件更加详细的报告，很快民主墙上贴满了更多相关壁报、回复和建议书。

"国家之败，多由官邪。当前我国贪污之风，有增无已。奸吏之恶，日益加剧。值兹抗战方殷、建设伊始之际，内政不修，无以御侮，贪污不除，何以儆奸。"这般腐败的官僚怎能带领国家在抗日战争中赢得胜利？联大三民主义青年团（后简称"三青团"）成员之一的邹文靖率领26名同学起草了这份《讨孔宣言》，并张贴在学校门口的墙壁上以示公众。闻一多、吴晗等教授也都在课堂上痛骂孔祥熙，并大力支持学生们的倒孔运动。全校师生在联大学生自治会的组织下，于本部的广场上组成了"打倒孔祥熙！"的游行队伍。

由于事先并没有游行准备，同学们便自发将白被单做成旗帜，纷纷掏出钱来买粉笔沿街写标语，途中还号召了云南大学、昆华师范大学等十几所学校的师生加入，并组成上千人的队伍，沿着华山西路到拓

"一二•一"运动游行队伍。
◎ 云南师范大学西南联大博物馆藏

闻一多灵堂内的挽联。
◎ 北京大学档案馆藏

东路、朝昆明市中心走去。云南军阀首领龙云通过蒋梦麟得知学生游行这一消息后，紧急召开参谋会议，经过讨论后认为学生示威游行已是无可避免之事，仅在总部架起机枪预警以防过于动乱。蒋梦麟和梅贻琦两位校长也未明令阻拦，默默地乘车随行在游行队伍之后。

联大学生将这次游行称为“一六运动”，当晚便赶制出名为《四十年代》的壁报，并召开全市学生代表大会，决定继续开展声讨孔祥熙的下一轮运动。联大学生自治会倒孔运动委员会邀请校内数十个团体共同组成倒孔运动后援会，向政府要求撤去孔祥熙职务并没收其财产。同时，昆明多所高校的学生纷纷宣布罢课，发表讨孔通电，号召全国其他高校响应。1月中旬，高涨的运动情绪已经逐渐弥漫开来，昆明警备司令宋希濂警告称骚乱会干扰教学并威胁社会稳定，对抗战极大不利。

西南联大本以抗战后方“民主堡垒”的称号自居，不受国民党所控的学术自由一直令当局大为光火，此次学生运动更令他们震惊，认为学生运动实质是在分裂党组织。蒋介石下令派康泽前来昆明镇压，并传出要抓人的消息，然而据说因为联大常委和龙云的极力阻止才使得康泽悻悻离去。在游行结束三天后，长官们一反常态，开始训斥三青团的同学们，阻碍事情继续进行。校方也召开了师生大会，从正面劝说同学们停止活动。“昨天，我和蒋先生一直跟着你们，唯恐你们出事，幸亏没出什么事。事情弄得很严重，现在是战争时期，你们不能老是这样。”梅贻琦说，“这次倒孔运动已经够了，不要再继续下去了。这样下去对我们学校不利，对你们求学不利，希望你们立即复课，不要再闹了，我认为这样已经够了。”接着蒋梦麟讲话，在最后几句的时候颇为动容，乃至声泪俱下：“你们再闹下去，学校就要关门了。”至此学生们终于答应复课。[1]

1944年，距离当年“倒孔运动”已过去数年，联大1944级的同学已全部征调受译员训练。当局宣称宋夫人和孔院长之后将亲自前来联大进行慰问，令同学们整理了一天的内务。后又在云南大学礼堂将联大和云大的学生召集起来，然而据传译训班的同学被挡在讲堂之外等待了半个小时之久直至孔祥熙前来。宋美龄向学生们解释说，宋蔼龄平日里非常简朴，作

1 《国家之败，多由官邪——回忆西南联大的“讨孔”运动》，载《云南文史资料选辑》第三十四辑，云南人民出版社，1988 年。

风廉洁，并说自己的姐姐素日里最怕狗，是不会将狗带上飞机的。孔祥熙向同学们声称自己其实并不喜欢在政府中任职，不过是逼不得已，一方面又告诫众人称，为人要理智不要受人利用，明白了事实之后再下判断。台下的学生们纷纷哄笑起来，更有甚者在台下喝倒彩。

三青团在经历了这次倒孔运动后一举一动都被束缚，教室和油印机也被康泽收回。没有有效的组织和带领，倒孔后援会也停止了活动。孔祥熙还是在他原有的位置上岿然不动，联大师生也回复成一汪死水一般，失去了对政治时事的积极性，或埋头读书，或消遣打发时光，壁报、时事报告会和辩论会都如同瞬时蒸发一般。

然而，这并不是联大学运的昙花一现。

一二·一惨案

抗战胜利之后，普通百姓们都渴望回归和平，实现民主，然而苦难的日子还迟迟未结束。国共两党虽达成了双十协议，前线的内战却从未停止过。随着内战舆论的浪潮越来越高，各界代表开始号召全国人民制止内战。昆明为全国民主运动的中心地带，也是自由民主主义高度集中的地方，11月25日，联合了西南联大、云南大学、中法大学与英语专科学校四所学校的学生自治会的反对内战时事晚会在云南大学礼堂召开，并邀请钱端升、费孝通等教授发表演讲。虽然云南省政府当局明令取消这一晚会，但毫不妥协的主办者们却毅然决然地将晚会地址变更为联大新校舍的草坪上。

当晚有5000多人到会。钱端升、费孝通等教授就有关于和平民主、联合政府等问题做了演讲。然而就在晚会进行到一半、费孝通教授演讲的过程中，枪声和炮声不断地在上空鸣响，甚至照明用的电线也被人恶意掐断。在黑暗的寒风中站立着的教授和学生们却毫不畏惧，在呼吁着和平，鼓励大家发声。很快便有人将汽灯拿来，演讲会依然井然有序地继续进行。枪声越来越近，越来越紧，因担忧学生安全的组织者们最终于21点结束了这场晚会，场外巡逻的军队也已经戒严，封锁了回城的道路，同学们只得在寒风中屹立着，无处可归。

次日，《中央日报》将夜半枪声的始作俑者归结为西郊匪徒，学生们却并不相信这个拙劣的理由。很快，联大的民主墙包括图书馆四周的墙上都贴满了联大学生们会后连夜撰写的抗议书、呼吁书和罢课倡议书等。联大召开学生自治会后一致决定罢课，并联络云南大学和中法大学等学校的三万多名学生，向当局提出停止内战，撤销事前号称地方党政军联席会议所颁布的禁止集会游行的非法禁令，撤退驻华美军以及建立民主联合政府等要求，并惩罚当时包围时事晚会的肇事者们。

当局的回复来得非常突兀。11月30日，当愤怒的学生们自发组织了上百个宣传队上街宣传时，遭到了国民党士兵和警员的沿街殴打和追捕。次日，在学生们还在校园里做准备工作之时，上午9点左右，100多名佩戴军官总队标志的士兵和穿着黄色制服的特务直接来到联大，撕毁了民主墙上的壁报和标语，砸坏了教学用具，抢夺所见财物，后又冲向联大师范学院内。得到消息的师范学院学生们纷纷用桌椅等加强防御，紧闭大门。即便有学生高喊中国人不应互相残杀，然而来势汹汹的特务们仍然举起刀枪棍棒向学生们冲去。联大南菁中学的一名教师于再直接扑向了一名准备投掷手榴弹的特务，被推倒在地后炸弹爆炸，于再牺牲；昆华工校的张华昌，翻墙前来联大救援，却被弹片击中头部；师范学院的女同学潘琰在手指被炸掉后为抢救同学，被砸伤头部并被铁条刺死；同样来自师范学院的李鲁连则在受重伤后送往医院的途中被特务拦路暴打而死，全程没有受到任何军警的阻拦……此次暴行共造成6人死亡、29人重伤和30多人轻伤，这便是震惊全国的一二·一惨案。

“鲁迅先生说发生三·一八惨案的民国十五年三月十八日是中华民国最黑暗的一天，他不知道还有更黑暗更凶残的日子是中华民国三十四年十二月一日！段祺瑞的卫兵是在执政府前向徒手学生开枪，十二月一日的昆明是大队官兵用手榴弹和刺刀来进攻学校！凶残的程度更进一步，这是白色恐怖吗？这是黑色恐怖！”[2]

在从未受到过侵害的校园里实施如此的暴行，无疑是在昆明学生们的抵触情绪上火上浇油。惨案过后，四名烈士的灵堂设置在联大图书馆内，自公祭开始以来，每天都有成千上万的市民前来吊唁，为期1个多月的公祭期共有约15万人、700多个团体前来参加祭奠。从全国各地寄来的吊唁诗歌和挽联花圈等密密麻麻地陈列在烈士的棺材旁，棺材前烈士的血衣和画像上年轻的脸庞似是对如此残忍的暴行无声的抗议。12月9日，重庆学生及3000多名各界人士在长安寺举办追悼大会，由郭沫若宣读祭文。1946年1月13

2 《国立西南联合大学教授会为此次昆明学生死伤事件致报界之公开声明》，《一二·一运动史料选编》（上册）；1945年，云南人民出版社，P172

日，1万多人在上海玉佛寺召开公祭大会，宋庆龄到场并赠送横联“为民前驱”。

“我们正处在新的一二·九时期，昆明惨案就是新的一二·九……五四运动未完成的任务，由一二·九运动继承起来，一二·九未完成的任务，由今天的青年运动继承起来，青年是争取和平、民主的先锋队。”周恩来在延安的群众大会上这样说道。来自20多所城市的学生和各界人士也都纷纷以举行追悼会、游行、罢课、捐款和致电慰问等方式支援着昆明学子们。《新华日报》和《解放日报》等新闻媒体纷纷发表声援社论。这已经不仅仅是昆明学子们的民主运动，反内战的声音如同是散发在全国各地的星星之火，引燃了一片片反内战运动的火海。

罢课局面已经形成，全市400多名教师也直接公开联合声明在学生自愿复课之前无限期罢课。忍住心中悲痛的学生们更加同心协力，加强各方面的领导组织成立了昆明学联。一方面，由罢课委员会和当局进行座谈，并提出罢课宣言中《告全国同胞书》中的要求：

第一类：第一，立即制止内战，要求和平。第二，反对别国助长中国内战，请美政府撤退驻华美军。第三，组织民主的联合政府。第四，切实保障人民的言论、集会、结社、游行、出版、人身等自由。

第二类：第一，追究十一月二十五日晚围攻事件真相。第二，立即取消二十四日党政军联席会议禁止集会游行之非法禁令。第三，保障同学的身体自由，不许任意逮捕。第四，要求中央社更改污蔑联大之荒谬言论（诬指教授学生为匪徒）并向当晚参加大会之人士致歉。

第三类：第一，严惩凶手，撤办十二月一日惨案主使人关麟征、李宗黄。第二，赔偿死难同学之抚恤费，受伤同学之医药费。第三，赔偿一切公私损失。

以上三类共计11条项待第二类及三类得到满意答复后方能考虑复课问题。

另一方面，学联开办了学生报，力图宣扬自由民主主义并介绍详细的一二·一事件经过。学生们除在街头演讲外，还演唱反内战歌曲，在联大草坪上进行话剧表演，受到了广大昆明市民的欢迎。

整场运动足足进行了两个月。在风口浪尖之上，当局被迫进行了所谓的公审并枪决了凶手，同时罢免了云南省代理省主席李宗黄和警备总司令关麟征的职位。昆明学联也决定于12月25日结束这场运动，让学生们回归课堂。由于获得了当地群众的支持，当局最终同意四烈士出殡。3月17日上午10点，昆明市三万多名师生和各界人士组成浩浩荡荡的出殡队伍，学生们佩戴着黑纱白花，高高地举着挽联，从联大出发，一路高呼着口号，唱着民主歌曲，每经过一所学校便进行一场路祭。一直到下午4点，出殡队伍回到联大校舍内东北角的四烈士墓，进行了安葬仪式。烈士们的墓前矗立着石碑，由闻一多教授为他们撰写墓志铭和悼诗：

死者，你们什么时候回来？
我们从来没有离开这里。
死者，你们怎么走不出来？
我们在这里，你们不要悲哀。
我们在这里，你们抬起头来。
哪一个爱正义者的心上没有我们？
哪一个爱自由者的脑里没有我们？
哪一个爱光明者的眼前看不见我们？

联大学生运动的游行队伍。
◎ 北京大学档案馆藏

投笔从戎：联大学子的从军之路

Road to Military: Turning Point for Lianda Students

文：李汉臣 编：陆沉 图：云南师范大学西南联大博物馆，北京大学档案馆
text:Li Hanchen edit: Yuki photo: The Museum of National Southwestern Associated University, Archives of Peking University

西山苍苍，滇水茫茫。
这已不是渤海太行，这已不是衡岳潇湘。
同学们，莫忘记失掉的家乡！莫辜负伟大的时代！莫耽误宝贵的辰光！
赶紧学习，赶紧准备，抗战、建国，都要我们担当，都要我们担当！
同学们，要利用宝贵的时光，要创造伟大的时代，要恢复失掉的家乡！

——国立西南联大《勉词》

在南岳圣经学校欢送从军同学。©北京大学档案馆藏

这首由冯友兰写就的《勉词》，不仅表达了在战时成立的大学中读书的重要性，还有一分一秒都要挽救祖国江山的紧急性。联大的学生，必须要心系祖国危机，怀有民族大义，肩负战争使命。西南联大因日本侵华而诞生，所以一切活动都离不开抗日战争。

1937年7月7日，卢沟桥事变爆发。7月末，北平沦陷。8月8日正午，日军大举开进北平城。不久，陈寅恪的父亲陈三立绝食而亡，“他觉得自己老了，不能去保卫祖国。国家沦陷，他不能承受如此耻辱。”这时日本人正在找名人来为华北伪政府撑门面，找到陈寅恪，他没等父亲出殡，就悄然离开北平，往西南而去。

同时，记录战争形势的报刊《火线下三日刊》发表了题为《反对文化逃避政策》的文章。作者化名“雨兹”，赞扬了“英勇的、富有献身精神的学生”，赞赏他们投身抗战的行为，并表明除非“我们愿意做卖国贼、当亡国奴”，不然“就没有资格

和皮克中将（持白色拐杖者）握手者为宋子文，宋子文左手边为孙立人将军，右手边为索尔登将军，中间是飞虎队陈纳德将军。

1944年12月28日，从军委员会和自治会欢送从军同学。©北京大学档案馆藏

1939年，清华无线电研究所为军政部学兵队训练通讯军官，学习期4个月，学成后全部归队参加抗战。◎云南师范大学西南联大博物馆藏

1944年12月28日，联大知识青年志愿从军委员会和欢送从军同学大会在图书馆前的合影。◎北京大学档案馆藏

躲到安全的象牙塔里”。但同时还有学者认为“有知识的人才是国家的最后的希望”，不鼓励学生们上战场当炮灰。在这两个阵营的不断讨论下，学生们在这时必须做出自己的选择。

在云南的八年里，西南联大的学生经学校动员批准从军有几次高潮。第一次是在抗战初期1937年末到1938年初的长沙临大时期，“马约翰教授在会上高呼口号，鼓励学生从军；‘到前线去！’从军的呼声响彻校园。”当时临大共有学生1400人，在决定搬迁至昆明时，有820名学生表明愿意前往云南；还有将近600人选择从军，投身抗战。

第二次是1942年太平洋战争爆发前后，为协助中国空军美国志愿援华航空队（飞虎队），部分外文系同学参加征调，担任英文翻译。全国征调约70人，联大学生占了一半。他们在译训班受训后，绝大多数被分配到空军各机场，任“飞虎队”翻译。飞虎队最终将日机打得落花流水，使之不敢再来侵犯，这里面有很大一部分是联大翻译的功劳。由于他们工作成绩显赫，教育部于1942年2月嘉奖了从军的同学。

同年，正值抗日战争最艰苦的时期，日寇疯狂入侵。这时，首次在全国大学生中招考空军飞行学员。投考空军，要经过最严格的检查，录取率约为1%。一共有12名联大学生被录取，走进了昆明巫家坝空军航校。

“升官发财请走别路，贪生怕死莫入此门。”这副表述直白的对联就贴在空军航校门口。同学们知道这是他们英勇报国的开始，即使是服务于腐败的国民政府，他们也不曾动摇。经过短期飞行训练后，他们又先后到美国继续接受为期一年的各种飞行训练。1944年，他们分批回国，被分配在空军的各个轰炸机和战斗机大队，为抗战尽力。

第三次是为了配合中国远征军第二次入缅作战。由于1944年底湘桂大败，“一寸山河一寸血，十万青年十万军”的口号应运而生。西南联大校方经研究成立“知识青年从军征集委员会”办理此事。梅贻琦常委，冯友兰、闻一多、钱端升、吴有训等教授曾在从军演讲会上讲话，鼓励学生从军。截止到这一年底，报名从军的学生有340人，还有教师5人。这批青年军先到印度，经汀江至蓝伽，再到加尔加达，最后从利多返回昆明，日本投降后才返回学校。

那时《毕业歌》是师生们总爱哼唱的歌曲之一。《毕业歌》和国歌一样，是由田汉作词，聂耳作曲。它的第一句歌词便是：“同学们！大家起来，担负起天下的兴亡！”它创作于九一八事变之后，是电影《桃李劫》的片头曲。《桃李劫》讲述了抗战爆发后，中国学生的坎坷道路。而《毕业歌》的昂扬激情，展示了当时学生们“天下兴亡，匹夫有责”的雄心壮志，充满着不畏牺牲、敢为人先的无畏精神。

投身战争不等于就抛弃了求学的志向。外文系年轻的助教查良铮——他以“穆旦”这个笔名闻名于现代中国诗坛，他报名参加了远征军，投身于缅甸抗日战场，他一路向北深入缅甸最北方的野人山区中。24岁的穆旦双腿肿胀，迷失在胡康河谷。他的战马早已倒毙在路上，传令兵也牺牲了。没有粮

美国士兵在昆明晾晒衣物。

食，他只能用树叶接些雨水来喝，一度断粮八天。他最后踏着层层白骨，逃出险境，他的诗《森林之魅——祭胡康河上的白骨》就充分表达了当时叫天天不应、叫地地不灵的绝望处境。他一生中有两次在军中都幸存下来，从战场归来的他继续投身于教育事业，之后一直在南开大学外文系致力于俄、英诗歌翻译。

1943年，考进西南联合大学外文系的缪弘是“飞虎队”中的翻译员之一，同时，还接受伞兵训练的他成了一名伞兵。1945年7月，桂林反攻战打响，伞兵第一次出动，原本可以撤退的他同战士们一起冲锋陷阵，在桂林前方丹竹机场附近被日军的狙击手击中，年仅18岁的他牺牲在战场上。缪弘生前酷爱文学，作诗甚多。他的很多遗诗都表现了他的期盼，表达了他渴望着有一天祖国可以挣脱黑暗，获得自由。

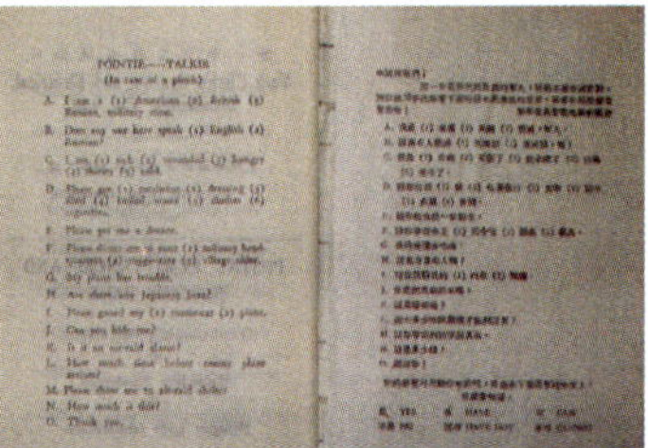

飞虎队员的衣物及日记。

挣脱

振一振久缚的双翅
抖一抖才长成的羽毛
我挣脱了沉重的锁链
冲出黑暗的牢笼
我欢笑，我长啸
前面：有山，有水
有森林
和湖沼
有自由的天空
可供我任意逍遥。

血的灌溉

没有足够的兵器
且拿我们的鲜血去
没有热情的安慰
且拿我们的热血去
热血，是我们唯一的剩余
自由的大地是该用血来灌溉的
你、我，谁都不曾忘记。

就在缪弘牺牲半个月后，日本投降，抗日战争宣告胜利。在联大存在的八年中，前后入校8000余人，仅3000多人顺利毕业。除了上述三次大规模的从军活动外，还有部分联大学生零星自发参军，其中像缪弘一样牺牲在战场上的青年学生不计其数。

1946年5月4日，西南联大回迁前，在联大新校舍东北角竖立了“国立西南联合大学纪念碑”。纪念碑背面为校志委员会列出的“国立西南联合大学抗战以来从军学生题名”，共计832人，事实上，数量远不止于此。碑文云：“国立西南联合大学于战时任务完成学校结束之日，勒其从军学生之姓名于贞石，庶垂令闻，及于久远。其有遗阙，补于校志。”

在抗战烽火中诞生的国立西南联合大学，与抗战相始终，因值国难当头，短短八年，不仅仅诞生了大师名家，同时大批学子戎马沙场，以鲜血践行了“刚毅坚卓”的校训，成为抗战史上一座丰碑。

飞虎队标志

二战期间，美军协助抗日，中美士兵在车上安插对方的国旗，以表示同盟身份。

1944年，驻扎昆明的美军士兵所收到的电报。

20

《满江红》：战火中的民族魂

Man Jiang Hong: The National Soul in the War

文：徐雅 编：陆沉 图：云南师范大学西南联大博物馆
text: Xu Ya edit:Yuki photo: The Museum of National Southwestern Associated University

西南联大的校歌《满江红》可以说是20世纪中国校歌的绝唱，它凝聚了中国文人学者和莘莘学子在民族危难时刻最悲壮的呼喊，浓缩了联大师生在国危家难之际所具有的高尚情感和坚强意志。

万里长征，辞却了五朝宫阙，
暂驻足衡山湘水，又成离别。
绝徼（jiǎo）移栽桢（zhēn）干（gàn）质，
九州遍洒黎元血。
尽（jìn）笳吹，弦诵在山城，情弥切。
千秋耻，终当雪。中兴业，须人杰。
便一成三户，壮怀难折。
多难殷忧新国运，动心忍性希前哲。
待驱除仇寇，复神京，还燕碣。

- **五朝宫阙：**指北京。辽、金、元、明、清五个朝代都以北京为都城。宫阙，古代帝王居住的宫殿。阙，宫门两边的望楼。
- **绝徼：**绝，远；徼，边界，边陲。绝徼指遥远的边疆云南。
- **桢干：**桢，坚硬的木头；干，树干。桢干，古时筑墙所用的木板和立柱，喻具有真才实学、能胜重任的人才，比栋梁更优。
- **黎元：**黎，众多的；元，人类；黎元即黎民百姓。
- **尽笳吹：**尽，纵然，尽管；笳，即胡笳，古代塞北和西域流行的管乐器，笳吹，泛指音乐活动或文化生活。
- **弦诵：**古代学校里用弦乐器和歌唱配合学生朗诵诗词，泛指学校的教学活动。
- **情弥切：**弥，更加；指联大师生虽然生活在环境安定的昆明，但报国之情更加迫切。
- **多难殷忧新国运：**殷，深切的、深情的；殷忧，即深忧。新，更新。此句含义是：祖国灾难无穷，忧患深重，我们一定要更新祖国的命运。
- **动心忍性希前哲：**动，激励，振奋；动心，激发理想，振奋精神。忍，克制；忍性，行事时能控制情绪，不任性，喻目标坚定。动心忍性，精神振奋而行事坚定。希，通晞，仰慕，崇敬；哲，志士仁人，才能识见超常之人。此句含义是：值此国家危亡，人民多难之秋，必须振奋精神，坚定方向；学习前辈志士仁人，踏着他们的足迹，跟敌人斗争到底。

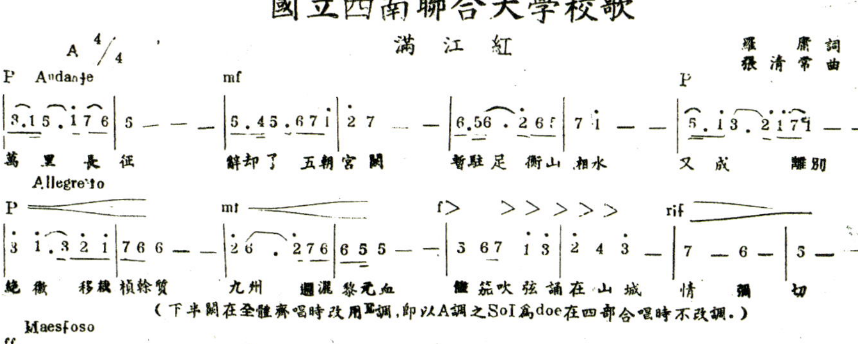

西南联大校歌歌词及简谱曲谱。
◎ 云南师范大学西南联大博物馆藏

战火中应运而生

西南联大校歌《满江红》记录了从卢沟桥事变到抗日战争胜利的全过程。歌词彰显着西南联大学人在烽火年代，与祖国共进退的决心和对战争胜利的殷切希望。1937年7月7日，卢沟桥事变，日本侵略军发动了全面侵华战争。在国家危难时刻，为了保留中国教育的基底，国民政府发出通知，将一些高校迁往内地办学，其中包括国立清华大学、国立北京大学和私立南开大学，它们先迁到湖南长沙，组成长沙临时大学。后因为日军飞机连续轰炸，长沙也不得安宁，学校面临再次被迁移的命运。这一次由教师带领学生分三路西迁至云南昆明，西南联合大学就此成立。

1938年时，教育局向各个高校发出通知，每个学校要编制校训，创作校歌，为的就是给高校的莘莘学子以精神上的鼓舞。于是西南联大的常委会召开会议，组成了校训校歌编制委员会。委员会主席由冯友兰担任。

词作者到底是谁？

校歌的编制过程中还有一段小小的插曲。1938年10月30日，校歌校训委员会开会，罗庸提交自己创作的校歌词曲。朱自清在日记中记下，“通过罗的词，但未通过曲。”11月24日委员会在冯宅开会，讨论校训和校歌，这次会议上，委员会决定把所拟校训“刚健笃实”和校歌词《满江红》及沈有鼎所制曲谱呈报给联大常委会。

1938年11月26日，联大常务会开会确定校训，公布的校训是“刚毅坚卓”，

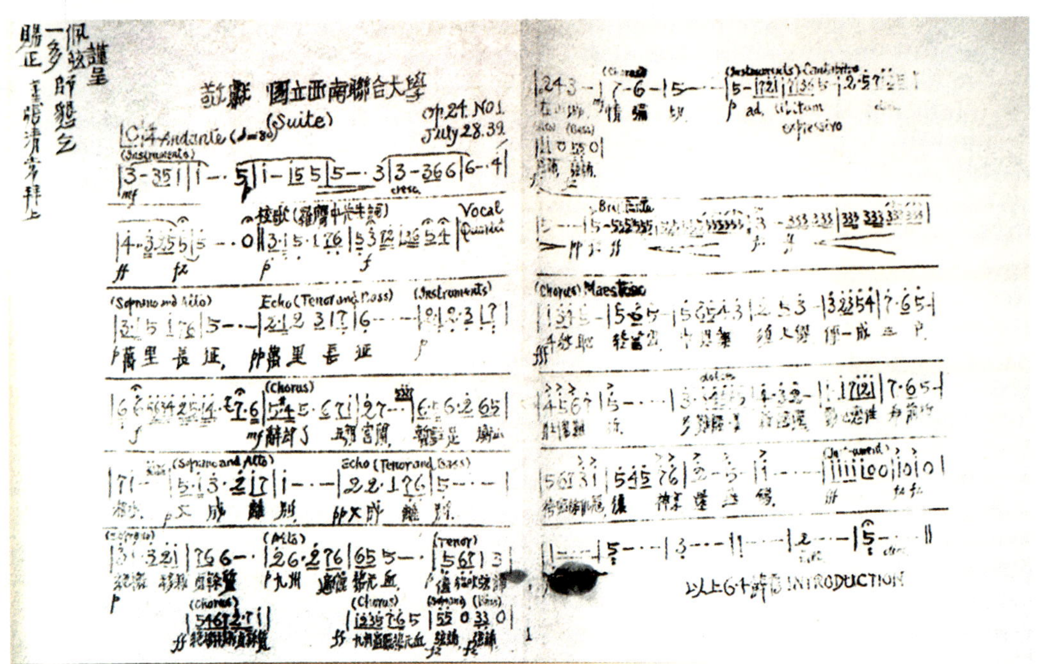

联大校歌词曲由闻一多、朱自清校稿。
◎ 云南师范大学西南联大博物馆藏

只用了校歌校训委员会所拟校训中的一个字。看来常委们对校歌校训委员会的工作并不满意，常委会没有立即宣布校歌。1968年冯友兰回忆说，《满江红》提到常委会，有人觉得形式太旧，不像校歌的样子。对此作为委员会主席的冯友兰自然要承担责任，应该就在此时冯友兰写了白话体诗《西山苍苍》。之后，朱自清建议让张清常谱曲，并把两份歌词寄去了，两份歌词上分别写有罗庸和冯友兰的名字。由于张清常更喜欢《满江红》，就只给《满江红》谱了曲，并于1938年底寄回西南联大。在寄给西南联大的五线谱谱本封面上写明：国立西南联合大学校歌《满江红》，罗庸词，张清常曲。

1939年6月，校歌进入评审阶段，冯友兰所作《西山苍苍》由马约翰谱了曲。此时已有两首歌词和三个曲谱，分别是沈有鼎谱曲的《满江红》、张清常谱曲的《满江红》和马约翰谱曲的《西山苍苍》。6月14日，校歌委员会开评审会，除五位委员外，还请两位曲作者沈有鼎和马约翰以及外文系教授杨业治参加。听了试唱之后，委员会决定接受冯友兰所作的《西山苍苍》，但认为马约翰的谱子过于单调，遂请马约翰、杨业治和沈有鼎修改。6月30日，校歌委员会再次开会，五位委员中有三位认为张清常的曲谱更好，还说曲调比歌词更重要。最后，委员会决定用张清常的曲谱，也就等于接受了《满江红》。在评审阶段，用于试唱的油印《满江红》的歌片上，印有“罗庸、冯芝生先生作词，张清常先生制谱”的字样。

1937年7月11日，在西南联大常委会第112次会议上，校歌校训委员会上呈的校歌《满江红》得到通过。

21

西南联大的文学社团及主要刊物

A Brief Probe into the Literary Associations in The National Southwestern Associated University

文：罗兆良 编：陆沉
text: Paul edit: Yuki

在西南联大的八年历史中，先后出现了百余个民间组织社团，这些社团都由学生自愿组合而成，不带有任何官方的特点。而这其中，文学社团是西南联大社团中影响力颇大的一个分支。在这100多个社团中，属于纯文学的社团有10多个，其中比较出名的是："南湖诗社""高原文艺社""南荒文艺社""冬青文艺社""布谷文艺社""文聚社""耕耘社""文艺社"。这几个文学社团不仅构成了西南联大文学社团的主体，而且也对中国近代文学的发展起到了举足轻重的作用。因此，了解上述文学社团的历史，便能勾勒出西南联大时期文学发展的脉络。

南湖诗社：西南联大的第一个文学社团

"南湖诗社"是西南联大的第一个文学社团，因诗社社址在云南蒙自的南湖边而得名。诗社于1938年5月20日成立，发起人是向长清和刘兆吉，主要成员有穆旦、赵瑞蕻、刘绶松、陈士林、周定一、刘重德、李敬亭、林蒲、陈三苏等20多人，都是中文系、外文系和教育系的学生。闻一多和朱自清是诗社的导师。

"南湖诗社"并没有明确的纲领和宗旨，但从诗社成员所发表的文章来看，他们大多都是以研究新诗、创作新诗为方向和追求。此外，"南湖诗社"也没有组织领导，整个诗社的事务都由向长清打理。在"南湖诗社"的发展历史过程中，一共举行了两次社员大会，中心议题都是关于新诗的现状和前途问题。

"南湖诗社"所创办的壁报《南湖诗刊》共出了四期，刊登了数十首新诗，其中不乏能够写入中国现代文学史的作品，比如刘重德的讽刺诗《太平在咖啡馆里》，周定一格律优美的《南湖短歌》，穆旦的《园》，被朱自清称为"力作"的赵瑞蕻所写的《永嘉籀园之梦》等诗作。这些作品在内容上和抗日战争所带来的阴影有着密不可分的联系，而在艺术上有着精致的学院派特征，这也是西南联大早期的诗歌风格。此外，"南湖诗社"还相当关注民间文学，刘兆吉采集了当地22首歌谣、5首儿歌，刊登在《南湖诗刊》上，这也开启了西南联大重视民间文艺的先河。

高原文艺社：“南湖诗社”的延续

1938年8月，西南联大蒙自分校迁回昆明，诗社离开南湖，“南湖诗社”也自然停止了活动。到昆明后，“南湖诗社”更名为“高原文艺社”。

和“南湖诗社”活动的随意性不同，为了吸引更多同学入社，“高原文艺社”将活动固定下来，选择每两周举行一次社内活动。而活动的丰富性也是“高原文艺社”最大的特点，如“七七”抗战纪念会、五四运动纪念会、文艺报告会、诗歌朗诵会等。因此，“高原文艺社”是西南联大文学社团中涉猎领域最多的社团之一。

“高原文艺社”的出版物作品相对较少，主要是以壁报的形式呈现。但1939年5月，香港《大公报·文艺》副刊负责人萧乾从滇缅公路采访回到昆明，在“高原文艺社”所做的一次报告则彻底改变了“高原文艺社”的命运，也因为这次报告，西南联大的文学社团在形式上开始出现了新的变化。

南荒文艺社：“高原文艺社”的蜕变

在萧乾的报告结束之后，萧乾向“高原文艺社”提出了自己的建议，认为社团应当把社员扩大到校外。这个建议得到了社员的广泛支持，“高原文艺社”不仅开始在中山大学、同济大学和同济附中进行招募，并且把社团名改为“南荒文艺社”。

因与萧乾结识的契机，“南荒文艺社”在出版上可谓迈出了一大步，社员所创作的文章不再仅呈现在学校的壁报上，而是把创作好的文章交给萧乾，由他发表在《大公报·文艺》副刊等大众报刊上。同时，南荒文艺社还给昆明《中央日报·平明》副刊撰稿。西南联大文学社团在影响力上开始从校园扩展到校外。

“南荒文艺社”的主要活动是每周在昆明翠湖海心亭的茶室聚会一次，社团没有社长和组织领导，社务基本都由几个热心的同学操持，主要负责人仍是“南湖诗社”时期的骨干向长清。在社团运营上，“南荒文艺社”提出了“会费”的概念，即社员的文章在报刊发表后，稿费归社里，以维持“南荒文艺社”的社务运转。

1939年冬，由于社员陆续离校，“南荒文艺社”便慢慢解体了，但是吸收校外社员和与报纸联合的两个创新点，则均被后来西南联大文学社团所继承和发扬。

冬青文艺社：西南联大活动时间最长的社团

在“南荒文艺社”逐渐走向萧条的时候，另一个文学社团——“冬青文艺社”出现了。“冬青文艺社”成立于1940年初，但是它的活动却与西南联大的另一个综合团体“群社”同步，原属“群社”的文艺小组。只是因创作队伍扩大，文艺小组便独立为“冬青文艺社”。“冬青文艺社”最初的成员有林元、萧荻、刘北汜、王凝、马西林、刘博禹、萧珊、汪曾祺、张定华、巫宁坤、穆旦、马尔俄、卢静、鲁马等，聘请闻一多、冯至、卞之琳为导师，后来又加上李广田为导师。

“冬青文艺社”的主要工作是写作和编辑刊物，因此其出版物种类繁多庞杂。《冬青杂文》为壁报，编辑后张贴在“民主墙”上，其杂文大多都是针砭现实的内容，文风犀利，具有很强的吸引力。其他分类的作品也被分别编成《冬青诗抄》《冬青小说抄》《冬青散文抄》《冬青文抄》，用统一稿纸抄写后加上封面，装订成册，陈列在图书馆中。此外，其中的一些稿子也会同时发表在报刊上。

“冬青文艺社”还受当时解放区文艺的影

1 西南联合大学北京校友会．国立西南联合大学校史 [M]. 北京：北京大学出版社，1996，448

响，编辑了《街头诗页》，在昆明街头以及下乡时进行宣传；此外，除了用普通话进行诗歌朗诵之外，“冬青文艺社”还挖掘了很多方言和外语的诗歌，所触及的文学领域也极大地被扩展。1941年皖南事变后，“冬青文艺社”沉默过一段时间，后来又恢复活动，一直到西南联大结束时才解散。因此，“冬青文艺社”是西南联大社团中活动时间最长的，其成就和影响力都非常深远。

皖南事变后，西南联大遭到政治高压，丰富多彩的壁报不见了，民主氛围一扫而空，文学社团的活动也随之进入沉寂期。1941年，在整整一年的时间里，校园里几乎没有重大的政治、学术和文艺活动。

布谷文艺社：
西南联大分校的文学社团代表

与西南联大校本部的处境不同，叙永分校的社团活动不但没有停止，反而诞生了一个影响力颇大的文学社团，这个社团便是“布谷文艺社”。社员有何扬、秦光荣、赵景伦、彭国涛、贺祥麟、韩明谟等，并邀请青年教师穆旦成立了布谷文艺社，以何扬名注册，请李广田为导师。

“布谷文艺社”的出版物为壁报作品《布谷》，每半个月一刊，内容有评论、小说、诗歌、散文等，作品大多讲究艺术性，并且版面装潢也十分考究。“布谷文艺社”的宗旨是李广田导师向社员所传达的“一定要写自己熟悉的东西，才能写得深入，才能得心应手”[1]，因而“布谷文艺社”的作品都非常生活化。

叙永分校迁回昆明后，《布谷》壁报又出了两期。鉴于西南联大校本部的形势，“布谷文艺社”也采用了向外发展的策略，在广西《柳州日报》借了半个版面出版《布谷》文艺副刊，每半个月一期，共十多期。与此同时，校园里的《布谷》停刊，后因人员分散，组织困难，“倒孔运动”后“布谷文艺社”并入“冬青文艺社”。

文聚社：
西南联大成就最高的文学社团

西南联大在皖南事变和“倒孔运动”中都受到了国民党当局的政治高压，而在两次政治高压的间隙，出现了一个纯文学社团，这便是“文聚社”。

“文聚社”的产生，完全依赖其核心人物林元。林元原名林抡元，西南联大中文系1938级新生，出于对文学创作的喜爱，而又不甘于西南联大文坛的萧索，他和马尔俄、李典、马蹄等商量办一份文学刊物，还得到穆旦、杜运燮、刘北汜、田堃、汪曾祺、辛代、罗寄一、陈时等的支持，于是搭起了社团雏形。鉴于学校政治空气压抑，他们决定到校外办刊物，出刊经费由马尔俄拉广告解决。而后他们向做文学的老师求助，老师们满心支持，沈从文还为刊物起名“文聚”。1942年2月16日，一本标着“文聚出版社”的《文聚》杂志在昆明问世，西南联大“文聚社”由此诞生。

“文聚社”的活动只是办刊物、出丛书，并且它采取的是更为外向的策略，既不在学校训导处登记，也不以一般社团热衷的壁报形式亮相校园，而是向社会公开发行杂志。再加上“文聚社”没有社长和干事，甚至连社员都不是稳定的，仅仅是以文会友、以作品立身入社的方式存在。因此，从严格意义上来说，“文聚社”连社团都称不上。

然而就是这样一个松散的组织，他们的《文聚》却成为西南联大文学社团中最有学术价值的出版物。《文聚》是一份“纯文艺”刊物，意思是不谈政治，这首先是一种战略考虑，其次也是对艺术的追求。其内容不仅有反映现实生活和战争的，也有很多表现美和精神世界的作品。《文聚》所追求的唯一事物，便是美——一种理想和艺

1 西南联合大学北京校友会．国立西南联合大学校史[M]．北京：北京大学出版社，1996，448

术统一的美，一种生活的美，一种美的生活。[2]这便是“文聚社”的思想和艺术追求。

《文聚》创刊号标明为“半月刊”，但由于战争的原因，从没有按时出版过，每期间隔实际在两个月左右。1943年12月8日出版第二卷第一期以后即行暂停，到1945年才恢复。不过，社员的文学创作活动并未中断过。

耕耘社和文艺社：西南联大的文学论争

1943年秋，西南联大新校舍的围墙上出现了一份名为《耕耘》的壁报，在满墙招领、寻物、出让等启事中显得特别突出，引起了同学们的注意。[3]这份壁报便是“耕耘社”编辑出版的纯文学刊物。

“耕耘社”以重庆南开中学考入西南联大的同学为骨干，而且基本上都是1941年从中学毕业的同学。“耕耘社”的作品借鉴了外国现代主义的手法，表现的内容幽深、空灵、讲求艺术性，但离现实较远，具有唯美主义的倾向。因此，“耕耘社”被视为“为艺术而艺术”的现代派文学社团。在空无壁报的西南联大墙壁上，出现了一份壁报，已实属稀罕，壁报又持这种与现实思想不相一致的观点，更是引人驻足观看。很快，另一个文学社团的诞生便引起了西南联大关于文学的一场论争。

这个社团便是“文艺社”。“文艺社”所编辑创作的《文艺》为半月刊，每期两万字左右，编排力求新颖，和《耕耘》的朴素大方形成了鲜明的对比。而“文艺社”的成员都是鲁迅的崇拜者，坚定认为艺术是为了人生，因此对“耕耘社”“为艺术而艺术”的倾向极为不满，于是两个社团发起了关于文学的大讨论。“文艺社”认为“耕耘社”的唯美主义、象征主义脱离实际；“耕耘社”则认为“文艺社”的作品，尤其是诗歌充满了标语口号，根本算不上文学。

在他们辩论的过程中，西南联大又出现了几份壁报，这些壁报大多站在“文艺社”的立场批评“耕耘社”，“耕耘社”在这场论争中渐渐处于下风。“文艺社”迅速地扩大了自己的影响力，到1945年秋，“文艺社”社员人数已达到六十余人，成为西南联大人数最多的文学社团。1946年5月4日西南联大结束，《文艺》壁报出了纪念“五四”版，是其最后一期。

在西南联大所有文学社团中，“南湖诗社”成立最早，“冬青文艺社”活动时间最长，“文聚社”创作成就最高，“文艺社”参加人数最多，他们与其他社团一起营造了西南联大民主、自由、创造的学术氛围，共同促进了中国近代文学创作的繁荣发展。

2 林元 . 四十年代的一枝文艺之花 [M]. 昆明：云南人民出版社，1988，476。
3 王榀 . 文艺壁报和文艺社 [M]. 昆明：云南教育出版社，1998，239。

22

未生即死的甜蜜言语：联大的诗人与诗

Poet and Poems in National Southwestern Associated University

文：林若羽 编：陆沉
text：Lin Renee edit：Yuki

如果把西南联大比作一首诗，它似乎以新月派风格的抒情为首，在中间带入西方现实主义的稍显冷硬却有力的辞藻，用九叶诗派的象征手法以同民族命运的紧密联系做结尾。或许是像一篇遵照商籁体的格律诗那样严谨，或许是一篇不需要任何条理限制的白话诗那样自由，又或许是，形容西南联大远不止一首诗。

你站在桥上看风景，
看风景的人在楼上看你。
明月装饰了你的窗子，
你装饰了别人的梦。

——卞之琳《断章》

20世纪30年代，新月派诗歌兴盛。那个时候的闻一多、徐志摩、卞之琳等人倡导新格律诗，“美”是这一诗歌流派的重中之重。不同于白话诗的不拘一格，这个时期的诗歌作品对诗艺的要求极高，作品中充满着韵律辞藻和结构的美感，读来朗朗上口，眼前似乎描摹着生动的写真，能随着辞藻坐上小船，顺着句节撑开长篙。诗人们将自己内心丝丝缕缕的情感纷纷剖析出来，顺着理性且节制的脉络堆砌出音乐与图画的盛宴。彼时的诗人们，内心充满着敏感而又细腻的情思，在各地游学揣摩的他们心境高贵却又单纯。当下而言，诗作以抒发内心感性为主流，虽有益于展现诗人自己的内心世界，然而在单纯的社会环境中，这样的诗作却带着些许空中楼阁般的清冷。

在秋天，
我们走出家乡，
像纷纷的落叶到处去飘荡，
我们，我们是群无家的孩子，
等待由秋天走进严冬和死亡。
——穆旦《在秋天》

1937年，战争打响的一瞬间，国家的存亡和民族的危机让每一个人都感受到了生命的紧迫和生活的残酷。被现实世界强行惊醒的人们失去了悠然自得的心情，只剩下每日每夜的惶恐，如何活下去才是唯一需要思虑的。路途中所经历的饥寒交迫，让曾经享受生活的学者们体会到了生活的疾苦，触摸到了现实主义的棱角。来自五湖四海的他们，被命运驱使着，踏上了一条不同寻常的路途。

伴随着这声声炮火所诞生的西南联大，为了保护国家的人才，在艰难困苦的环境下授课求学，似乎是在和飞驰的战火赛跑。命悬一刻之时所体味到的酸甜苦辣，像是突如其来的一针药剂，融入了联大师生的骨血之中。

联大这座民主堡垒给予了师生们最高程度的自由。因生活困苦，有的学生为凑够生活费南下做倒卖生意，有的学生则甘愿两天只吃一顿饭，投身于学术研究。在联大，学生行为基本靠自我意识，联大给予学生的这种自由已经成为它的一种标志。正是在这自由的精神之下，联大的学术氛围如同百花齐放，造就了巅峰一般的成果，联大的诗人群也由此诞生。

在五湖四海涌入联大的学者中，有早期白话诗代表人物兼诗歌理论家朱自清、新月派领袖人物闻一多，以及现代派诗人中坚“汉园三诗人”中的卞之琳和李广田……在联大均授有教职的他们被统称为“师长辈”诗人。其中被鲁迅誉为“中国最优秀的抒情诗人”的冯至堪称是“师长辈”诗人中的代表。

于1921年暑假考入北京大学的冯至，1923年加入文艺团体浅草社，1925年创立了沉钟社，开始发表诗和散文。冯至于1927年出版了第一部诗集《昨日之歌》，并于1930年底开始到德国留学，专注于研究歌德，深受存在主义哲学家海德格尔和雅思贝尔斯的影响。而《旗手克里斯多夫·里尔克的爱与死亡之歌》这部作品中所蕴含的丰富的色彩和神秘的韵律情调让他对德语诗人里尔克产生了浓厚的兴趣。冯至自1939年起在西南联大外文系就任德语教授，意识到诗歌即将面临革新的他和卞之琳在联大授课期间开始研究关于诗歌的新出路，也正是在这一时期，中国现代主义诗歌的实践性作品《十四行集》诞生了。

深夜又是深山，
听着夜雨沉沉。
十里外的山村、
念里外的市廛，
它们可还存在？
十年前的山川、
念年前的梦幻，
都在雨里沉埋。
四围这样狭窄，
好象回到母胎；
我在深夜祈求，
用迫切的声音：
『给我狭窄的心，
一个大的宇宙！』

——冯至《深夜又是深山》

《十四行集》是冯至在西南联大，也是在他个人创作史上巅峰的一部作品。整部诗集收录了27首诗歌。顾名思义，《十四行集》便是按照十四行诗，欧洲文艺复兴时期所产生的一种抒情诗体创作而成。这种诗体以彼得拉克为代表，格律严谨，对押韵要求十分苛刻。朱自清认为这本诗集为中国十四行的创立打下了坚实的基础，李广田等人也给出了高度评价。“从历史上不朽的人物到无名的村童老妇，从远方的千古名城到山坡上的飞虫小草，从个人的一小段生活到许多人共同的遭遇，凡是和我的生命发生深切关联的，对于每件事物我都写出一首诗……”[1]暂时远避战场，在昆明杨家山上林场的木屋中居住的冯至，触角并不局限于当代动荡不安的战乱环境，而是几乎探及生活中的每一处角落。以自己的诗人眼光，探寻着生活中所存在的独特的生命意义。

在这部诗集中，从内容到形式，不难发现有里尔克的痕迹，连冯至自己也承认里尔克的作品对他有极大的影响力，十四行诗的立意便来源于此。“美和丑、善和恶、贵和贱已经不是他取材的标准；他唯一的标准却是：真实与虚伪、生存与游离、严肃与滑稽。”[2]即便里尔克的作品对德国本地的读者来说都显得有些晦涩难懂，冯至却如同寻觅到知音一般对里尔克的世界有一种亲近感：

人需要什么，就会感到什么是亲切的。里尔克的世界使我感到亲切，正因为苦难的中国需要那种精神：“经过十年的沉默，工作而等待，直到在缪佐他显示了全部的魄力，一举而叫什么都有了交代。这是一个诗人经过长久的努力后的成功，也就是奥登对于中国的希望。”[3]

在冯至寻求新诗歌主义方向的同时，不得不提到跟西南联大诗歌改革的走向有紧密联系的另一位联大教授——燕卜荪。毕业于剑桥大学的这名青年诗人，来自英国，就任于清华，他对现代派诗有着自己独特而精辟的见解。曾任联大助教的王佐良在《穆旦：由来与归宿》中称：“燕氏为昆明西南联大的英籍贯青年教授，是为奇才，有数学头脑的现代诗人，锐利的批评家……他的那门《当代英诗》课内容充实，炫彩新颖，从霍甫金斯一直讲到奥登。所选的诗人中，有不少是燕卜荪的同辈诗友，因此他的讲解也非一般学院派的一套，而是书上找不到的内情实况……”战乱之时，校园中几乎没有藏书或教材，对西方诗歌了如指掌的燕卜荪凭着自己惊人的记忆力将《哈姆雷特》整部默写在黑板上，用打字机打出《奥赛罗》全文以供学生阅读。在燕卜荪的指导下，联大的学生们第一次与奥登、艾略特、叶芝等西方诗人及上世纪20年代的西方现代派诗歌有了亲密接触。

1 《十四行集·序》，作者：冯至；桂林明日社，1942。
2 《冯至学术论著自选集》，作者：冯至；北京师范学院出版社，1992。
3 《冯至选集·第二卷》，作者：冯至；四川文艺出版社，P170 — 171。

走不尽的山峦和起伏，
河流和草原，
数不尽的密密的村庄，
鸡鸣和狗吠，
接连在原是荒凉的亚洲的土地上，
在野草的茫茫中呼啸着干燥的风，
在低压的暗云下唱着单调的东流的水，
在忧郁的森林里有无数埋藏的年代。

——穆旦《赞美》

联大开放的文化环境既让学生们从朱自清、闻一多等师长辈诗人身上继承了他们创作诗歌的哲学思想，又汲取了新月派、白话诗派等诗歌体裁的精髓。而外籍教师如罗伯特·温德和燕卜荪等人对莎士比亚作品的解读、对英诗的评论解析则带领学子们探索西方的另一番广阔的诗歌天地。当东方的新月派遇上西方的现代派，文化之间的碰撞促使诗人们开始研究诗歌与生命中的哲学联系，探索新的现代化诗歌的可能性。联大开设了冬青社、新诗社等社团供老师和学子们就自我创作的诗歌作品进行交流和鉴赏，并时常组织讲座和讨论会等供师生们交流。自那之后，联大的历史舞台上便开始出现“学生辈”诗人的身影。

穆旦可谓学生辈诗人中最为出彩的一位。穆旦，原名查良铮，1935年就读于清华大学外文系，早在高中时期便开始撰写雪莱风格的浪漫抒情诗歌。自1937年战争爆发后，穆旦开始扭转诗作风格：

黑夜里叫出了野性的呼喊，是谁，谁噬咬它受了创伤？在坚实的肉里那些深深的血的沟渠，血的沟渠灌溉了，翻白的花……在暗黑中，随着一声凄厉的号叫，它是以如此锐利的眼睛，射出那可怕的复仇的光芒。

字数虽不多，但《野兽》这篇被称为穆旦的首部真正意义上的成熟作品却获得了人们广泛的赞誉。同之前的纯抒情风格诗作告别，穆旦开始逐渐朝现实主义发展。

动荡的战争年代，带来的不仅仅是残忍的炮弹和贫苦的生活。残酷的战争环境对于年轻的文人来说，是一段不可多得的经历。生活的贫瘠和残忍让他不得不低头沉思，现实的悲怆让生命的存在和学习的意义显得更加弥足珍贵。漫长征途上，穆旦每日手持一本《英汉词典》，一边走一边诵读，若有已熟记的内容便将其撕去。历经68天，他终在抵达昆明之时将字典全数撕光，路途中所遇到的群众，也成为穆旦心中的寄托，化作了他笔下的文字。

在联大求学的日子，穆旦选修了欧洲文学史，并跟随燕卜荪学习莎士比亚和英诗。在燕卜荪的指导下，穆旦不仅接触到拜伦等浪漫派作家的作品，对艾略特和奥登的稍显晦涩的诗歌作品也是烂熟于胸。穆旦开始意图借鉴西方学者的现实主义手法来描绘当时的中国社会的残酷现状。他巧妙地将欧化的句法和晦涩的辞藻同中国传统的古诗词风格结合起来，以一种非主观化的角度，加以辩证的双面思维，表现出特立独行的客观而又矛盾的诗歌风格。自觉在诗歌世界里探索的穆旦，平日里更是不愿落下联大冬青文艺社等校园活动。他不仅帮助诗社社长出谋划策发展社员，并经常给诗刊投稿，投稿的范围也越来越广。当时在昆明《文聚》杂志上投稿最多的师长辈诗人属冯至，学生辈诗人即穆旦。不久之后，穆旦的诗歌作品开始陆陆续续在香港《大公报》的文艺副刊上发表，这位由西南联大量身打造的诗人成为众人瞩目的新星。

同冯至等前辈诗人有所不同的是，穆旦在西南联大期间的作品大多数集中于间接描绘现实中的战争场景。在他的诗歌中，能轻易地找到历史的痕迹，如同一份严密的时间表：《三千里步行》《合唱》《防空洞里的抒情诗》……从联大的长征，到百姓的生活，再到家国大义，穆旦的作品带着一丝西方现实主义的尖锐，又带有一丝东方爱国主义的血性。即便消极的词汇被大量地运用在他的诗歌中，但却孕育着一股复杂而深刻的文风。有的人认为，穆旦的诗歌是模仿西方现实主义的拙劣作品，而有的人则认为穆旦走得比其他人更快更远。他关注的不只是抗战，而是如战争、自我甚至爱情等现实事件在宏观上对人类、对世界、对社会以及对文化所产生的影响的深入思考。这种在当时显得有些独特且叛逆的诗作风格，其实肩负了对现实的反思，也是九叶诗派，即新诗派最重要的奠基石。

静静地，
我们拥抱在用言语所能照明的世界里，
而那未形成的黑暗是可怕的，
那可能的和不可能的使我们沉迷。
那窒息我们的，
是甜蜜的未生即死的言语，
它的幽灵笼罩，使我们游离，
游进混乱的爱的自由和美丽。

——穆旦《诗八首》

在现实社会的硝烟之中，中国现代知识分子不间断的反思和批判是一种对民族忧患的体现。西南联大的诗人们对中国新诗派发展的推动是历史变革中看似偶然实则必然的结果。中国古代传统诗歌中所蕴含的情感和意志的结合手法在这一时期的新诗派中也有所体现，他们主张将自我的意志情感都寄托在外界事物上，并以尽量客观的角度来表现这一戏剧性。在他们的观点中，诗已经不仅仅是一种单纯的情感的宣泄，它是艺术思想同现实社会的契合统一，也是拥抱生活后的经验的传达，更是一种感性同知性相结合的作品。

23

西南联大的学生演剧活动

Drama Activities in National Southwestern Associated University

文：徐雅 编：陆沉
text: Xu Ya edit:Yuki

1935年10月，中国工农红军结束了两万五千里长征，到达陕北地区。在整个抗日战争时期，一些原在重庆、上海的戏剧工作者纷纷投奔延安，壮大了这里的文艺力量，延安鲁迅艺术学院成为他们的聚集地。由于他们不熟悉当地的生活，因此在一个时期，便以搬演大戏、名戏为主。演出过果戈理的《钦差大臣》、契诃夫的《求婚》、包戈廷的《带枪的人》等俄苏戏剧，也演出过《日出》《北京人》《塞上风云》《法西斯细菌》《太平天国》等国内著名剧作。

《祖国》演出时闻一多（右1）与孙毓堂（右2）、凤子（右3）、陈铨（右4）合影。
◎ 北京大学档案馆藏

1943年5月，中文系话剧《风雪夜归任》上演。图为闻一多担任舞台设计时留影。
◎ 北京大学档案馆藏

仅1938年至1940年初，延安鲁迅艺术学院戏剧系及其附属的实验剧团就演出戏剧达100多场次，这就是历史上所说的“延安话剧”时期。与此同时，在云南昆明，国立西南联合大学的爱国学子也在用自己的方式参与抗日运动。

联大剧社时期

1939年初，在中国红土高原上升起了一颗冉冉红星，它的到来让中国话剧的种子播到了祖国边疆，从此开出鲜艳的花朵，它就是国立西南联合大学话剧团，它也是西南联大在云南昆明的第一个学生戏剧社团。

作为中国现代戏剧史上一个重要的剧团，联大剧社在成立期间创造了许多“丰功伟绩”：他们书写了《原野》第一次演出的轰动历史，创造了云南戏剧历史上的第一座高峰，以戏剧演出的方式宣传抗日，不仅做到了戏剧普及的工作，还培养了一批优秀的戏剧人才，让他们得以真正走出去，与其他学校团体进行合作，并将此发展成为传统。这些点滴都为抗日胜利做出了很大贡献。

说起联大剧社的成立，还得从话剧《祖国》开始讲起。1938年12月，西南联大的新学期伊始，一些爱好戏剧的同学想组织一批人开始排戏。他们与陈铨教授商量，想把他最新编写的剧本《祖国》排演出来，陈铨欣然同意。而后同学们又去请教闻一多教授，闻一多非常支持并担任了该剧的舞美设计。同时，闻一多还特意请来去日本学习戏剧归来的孙毓棠做该剧的导演。孙毓棠也毫不推脱，让妻子凤子也加入到演剧活动里担任女一号。就这样，《祖国》在四位老师的带领下，如火如荼地排练起来了。

1939年2月18日，《祖国》在昆明云瑞中学举行公演，剧作中表达的抗日和爱国精神深深打动了台下的观众。这种浓烈的氛围不仅让台下观众纷纷受到感染，台上的参与者更是比任何人都充满激情。《祖国》的成功让热爱戏剧的爱国学生更加有信心把戏剧社团发扬光大。

《祖国》成功演出之后，联大剧社的几位学生摩拳擦掌，开始着手准备中国著名剧作家曹禺先生的作品《原野》，这也是一次不小的挑战。曹禺先生对待戏的要求很严格，联大剧社同国防剧社的同学商议，特地邀请曹禺来到昆明导演《原野》。排演班子则由曹禺、凤子、孙毓棠、闻一多等研究决定。最后《原野》的演员定为：凤子饰演金子、孙毓棠饰演常五、汪雨饰演仇虎、樊筠饰演焦母、李伟文饰演焦大星。

在导演曹禺的带领下，《原野》开始了紧张的排练。排练地点在昆明城东南的长春路，而联大师生住在西北角，所以每次排练大家都要穿越半座昆明城，十分艰辛。由于条件有限，每次联大师生都要等到晚上10点京剧演出结束后才能占用舞台开始排练，许多时候结束时已经是凌晨三四点钟。面对这样的条件，每个人即便都身兼数职，但从没有谁有过半句怨言。

1939年8月16日晚，联大师生排演的《原野》终于在新滇大戏院与观众见面，演出再一次吸引了众多观众，戏票很快被抢空。原计划《原野》仅演10天，之后换《黑字二十五》演出，但由于观众反响热烈，《原野》不得不加演两天，就这样，在为期1个月的演出时间里，两个剧目共演出32场。面对如此盛况，就连联大的教授朱自清都当即撰文写道：“看这两个戏差不多成了昆明社会的时尚，不去看好像短了些什么似的。”

剧艺社期间

联大剧团在1938年成立，于1942年8月演出最后一场戏，共存在近四年。直到1944年，联大剧艺社宣告诞生。

与联大剧团不一样的是，剧艺社自成立之初便发展迅速。它由一个有几位戏剧专长者的小团体，迅速推广吸收戏剧爱好者，发展成为一个拥有几十名拥趸者的大剧团。由于发展迅速，仅一年时间，剧艺社便推出了它的第一部大戏，即吴祖光的三幕剧《风雪夜归人》。此后，剧艺社在原有的基础上不断改进《风雪夜归人》的戏剧呈现效果，使其成了剧艺社的一个招牌节目。

1943年5月，西南联大中文系为了欢送毕业生，将这出戏作为一个重要节目在中法大学礼堂演出。根据现存的记载资料显示，当时的演出从导演、演员、舞台监督、灯光师到化妆师等都由相关领域专长的学生担任，可以说《风雪夜归人》的演出会集了剧艺社乃至西南联大学生中的戏剧精英，赢得了观众的热烈称赞。至此，剧艺社的演出队伍已经相当完备，剧艺社基本发展成熟。剧艺社蜚声校内，在西南联大八周年校庆活动中，《风雪夜归人》受到邀请作为活动的压

抗战话剧《祖国》由闻一多先生负责布景设计与灯光，这个布景又被称为“诗人的布景”。
◎ 北京大学档案馆藏

联大歌咏团在昆明广播电台演出时合影。
◎ 云南师范大学西南联大博物馆藏

轴节目登场，不得不说，这也是剧艺社发展的巨大成功。

尽管西南联大作为学术与精神的乌托邦之地给剧艺社提供了一块蓬勃创作的土壤，但在接下来的一系列政治运动中，剧艺社也没能避免运动带来的在创作道路上的影响。创作后期，受到昆明学生运动的触动，他们创作出了《匪警》的剧本。此外，根据昆明学生罢课运动中的不同细节，剧艺社相继推出《凯旋》《审判前夕》等，并赢得了一定的好评。

1946年，云南大学举办“五四纪念周”活动，委托剧艺社排演一出戏剧，剧艺社选择的是夏衍的四幕剧《芳草天涯》。这出剧，由于演员的选择合适、排剧的环境良好，一经演出，观众纷纷评价其艺术思想恢复到了《风雪夜归人》的高度，艺术水平也有提高。但遗憾的是，《芳草天涯》也是剧艺社的最后一出戏。冥冥之中，《芳草天涯》中的情感似乎与剧艺社的告别互相呼应。

剧艺社作为西南联大最后一个剧社，书写了承上启下的篇章——上承西南联大传统剧团精神人文，下启清华、北大、南开的戏剧新篇章，成为中国高校戏剧历史上不可磨灭的存在。如今，人们依稀可以从它流传的戏剧资料中窥见它曾经的辉煌，品咂出深刻而又隽永的余韵。

24

邵泽辉：戏剧始终应该表达当下

Interview with Shao Zehui: Drama Should AlwaysExpress the Present

文：徐雅 编：陆沅 图：李晏
text: Xu Ya edit:Yuki photo: Li Yan

中国话剧自19世纪末20世纪初诞生以来，就一直和学生演剧有着密不可分的关系。1906年冬，一个旨在研究文化艺术的留日学生团体“春柳社”在东京成立了。一百多年后，高校戏剧虽然不再与各类政治活动相伴随，但仍然张扬着属于这个时代的年轻活力。

profile

邵泽辉，1999年毕业于北京大学信息管理系，2004年毕业于中央戏剧学院，获导演学硕士学位，现任北京理工大学艺术教育中心讲师。主要戏剧作品有《太阳·弑》《在变老之前远去》《如果，世界瞎了》《1988：我想和这个世界谈谈》《玩偶之家》。

1994春，北大剧社同学与孟京辉导演交谈。◎李晏摄

1994春，北大剧社演出的《板足鲎》（编剧、导演：孙柏）。
◎李晏摄

1

2

知中：校园戏剧可以说是中国话剧诞生的摇篮，你如何看待像西南联大剧团这样的学生剧社在中国特定历史时期发挥的作用？

邵泽辉：中国戏剧确实是从学生演剧诞生的。李叔同等一批人在日本东京成立了“春柳社”，这是一个综合类的艺术社团，包括了音乐、美术、话剧等。中国第一部正式演出的话剧作品《黑奴吁天录》就是他们排演的。

我觉得每一个时代的年轻人其实都是一样的，只不过，他们在面对政治事件时会通过不同的媒介来表达自己的观点。可能从20世纪初“话剧”这个概念在中国出现时起，年轻人就开始用这样的方式来进行自己的思考和表达，从而完成自我价值的实现。学生演剧活动是年轻人在学校里表达自我的一种方式，这种方式从西方引进后，在国内呈现出了更加自由的状态。它的门槛也相对较低，不像戏曲，是需要坐科两三年才能登台演出的。

学生演剧发展到今天，这种自由、开放的理念仍然存在。我觉得学生演剧在中国历史上也不是什么特别的事情，只是年轻人找到的一种表达方式和出口，他们自然会用这样的方式去呈现。但学生演剧的确和每一个时代的发展紧密结合，因为年轻人是最敏感的一群人，他们不一定是最准确的，但一定是最敏感的。他们对新鲜事物的接受、对自我存在意识的觉醒，都决定了他们会存在于每一个时代最前沿、最潮流的端口，他们会是最先发出声音的群体。虽然他们也有幼稚或是不成熟的一面，但他们的确在引领一种方向，或者说他们拥有的是一种激进的、热血的思考。当时，演剧这种形式也是最直接、最有效的传播方式。当然，未来学生演剧可能会越来越像一个娱乐产物，它所承载的历史任务及政治意识形态的表达可能会越来越少。

知中：在你看来，现在的学生演剧是否应该承担起承载历史的责任，并进行意识形态的表达呢？

邵泽辉：我觉得这不是应不应该的问题，而是演剧这样的形式在今天是否仍是一个最好的表达途径。在这个时代，戏剧其实已经不是最好的呈现方式了，它也没有网络传播得那么快。除去艺术性和文学性，单从传播力度来看，它的传播效果就不如微博、微信和直播。现在，社会发声的窗口更多，一篇文章如果发布在网上，可能有10万人可以看到；但是做一场戏剧演出，只能让来剧场的500人看到。这个问题和现代社会的生产力及科技迭代都有关。

知中：当时西南联大剧团排演曹禺的《原野》反响很大，现在的学生们观看《雷雨》时却频频笑场。你如何看待校园戏剧逐步“没落”的问题？

邵泽辉：《雷雨》的笑场事件其实和学生没多大关系，这是创作者和受众之间的问题。首先，《雷雨》笑场事件的主要原因可能在于那个版本的呈现

3

1.2.3.
1998，北大剧社《保尔·柯察金》演出剧照。
◎李晏摄

方式和现在不是一个时代，所谓“笑场”反映的是时代的隔阂，而不是具体的“台上的人”和“台下的人”之间的问题。因为“台上”可能讲的是上个世纪的事，而“台下”坐着的都是信息大爆炸时代的观众，他们之间本身就有隔阂，这不能单纯说是学生的问题或是表演者的问题。

但我们在“笑场事件”中可以看到另一个问题：戏剧在中国的发展是否和时代紧密衔接，这一点是特别重要的。戏剧一定是当下的、此时此刻现场发生的，它是跟这个时代的人群息息相关的。很少说有剧作家、导演创作一个作品是给五十年以后的人看的。戏剧不像绘画一样可以保存、放置很久。如果戏剧不能和此时此刻的社会中的人、和它面前的观众产生碰撞和交流的话，那就很难有“未来”的传播。这可能是戏剧比别的艺术更难的地方：你得从现在出发，去着眼于未来，才能更有生命力。比如莎士比亚的作品在他生活的那个时代就是流行的、时尚的，同时他还抓住了人的本性，他的作品中还有和当时社会相关联的东西，所以才能在每个时代都传播，甚至是有“变化”地传播。

这就是戏剧的魅力所在。戏剧是和此时此刻的人发生关联，而不是相互割裂来展示的。戏剧在中国发展了一百多年，但是真的有世界级影响力的、具有戏剧本体价值的作品其实并不多。从另一个角度讲，我们的戏剧创作和政治运动、社会风潮等结合得太紧密了。它只是在那个时候产生作用，成了运动发声的工具，但从戏剧本体来看，它并没有产生多么深远的影响，这样的作品到最后可能就被淘汰了。比如我们现在排的戏，再过五年、十年可能就没有人会看了，这样的事情其实挺多的。

知中：你觉得现在的学生剧社在中国的高校里扮演着一个怎样的角色？

邵泽辉：对中国人来讲，青年知识分子的思考和表达，以及他们在每个时代所做出的不同行为都是特别值得分析、研究的，也非常值得现在的学生去学

1998年5月，北大剧社演出完《保尔·柯察金》后，全体演职员与英若诚、英达父子合影留念。©李晏摄

习。因为它有着时代最鲜活的印记，是最有内在力量的东西。我现在也在大学当老师，说实话我感觉现在学生的创造性、敏感性都相对弱化了。

知中：你在校园戏剧的普及工作最看重哪些因素？

邵泽辉：这个问题分两个层面。首先，从戏剧艺术本体的学习上来讲，我希望他们更多地做一些经典的作品，在经典作品中呈现他们的思考。因为对青年人来讲，只有在经典的作品里学习才能最快成长。无论是莎士比亚的作品还是莫里哀的作品，甚至古希腊的作品，学生们在排演的过程中能学到很多东西，并且能加入自己的思考，呈现一个“结合”的版本。

对于校园戏剧，我最大的建议就是不要一上来就搞原创，因为学生们的能力是有限的。“把经典的作品吃透”并不是要学生们对以前的作品进行“考古式”的呈现，而是一定要和你现在生活的时代相结合。现在，高校学生参加学校的剧社，就是在通过演剧活动进行对人生和社会的思考，这是对他们最有价值的事。从目前中国高校的学生剧团来看，他们的演出还不太能达到专业水平。一个剧团中，如果能有一两个同学能在将来真正成为导演、编剧，就已经很难得了。

其次，现在的年轻人都挺有自己的想法的，但是回过头我们再去看他们所谓的“自己的想法”，其实都是“别人的想法”，所以我在给学生们排戏时会告诉他们：“其实你不是在用所谓的‘自我意识’去表达别人的想法，而是在演‘别人的故事’时找到真正的自我。”这个过程其实是很重要的。我经常跟学生们讲，在校的戏剧演出活动中的真正的收获是你人生的收获，你通过排演这些作品，才能知道在以后的人生中你可能会遇见的这样那样的问题。当你排演过这样的戏后、演过这样那样的角色后，等再回到生活中时，你就知道该怎么做、不该怎么做了。

知中：你刚进入北大时，为什么会想要加入北大剧社？后来又是怎么决定从事戏剧导演这个职业的呢？

邵泽辉：我就是抱着“玩儿”的心态进去的，当时年轻，也有一些表现欲，所以就想加入剧社。

其实我也没有决定“成为戏剧导演”。我毕业以后先工作了一年多，我在北大排戏的时候认识了一个中戏的师哥，他当时给我打了一个电话，说他读研究生时的导师想招一个非艺术院校的本科学生，问我有没有兴趣考。正好我那时候也处于迷茫期，就干脆辞职备考，这才上了中戏。如果不是当时那个老师正好有这个想法，如果我没有认识我这位师哥，我现在可能也不在戏剧这行里。

知中：你觉得你在北大剧社里收获最大的是什么？

邵泽辉：我当时进去完全是因为兴趣爱好，但很重要的一点是，当时在北大搞戏剧社团的朋友都是一帮特别可爱的人，他们都非常愿意表达、愿意分享、愿意交流。我觉得这是我在大学校园戏剧生活里最大的收获——认识了一批有想法、有社会责任，而且愿意分享的朋友，这也是我人生中的一笔财富。

我当了大学老师之后发现，其实每一波年轻人里面都有这样一批人，他们愿意把自己认为有价值的、美好的东西分享给别人，在分享给别人的过程中又能找到志同道合的朋友，一起来把这个东西完成。这是一个挺好的“人性”的表现。

知中：对那些同样是非职戏剧、想真正成为专业导演和演员的人，你有什么好的建议给他们吗？

邵泽辉：这个就要根据自己的实际情况来看。我认为大家不要让自己背负太多的责任感。无论是非职还是学生演剧，重要的是你在做的过程中是开心的、做完之后是有收获的，我觉得这就足够了。千万不要给青年戏剧人太多责任和压力，戏剧人也不要天天拿别人的成就来压自己，大家还是要在自己的创作中有所收获，学会在该坚持的时候坚持，在该放弃的时候放弃，我觉得这挺重要的。并不是所有东西都值得坚持，有些时候可能生活本身更加重要。戏剧有时候其实是“无关痛痒”的，它既不当吃也不当喝，创作者把他的那些话都说了，把那些怨气都释放了，可能也改变不了什么。但在这个过程中，它对某个个体产生的潜移默化的影响，可能正是有意义的事情。我们能够通过戏剧找到我们互相共鸣的东西，这样就很好了。

知中：那么你自己现在做戏剧创作最看重什么？

邵泽辉：我创作每一个作品都会对自己有一个要求：在这个作品里，我一定要知道自己在干吗，在说什么。

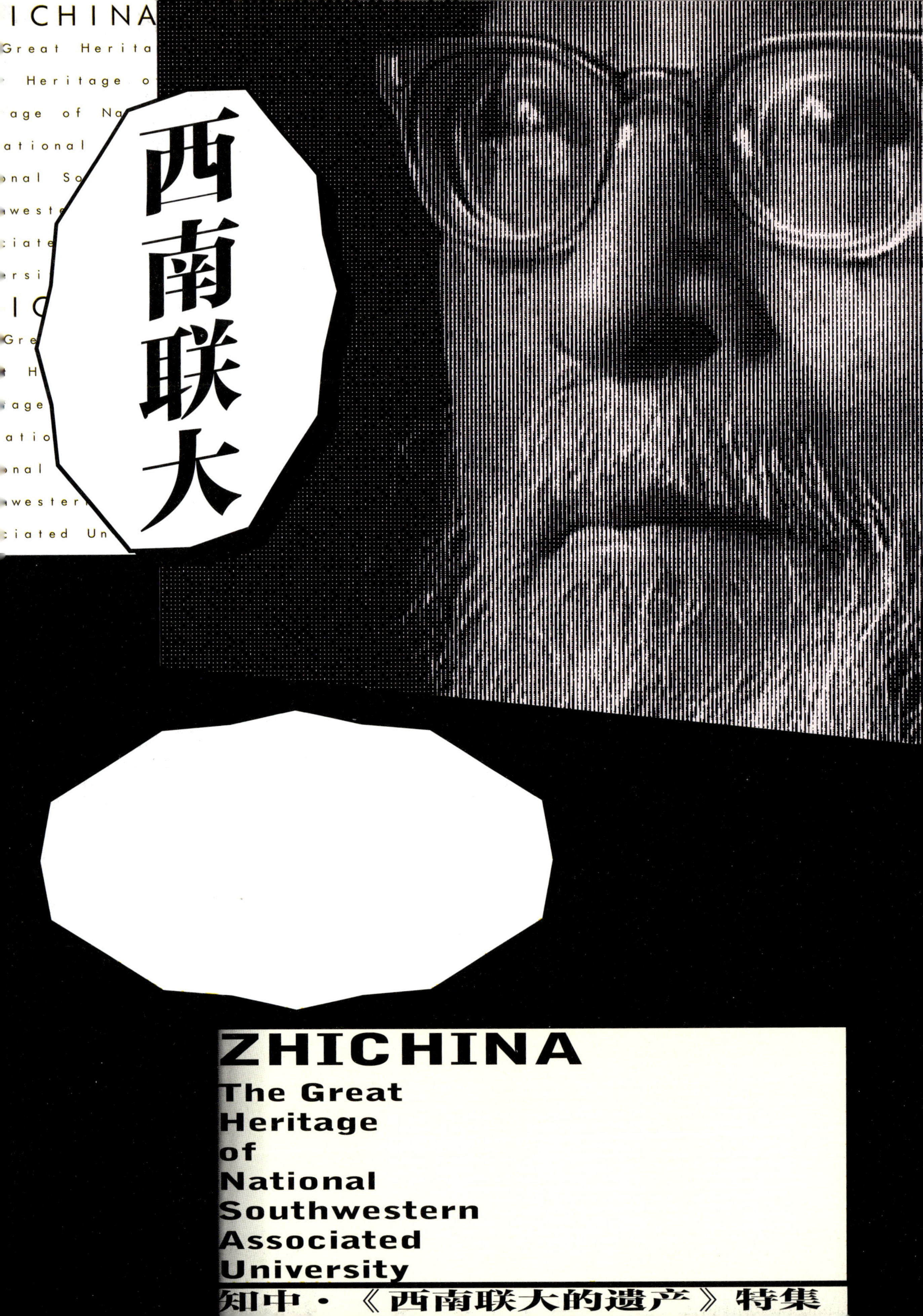
ICHINA
Great Herita
Heritage o
age of Na
ational
onal So
weste
ciate
ersi
IC
Gre
H
age
atio
onal
western
ciated Un
西南联大
ZHICHINA
The Great
Heritage
of
National
Southwestern
Associated
University
知中·《西南联大的遗产》特集

The Great Heritage of National Southwestern Associated University

25

历史建构下的疏离：民国时期的大学

The Alienation under Historical Context: Universities in the Period of the Republic of China

文：李亦凡　编：陆沉　绘：魏丹阳
text: Li Yifan　edit: Yuki　illustrate: Wei Danyang

近年来，作为民国学术代表的大学迎合着人们对民国风骨的想象。公立大学、教会大学、私立大学三足鼎立的高等教育体制，背后潜藏着其时不同阶层与势力的暗流汹涌，多种力量在民国的公共空间交会，形成一种多元和动态的面貌。西南联大出于多种原因在今天人们的认知中执民国高等教育之牛耳，但那时还有许多大学也在并不宽裕的公共空间中争取着自己的位置，并与西南联大一起构成了民国教育的图景。位于中华民国首都南京的国立中央大学是彼时当之无愧的全国最高学府，虽然传闻中的亚洲排名第一并不可考，其实力仍不名而见；圣约翰大学与上海大学也在被称为"冒险家的乐园"的上海，或多或少地介入到现实生活之中。此三所大学，虽不能概括民国大学的全貌，但它们作为西南联大之外的一个民国大学之侧面却也弥足珍贵。

Saint John's University

圣约翰大学

校训： Light & Truth（光明与真理）
学而不思则罔，思而不学则殆

创建时间： 1879年创设"圣约翰书院"
1905年升为"圣约翰大学"

性质： 教会大学

圣约翰大学

教会大学在当下的社会语境中鲜为人关注，这或许与宗教和权力的依附有关。但在民国时期，除了政府建立的国立大学、地方士绅创立的私立公学外，教会兴办的教会大学也在当时的文化语境中扮演着一个重要的角色。国家、士绅与知识分子及资本主义的市场需求，这三重力量共同塑造了民国时期大学的面貌，它们之间往往在调和之中夹杂着冲突，彼此消长起伏，形成了民国时期大学流动而多样化的形象。而其中，圣约翰大学是比较典型的一所教会大学，它超出了单一的传教范畴，又因为地处经济活跃的上海而深深介入了上海的金融界和医学界，构成了上海上层资产阶级的重要部分。

创立于1879年的圣约翰大学，代表着一种与中国传统教育断裂的高等教育机构新类型的诞生。与大多数教会大学相类似，圣约翰大学的目的自然在于宣扬上帝的福音，但不同点是，它很快就超出了对中国皈依者进行纯教义训练的范畴。圣约翰大学旨在成为“中国光明与真理的灯塔”，“光明与真理”在大学部正式成立四年之后的1894年就成为该校的校训。基督教在学校课程中的位置，更多是在道德层面，而不是宗教意义。

圣约翰大学刚开始只是从江南地区基督教背景的家庭中收取预科生，随着入学人数的增加，学生群体的机构也在发生变化，其中的特殊景观便是作为一所教会大学，学生群体的世俗化却成了一个普遍趋势。圣约翰大学的基督教理想在都市资本主义的环境中被逐步淡化，而它所提供的课程，比如英语与自然科学则成了显示地位和教育的工具。圣约翰大学为它的学生打通了与外国人的交往渠道，并奠定了商界地位：绝大多数圣约翰大学毕业生的工作去向是如外交机构、商界等与西方有所互通的特殊领域，而这直接体现了高校提供“商业与科学的基督教育”，侧重于金融与商业的世俗化倾向。于是，一张以校友会为核心的社会关系网就此拉开。经济上最直观的体现就在于私人捐助的收入猛增，甚至一度达到圣约翰大学总收入的四分之三。

依托于上海这个具有国际影响力的大都会，圣约翰大学成功实现了儒家中国分子“学而优则仕”的现代转型，人们通过语言水平、职业技能、科学知识等为自己谋取财富，并形成一种类似于韦伯所言的新教伦理与资本主义精神的良性互动关系。即便如此，在当时民族主义持续膨胀的潮流之下，政治上保守的教会大学自然会成为社会各界的指责对象。批评首先来自这些西化精英对本土语言和文化的缺失，这与圣约翰大学对中文课程设置的不力有关，从圣约翰大学获得荣誉博士学位的江苏省教育会会长黄炎培是被批评的代表人物之一。1919年，当五四运动的风波从北京震荡到上海，民族主义情绪持续高涨，而黄炎培在其时积极响应着上海的政治情绪。在各方面的压力下，圣约翰大学在五四运动到五卅运动的六年间持续进行着中文课程的改革。但在全国学生文化自觉下所发起运动的冲击中，圣约翰大学在1919年到1920年间有三次被迫关闭。

不同于中央大学，圣约翰大学的疏离是一种脱离其时发展语境的精英主义的盛行。西方人对基督教世界主义的幻想与民族主义者的裂痕与日俱增，这是教会大学诞生于这片土地的先天不足。对中国知识分子而言，高等教育着力于世俗化的目的，即对知识的掌握，以及对中华的重新发扬光大，这与教会大学“宣扬上帝的福音”、不愿过多介入当下政治的初衷在本质上就存在着不可弥补的嫌隙。这一对立状态在学生和卜舫济校长关于中国国旗事件的冲突中达到顶点，他降下中国国旗，是因为不愿意介入当下的政治语境，而与整个中国历史汹涌的疏离状态更是难以寻找到依托的空间：262名大学生(总数的58%)、290名中学生(大约75%)和几乎整个中文系选择了离开学校并成立光华大学。他们的这一决定得到了上海实业民族资产阶级的支持，而“光华”的意义，正是“光大中华”。

圣约翰大学其后的道路难免艰难。1925年秋天，圣约翰大学被迫放弃华东大学体育联合会的成员资格。而南京国民政府的成立，也让圣约翰大学在秩序的重新建立中面临着一个不确定的未来。南京国民政府禁止任何宗教教育成为必修课，圣约翰大学断然拒绝在这样的规定下登记注册，它把自己置于中国领土之上却又游离于高等教育体系之外，在南京政府的反对环境中继续办学。它仍然是上海上层资产阶级的母校，并随着上海经济地位的提高逐步迈入中国社会的核心位置。圣约翰大学当然为新的精英阶层的形成贡献了不可或缺的力量，但它同时也找寻不到在中国社会中的文化符号。

National Central University

国立中央大学

创建时间： 1928年4月
地位： 曾是全国院系最全、规模最大的大学，素有“北北大，南中大”的说法

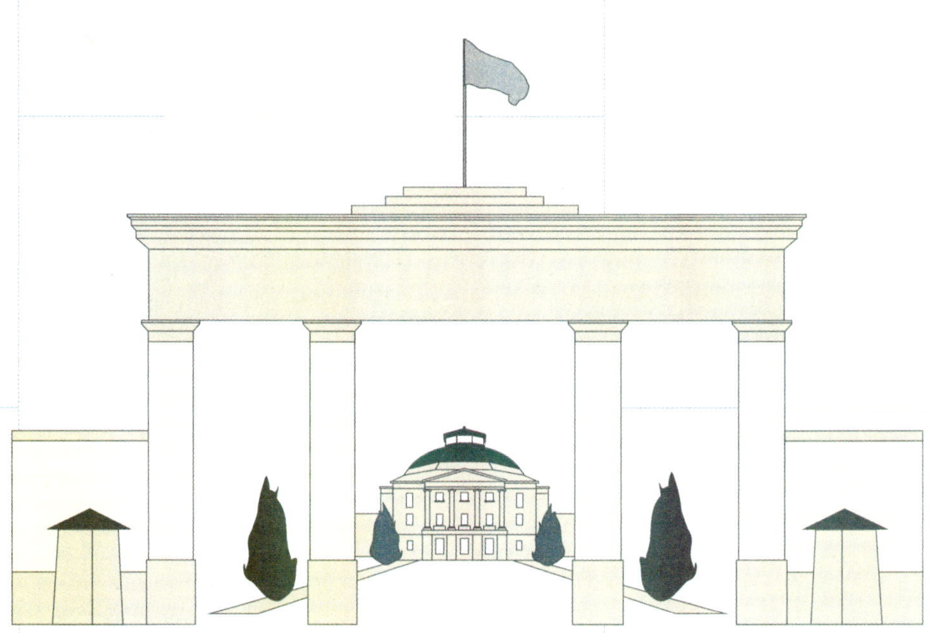

国立中央大学

对民国学术的追索似乎成为一个当下历史语境中一个突出的情绪回潮。清华大学的校庆电影《无问西东》代表了一个符号，在渲染情绪的同时造成了一种深深的落差：当下永远是不完满的，与其说乌托邦企望于未来，不如说它已经存在于过去。过去是我们此刻时间之前的一切，一团混沌，没有秩序，而若在一团混沌中抽取某些内容并赋予秩序，这便是历史的生产。

西南联大如今成了民国大学的担当，而另一所在当时极负盛名的大学如今却近似销声匿迹。对国立中央大学而言，这是非战之罪。因为与所谓“旧时代”有羁绊，它似乎总若有若无地被排斥在正史的书写体系中。六朝松记得以前多年来的一切，树犹如此，人也不应该忘记。

如今南京北极阁以南的三江师范学堂故迹似已不存，但南京大学鼓楼校区校园内永远留下一块石碑，体现着这所学校始终记得自己的源流。南京大学始于1902年，四年后易名为两江优级师范学堂，李瑞清监督“嚼得菜根，做得大事”的校训至今还在南大人口中念兹在兹。南京高等师范学校时期由校长江谦作曲、李叔同作词的校歌今日已成为南京大学的校歌，并在时代精神的流变中衍生出多种不同的版本。此后，该校又经历了国立东南大学、国立中央大学、国立南京大学等时期，直至1952年在院系调整中被分裂为今南京大学、东南大学等十几余所学校。国立中央大学作为一个历史上的名词就此沉沉隐去，而南雍学脉不坠。

从国家的角度看，高等教育作为一项事业，本身就是现代国家建设的一部分。在政治上，大学必须得到国家的认可，而作为国立大学，经济上更依赖政府在经费方面的直接支持。简言之，在现代国家框架中，大学教育的维持须以满足诸多外在条件为前提，大学的“自主性”更像是一种神话。中央大学坐拥全国大学中最大之规模、最齐全之学科，教授阵容之强居全国各大学之

首，一校的经费相当于北大、清华、交大、浙大四校的总和；《学衡》与北京《新青年》为了在西学的浪潮中“整理国故”，然后“融化新知”而持续论战；而学术以外，中共与国民政府的逐力也在历史表面的喧嚣声中暗流涌动。无论何时，大学总是一个混杂着“私域”与“公共空间”的巨大场域。

抗战时期的中央大学，时任校长的罗家伦早已预见中日战争的必要性，亲赴蒋介石寓所陈述迁校的必要，三次空袭更加快了中央大学迁校的步伐。短短一个月左右的时间，中央大学绝大多数师生均到达预定集合地点或已抵重庆。据时任教育部长陈立夫回忆：“迁校最迅速而完整的是国立中央大学，全部员生及图书仪器，由南京溯江西上，直抵重庆沙坪坝建校。农学院农场的牛羊牲畜，舟运不便，则由陆路徒走驱策西行，亦安全抵达重庆。”然而即使位于抗战时期的首都重庆，中央大学生活的一切设施都非常简陋。当时学生宿舍有“三多”之说：臭虫多、蚊子多、打摆子多（即疟疾）；食堂供应着混杂沙子、霉变米、老鼠屎等的平价米，也被学生戏称为“八宝饭”；由于电力不足，许多同学用墨水瓶制成的油灯作为学习专用灯；夹杂以时不时为了避免日军轰炸的“跑警报”，苦从中来，却也在防空洞中、重庆特色的茶馆店与电影话剧中苦中寻乐。中大学生在学言学，除图书馆内座无虚席，各界名流竞相到校演讲也使学生苦于不能分身兼听。

西迁以后，中大校方开始对学生生活进行规范教育，力图将政治力量渗透入大学教育中，其中最为明显的体现即对学生实施军事训练和军事化管理。特别是蒋介石出任校长后，甚至派遣大量“特务学生”“职业学生”混入校内，大力发展国民党和三青团的校内组织。但在普通学生看来，国民党、三青团的活动似乎并不引人注目，据校友萧承龄回忆，大多数学生与国民党和三青团之间存在着疏离感。而“泛政治化”的导引其实是与日俱增的，从抗战前期的战时民族主义到国共意识形态的对立，原本主动介入政治生活的大学却被动地卷入政治活动中，在其他社会力量的控制和挤压下逐渐边缘化，丧失了自己的能动性。

蒋介石任中大校长的时期是中国大学历史上一个极为特殊的时期，他虽不负责实际校务，“与教师、学生完全脱离”，但校长之职由国家元首担任却也十分罕见。据说蒋想要将黄埔军校的校长风格用于大学，因此要求学生见到校长时要“立正敬礼”。某日，蒋路过操场，因学生在打篮球时没有注意到他的到来，也就没有立正敬礼，他勃然大怒，用手杖狠捣地面，大喝一声：“校长来了！”学生们被这一声冷不防的大喝吓蒙，而蒋则笑一笑后满意地转身离去，边走边说：“玩去吧，玩去吧。”

话剧《蒋公的面子》就讲述了在蒋介石治下的校园生态，只是将重点转移到了知识分子身上。《蒋公的面子》取材于一段在南京大学流行甚广的轶闻：蒋介石邀请中文系的三位教授吃年夜饭，包括胡小石、陈中凡，第三位姓名不详。三位教授为了是否赴宴发生争吵，最终如何没有结果。胡小石与陈中凡都是国学名家，与汪辟疆并称南大中文系“三老”。剧中，追求民主自由的时任道教授绝不与统治者同流合污，却又想借赴宴请蒋公抢救自己收藏的珍贵书籍；夏小山教授长袍马褂，好美食而对政治全无兴趣，但却为了一道火腿烧豆腐犹豫不决；卞从周教授是典型的拥蒋派，内心想赴宴，无奈碍于知识分子的面子而摆出不赴宴的姿态。三位教授拒绝赴宴的原因，皆由知识分子的身份所发，却又各自有赴宴的理由。这或许比高尚而平面化的人格更能让我们生成一种思考的距离。如南京大学戏剧影视文学教授吕效平所言：“戏剧艺术应该是指出道德的边缘所在，指出道德的困境所在，但从中国戏剧一百多年的历史来看，我们太习惯于用戏剧阐释道德，塑造道德榜样。当我们了解道德的困窘之处的时候，我们就真正地了解了戏剧的悲剧和喜剧，人的一切悲剧其实都是源于道德的无能为力，无论我们怎样做，都是犯罪；无论我们怎样做，都是在给自己找辩护的理由。”

传统的“士”以道自任，民国知识分子也确实继承了“士”的经世关怀，但其时的大学却表现出了一种独特的疏离感，希冀以学术的方式来介入社会和政治，却与理念相背离。这也许和知识分子与权力若即若离的距离有关，任何对于单一精神简单化的歌颂都剥离了人存在于当下的语境而为权力所用，因此值得警惕。以中央大学为例，如同人永远存在于困境之中，民国时期的知识分子与他们的大学正是在这样的权力场域中寻求着知识分子的再生产，而每一步，都绝非坦途。

即使如此，早已消失于历史中的中央大学直到今天仍在传播着自己的火种，既秉持着“学衡派”温和保守的一面，也勇于提出“时间是检验真理的唯一标准”的大讨论。《南京与北京，南大与北大》一文描述了中央大学及之后的南大与北大间的动态关系：“得吮两地的天然灵气，无论是否大学的合法领袖，南大和北大都发挥好了历史赋予的号手角色：当北大成为五四运动的摇篮，南大也是四五运动的先驱；当北大充当了“一二·九运动”中的主力，南大也敢争做“五二〇运动”的先锋。不论是救亡图存还是拨乱反正，不管是新文化运动抑或改革开放，没写北大或不提南大都是篡改的历史。”历史仍将改变，或许大学的命运也将不可避免地被改变。虽然无法预言，但可以选择不忘记，如同现东大四牌楼校区的六朝松，见证了过去，也将见证更多。

Shanghai University

上海大学（民国）

创建时间： 1922年
性质： 国共合作创办，被称为“著名的党化学校”，亦有“五四运动有北大，大革命时期有上大”的说法

上海大学

作为私立大学的上海大学，在根植于商业社会的上海却以一个与商业和资本迥然不同的大学形象出现，不得不说是当时文化语境下的奇观，但或许又与我们期许中的大学形象拥有更多的重合。上海大学的理想是与革命共生的，若是追溯校史，则应由东南高等专科师范学校的改组而成。于右任出任校长，“红色大学”至此得以建立。

上海大学与先前所言的圣约翰大学之间存在着一个非常有趣的对比。圣约翰大学是采取了学校培养学生的模式，先办了大学、盖了楼房、有了教授、开设课程，然后才招生；而上海大学则与之相反，先有一批愿意做教授以及愿意做学生的人的集结，继之以校园的建立、经费的筹措，概而言之，是在学生与学校的良性互动中得以逐步建立。若说圣约翰大学与当下语境的疏离是由于基督教人文主义理想的普遍情怀，那么上海大学则深刻介入到现实中，以现实需要为基础而与学校的发展处于一种动态生成中。

“根据三民主义的原则培养重建国家的人才”，这是上海大学的办学目标，而“三民主义”本身就是一种反对殖民与资本的革命意识形态。这样的前在理念自然吸引了一大批左翼知识分子参与到学校的建设中，如瞿秋白、蔡和森、恽代英、张太雷、彭述之、李季、李达等人都成为上海大学的教师；而体现在课程设置中则落实为社会学系的诸多课程，诸如“近代中国外交史”“科学社会主义”“社会主义革命史”等课程，带来了唯物辩证法、科学社会主义等社会科学与革命理论。

大革命失败后的长时段内，上海左翼文化蓬勃兴起，年青一代左翼在政治经济上的边缘化反而强化其心态的激进，以及对于掌握文化话语权的冲动。当个人问题被置于革命的宏大语境下，个性化叙事便成了具有共同性的社会问题，个人与家庭不再可能为其解困，而需要引入大量社会科学理论来成为照亮灰色生活的前行探照灯。于是，20世纪20年代与30年代成了社会科学出版物的高峰时期，而上海大学正是这一现象的风暴中心，如陈望道的《修辞学发凡》、邓中夏的《中国劳动问题》、萧楚女的《中国农民问题》、施存统的《社会思想史》、安体诚的《现代经济学》、瞿

秋白的《社会科学概论》、蔡和森的《社会发展史》等，大都采用马克思主义社会观为研究框架，使得上海大学成为其时马克思主义的重镇。

在上世纪二三十年代的革命文化里，上海大学努力保有自身的主体性，并尝试着掌握文化领域的话语权，以期介入政治语境。圣约翰大学时常见诸报端，且多是慈善、义卖、跳舞等资产阶级上层社会的活动；而上海大学则以一个革命者的形象出现，出现在自己办的革命刊物里，常常与罢工、罢市等活动关系紧密。作为存在于资本主义社会里的一个组织，上大从诸如英文系、会计系等实用学科中收取不菲学费来支持革命理想的再生产，“北有北大，南有上大”“武有黄埔，文有上大”，“红色大学”不名而现。

由此看来，上大从来不是一个求取高深学问的“象牙塔”，又或者是将学习视为一个自我提高的过程，而这一过程表现为直接的社会参与中，并最终引向对社会本身的改造。但上大又从未如创校时希冀般得以始终以独立的形象介入到政治事件中。1927年，上海大学的被关闭映照着一个急剧变动的大时代里学术、文化与政治之间强烈依附又互相疏离的权力场域。

26

吴宝璋：
战时高校出路与知识分子的选择

Interview with Wu Baozhang: How Colleges and Universities Chose During China's Anti-Japanese War

文：李汉臣　**编：**陆沉
text: Li Hanchen　**edit:** Yuki

抗战十四年，烽火连天。但是，中国大学在颠沛流离中发展壮大，这是场史无前例的大学迁移，也是一场高级知识分子的文化迁移，有“保全国家元气”之目的，也是一种民族精神与家国情怀的强烈释放。原本是由于战争造成的被迫流亡，但没有想到的是，竟造成了中国最盛大的一次学府间跨地域的文化繁荣。

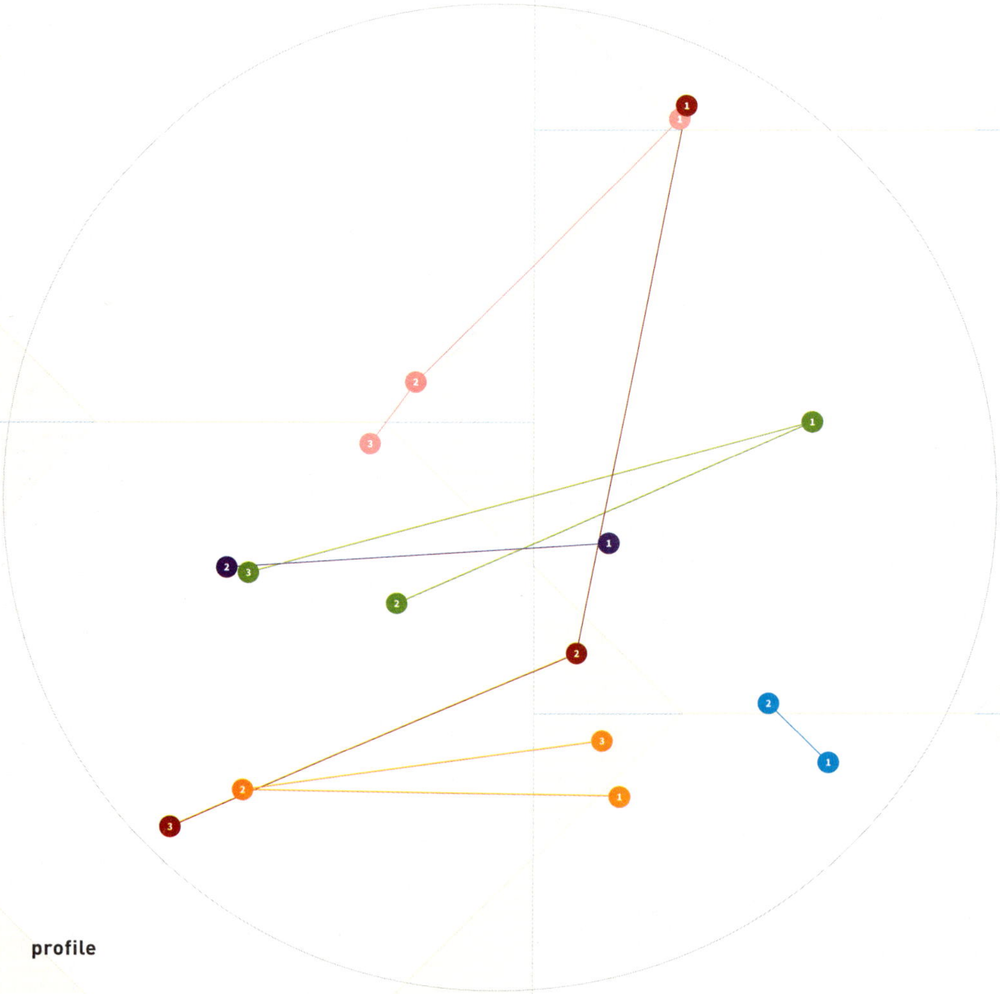

profile

吴宝璋，1947年9月1日生，云南师范大学历史学教授，中国古代史、中国近代史硕士生导师。1982年毕业于昆明师院（现云南师范大学）历史学专业。代表作有《一二·一运动与西南联大》（主编）、《云南抗日战争史》（主编）、《云南红十字会史》（主编），是近年来云南师范大学校史宣传主讲人。

● **国立中央大学**
①江苏南京——②重庆沙坪坝（部分学院）
①江苏南京——③成都华西坝（部分学院）

● **武汉大学**
①湖北武汉——②四川乐山

● **厦门大学**
①福建厦门——②福建长汀

● **中山大学**
①广东广州——②云南澂江——③广东坪石镇

● **西南联合大学**
①北京、天津——②湖南长沙——③云南昆明

● **西北联合大学**
①北京、天津——②西安——③汉中

国立中央大学

1937年10月，中央大学开始从南京迁往重庆沙坪坝。医学院和农学院畜牧兽医系迁成都。

1946年，中央大学迁回南京，现为南京大学。

武汉大学

1938年2月，国立武汉大学决定从湖北武汉迁往四川乐山。

1946年6月，武汉大学从乐山迁回武昌，现为武汉大学。

厦门大学

1937年9月，日军侵犯厦门，厦门大学从福建厦门被迫迁往鼓浪屿。11月间，学校决定迁往福建西部的长汀，并于次年1月抵达。

1946年6月，厦门大学校本部开始迁回厦门，现为厦门大学。

中山大学

1938年10月，中山大学从广州迁往云南澂江。

1940年，中山大学从云南澂江迁往广东省北部的坪石镇。

1945年1月，日本侵略者进犯粤北，中山大学不得不再次迁校，学校一分为三，分别迁往粤东各县、连县、仁化。同年8月，中山大学迁回广州石牌等原址复课。现为中山大学。

西南联合大学

1937年，七七事变后，北京大学、清华大学、南开大学先分别从北京、天津迁至湖南长沙，组成长沙临时大学，同年10月25日开学。

1938年4月，长沙临时大学迁往昆明，改称西南联合大学。

1946年5月，三校迁回原址，西南联大师范学院留昆独立设院，现为云南师范大学。

西北联合大学

1937年 七七事变后，位于北京的北平大学、国立北平师范大学，以及位于天津的国立北洋工学院三所院校迁往西安，组成西安临时大学。1938年春，西安临时大学迁至汉中，改名为国立西北联合大学。

1938年7月，国立北洋工学院、私立焦作工学院、北平大学工学院和国立东北大学工学院在汉中组建国立西北工学院。西北联大农学院迁往陕西武功，与国立西北农林专科学校合并，称国立西北农学院，现为西北农林科技大学。现在的中国农业大学亦与西北农学院有渊源。

1939年，北平师大改为国立西北师范学院。

1940年，西北师院迁往甘肃兰州。

1946年春，学校师生部分迁回北平，现为北京师范大学。部分留在西北，现为西北师范大学。西北联大医学院独立，成立西北医学院。西北联大文理、法商两个学院则组成西北大学，随后西北医学院并入西北大学，现为西北大学。

● 浙江大学

① 浙江杭州——②浙江天目、建德——③江西吉安、泰和——④广西宜山——⑤贵州遵义、湄潭

● 河南大学

① 河南开封——②河南镇平——③陕西宝鸡

● 同济大学

① 上海——②浙江金华——③江西赣州、吉安——④广西贺县——⑤云南昆明——⑥四川李庄

● 交通大学

① 河北唐山——②湖南湘潭

③上海——④江苏南京——⑤河南商丘——⑥重庆九龙坡

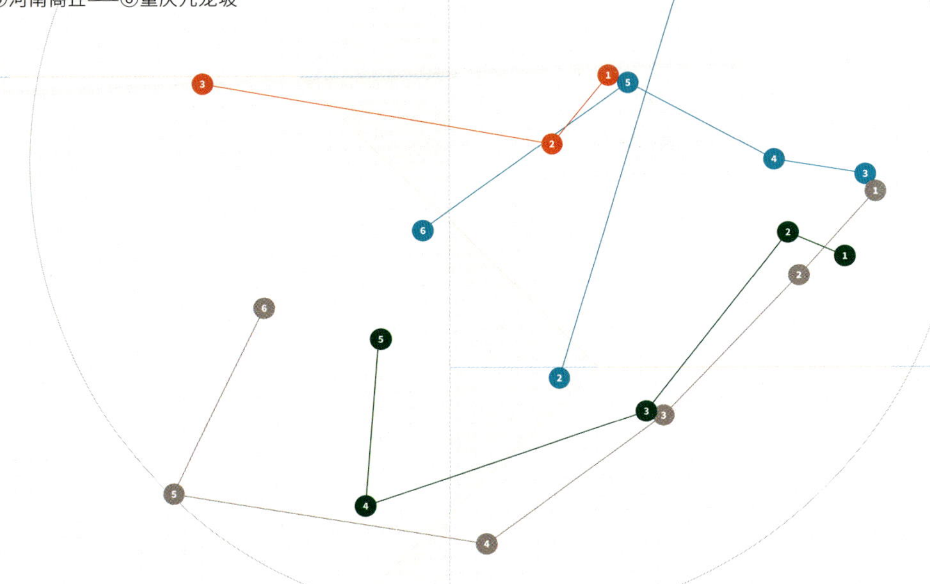

● 浙江大学

1937年七七事变后，浙大从浙江杭州迁至浙江天目、建德。该年12月底至次年1月底，浙大师生从浙江建德迁往江西吉安、泰和。

1938年10月，迁往广西宜山。

1940年初迁至贵州遵义、湄潭。

1946年秋，浙江大学迁返杭州，现为浙江大学。

● 河南大学

1937年12月，河南大学撤离开封。

1938年3月，河南大学农学院和医学院首批迁往豫西镇平，文学院、理学院、法学院及校本部迁往鸡公山。同年10月，校长王广庆将羁留在鸡公山的文、理、法学院迁到镇平，以期在镇平安定扩充。河南大学畜牧系与西北农专、西北联大农学院组建成国立西北农学院。

1939年5月，河南大学迁往嵩县。医学院迁到嵩县城内，校本部及文、理、农三院均迁到潭头。

1945年4月，河南大学西迁宝鸡附近的石羊庙、卧龙寺、姬家殿（现今的宝鸡县八鱼乡）等地暂时安居。抗战胜利后，河南大学回归开封。

● 同济大学

1937年，七七事变后，同济大学从上海迁往浙江金华。同年11月，学校迁往江西赣州、吉安。1938年7月，同济大学迁往广西贺县八步镇。同年冬，再次迁往云南昆明。

1940年10月，同济大学迁往四川宜宾李庄。

1946年4月，迁回上海。现为同济大学。

● 交通大学

1938年1月，交通大学唐山工程学院在湖南湘潭复校。3月，国立交通大学北平铁道管理学院暂行并入交通大学唐山工程学院。5月，学校迁往湖南湘乡杨家滩。随后，交通大学唐山工程学院举校再次被迫西迁。1942年8月，交通大学总部从上海转至重庆九龙坡，重庆商船专科学校并入交大。交通大学分设上海、西安两部分，现发展为上海交通大学、西安交通大学。

1946年8月，国立交通大学贵州分校更名为国立唐山工学院，迁返唐山原址办学，现为西南交通大学，定址成都。北平铁道管理学院发展为现在的北京交通大学。

知中：当时很多学校南迁到重庆、四川，为何西南联大选择迁到云南？

吴宝璋： 当时北大、清华和南开先到了湖南长沙。1937年12月南京沦陷了，长沙也不能待下去了，学校就开始考虑搬迁。当时准备了几个方案，湖南省政府主席张志忠希望三个学校可以留在湖南。广西省政府听说三个学校要搬迁，也表示非常欢迎。云南当时是大后方，当然也算作一个考虑了，主要原因有两个：一个是云南离战场相对较远，比较安全；另一个是云南有滇越铁路，滇缅公路也已经开始动工，交通会比较方便。当时还有许多人极力主张搬到云南，北大教授秦赞就是其中一位，他说云南民风淳朴，物产、气候等也都很不错，所以最终在众多方案里选择了云南。联大到云南后还派了十几个教授到广西去，向广西方面致谢，并解释为什么没有选择广西。

知中：那时中研院和华西坝“五大学”的选择是李庄，李庄在当时是怎样的状况？

吴宝璋： 李庄在现在的四川宜宾，有水路，交通还可以。起初有些单位是先迁到云南昆明，后来又迁到李庄的，中研院的史语所便是这样。李庄相对云南来说更加内地一点。1940年日军入侵并占领越南，然后把滇越铁路也霸占了，从当时的形势来看，他们是企图从滇南方向进攻到云南，然后对重庆进行包抄。重庆当时是国民政府的陪都，日军认为只要拿下重庆，就可以逼迫国民政府投降了。越南这边出现紧张态势之后，国民政府包括教育部就希望西南联大可以搬到四川去。在教育部的极力劝说下，1940年秋季，西南联大就把一年级的新生全部都放在了四川与云南昭通交界的叙永县，这是四川一个边远的县份。与此同时，教育部物色到了四川李庄这个地方，便也让中研院和史语所等机构搬迁。因为叙永分校的校本部是西南联大，一年之后的1941年，云南省政治部主席龙云就国民政府提出请求把之前的滇军六十军调回到滇南方面防守，还炸毁了滇越边境上的河口大桥，拆毁了从边境一直到汽车站的一段170多公里的铁路线，这样一来，即使日寇打进来也无法使用滇越铁路。加上云南不仅有滇军，还有龙云组织的抗日游击队，日本侵略者看到通过越南进攻滇南的企图很难实现，于是放弃了。一年之后，西南联大的叙永分校发现云南的局势还算稳定，便搬回了昆明。李庄也是相对安全的，所以迁到那儿的学校也就没有再搬走了。

知中：李庄是众多高校的集合地，高校之间会有什么联合活动？

吴宝璋： 应该说当时这些高校的联系并不是很多，尤其是跨省的高校之间，因为交通不太便利，联系便不是很密切，但省内的高校应该还是有联系的。当时云南这边来了十来所高校，除了西南联大，还有从广东来的中山大学，从上海来的同济大学，从湖北来的华中大学等，这些省内的高校间联系比较密切，主要表现在教师的相互聘用。因为离得近，所以教授兼课的现象比较多，学生之间的相互交往也比较频繁，特别在抗战后期，大家联合开展了不少学生运动和民主活动。

知中：高校南迁后，课程的安排有了怎样的变化？学生的生活状态是怎样的？

吴宝璋： 因为西南联大是三个学校联合起来的。建成一所学校之后，师资力量就显得比较充分了。教授同一门课程的老师会被安排在一起，可能一门课有几位老师同时开展，这就形成了打擂台的情形，哪个老师讲得更好，就更能吸引学生，他的教室就门庭若市；学生不喜欢的课，人数自然就少，可以说是门可罗雀。这样也能看出老师之间讲课的风格差距很大。西南联大时期开了1000多门课，与战前的任何一个学校相比，课程都是空前地多。三所大学中，有的学校有独特的课程、独特的院系设置。比如清华有工学院，北大和南开就没有，这样的话，工学院基本上是清华的师资来维持，南开的商学方面比较强，就由南开来负责。像中文、外文等院系，北大和清华都有，二者合并在一起，力量就很雄厚了。抗战时期的联大在课程上的设置和战前是完全不一样的，第一是西南联大师资充裕、课程丰富，所以有选修课的制度，每逢新学年，学校都会把课程及授课教师的名字抄在很大的一面墙上，学生可以去选。当年的一些西南联大的学生跟我回忆道，看到那么多的课程可以供选择，渴求知识的学子们就像到了知识的海洋，可以说是“海阔凭鱼跃，天高任鸟飞”，在这样的学习环境中，来自沦陷区的学生是尤其高兴的。因为云南是植物王国，像植物学这样的课程就有了很多的实习、见习、野外考察的机会。这些都对三个学校的办学提供了极大的方便。

知中：人口迁移也带来了频繁的文化交流，这种文化的交融与爆发还延续到了今天吗？

吴宝璋：联大在1946年宣布结束，师范学院最后留在了云南，改名为“国立昆明师范学院”。北大、清华、南开和昆明师范学院一起签订了一个合作办学的协定：三所学校部分相关专业要来云南进行考察、实习、野外的实践等活动的时候，昆明师范学院应提供便利和一些帮助；同样，昆明师范学院的高年级学生想到三所学校深造的话，三所学校应给予支持和优惠政策；此外还有年轻教师的进修等互惠条件。但是因为内战的爆发，这些协定实际上并没有执行。应该说新中国成立后一直到“文化大革命”结束以前，这些联系都中断了。到了20世纪80年代中期，三个学校才又与云南师范大学有了一些联系了。这几年的联系和交往算比较多的，四所学校间也展开了一些交流和帮助，但我感觉总体而言还不是很密切，这方面还真是要加强。今年是西南联大也就是云南师范大学建校80周年，去年在北大已经庆祝过一次，为什么是去年呢？2017年是按1937年11月1日长沙临时大学建校开始算的。今年的校庆则是以三所学校来云南的时候开始算的，借此希望相关方面能推动彼此间的交流。

知中：当时的师生们是怎么了解到战情的？抗战精神在校园中怎样体现？

吴宝璋：学生们对战争的进展、局势的了解主要还是来自广播、报纸等等。当时国民政府办了一个昆明广播电台，这当时在国内应该是最大的广播电台，总部就设在昆明，主要是向国外公开宣传中国抗战情况的。这个广播电台里专业技术层面的问题都是由西南联大工学院的学生们负责，另外电台中编辑稿件和播音的工作也是西南联大的毕业生在做。因为这些学生来自全国各地，一些方言广播如粤语、闽南语等也都是西南联大的学生负责播出，此外还有英语、法语的播音。所以在当时，联大的学生是可以第一时间获取这些资讯的，虽说地域偏远，但信息并不闭塞。

另外，西南联大位于抗战“大后方”“接合部”的云南。“大后方”这个不用解释，“接合部”指的是中国抗日战争的主战场和世界反法西斯战争的亚洲战场这样的一个结合部——这里形成了中缅印战区，“中”指的是云南，日军从泰国进入缅甸，然后从云南的滇西打进来，所以我们派出了中国远征军，和美国、英国的军队并肩作战。当时国民政府依托着西南联大进行了翻译官的培训，培训学员后来就到远征军部队去做翻译。大部分西南联大学生的从军经历由此而来。联大的学生对战情还是很关心的，对投身抗战也有很大热情。老师其实也是，当时办的翻译官培训班，闻一多等老师也参加了。那些翻译官里，所有学校中就西南联大的人数最多。据我研究，当时西南联大的学生牺牲在战场上的有一二十个。

知中：抗战时期，高校教育最大的障碍表现在哪方面？是生活、学习，还是精神上的？

吴宝璋：战争给学习带来的阻碍、损失、危害是显而易见的，但这也是迫不得已。华北大地容不得学生有书读，学校无奈之下才转移的，其实西南联大就是流亡大学啊。联大在蒙自建了个分校，在叙永建了个分校，还有很多大学不只搬迁两次，这样的动荡就给学习带来了很多麻烦，生活也非常艰苦。1940年以后，通货膨胀，物价飞涨，同样的货币之前能买四五样东西，那时只能买一样；到了后期，大家为了维持生活，只能集中购买食品。联大的一位老师，刚发工资就立马儿跑到粮店，本来可以多买两斤的，但跑慢了两步就不行了——那时的物价无时无刻不在变化。战时许多人连最基本的生活都没办法保证。联大时期，学生们吃的是糙米，营养跟不上。老同学还要教新生怎么吃饭：一口饭咬下去不能马上大口嚼，否则里面的石子会把牙齿硌掉，所以要慢慢地一口一试地嚼，确定饭里没有石子再大口咀嚼。因为战争，学生们失去了复习的地点，所以他们经常去茶馆看书。图书馆里的资料也非常少。清华大学原本运来了一部分，又被日军炸毁一部分。这些对同学们身体和精神的影响都比较大，但并没有影响到学生们的学习热情。在这种情况下，学生们都更坚强也更努力，格外珍惜当时学习的机会。西南联大的校训是“刚毅坚卓”，这四个字深深激励着同学和老师。师生们的意志品质使他们能够在那么艰苦的条件下创造出那么辉煌的成绩。

知中：内迁精神指什么？

吴宝璋：内迁不只指高校，它也是举国的行动。把沿海及北方内地的厂矿、工厂、企业，以及机关单位、科研单位、学校等先迁到大后方、到西北、到西南，这样大规模的迁徙是涉及方方面面的。为什么要迁移呢？主要原因是用空间换时间。因为在当时，日本强、中国弱，和日本正面抗衡的话很快就会被吞噬，像东三省和华北地区很快就沦陷了。在这样的情况下，“持久战”被提出，它的意思是，因为我们的领土被占领了很多，那我们就用空间换时间争取，日本的总兵力也就是100多万，中国拖也要把日本拖垮。所以这个内迁精神可以理解成为面对强敌，中国人绝不屈服，相信中国不会亡国，中国必须要争取时间，最后将敌人打败。一是不屈服，二是坚持抗战，敢于胜利。这不只体现在高校中，也体现在方方面面。高校的迁移代表着保留文化火种，在战火中坚持培养人才，不管在战争还是重建中都可以发挥作用。事实证明，内迁的大学后来培养的人才的确发挥了很大的作用，这是从长计议。

知中：当时大批知识分子涌入中国西南边境，对西南的发展是巨大的进步，体现在哪？

吴宝璋：云南当时是边远地区，相对落后。因为战争，很多大学搬了过来，原来很闭塞的地方风气得到开化，教育得到发展。过去在云南，留学分为两种——内地留学和海外留学，到内地也算是留学。西南联大建到家门口后，年轻人们就可以就近读书了。另外，联大的师资和留下的火种使得云南的高校有了飞跃式的大发展。以前云南只有一所省立的云南大学，这三所大学来了之后就帮忙将云南大学申报成为国立云南大学，云南大学此时得到快速发展。三所大学在抗战胜利之后又留下了云南师范大学，这是云南的第二所高校。中等学校也随之增加了很多。西南联大毕业生的文化水平很高，但他们中的很多人都是沦陷区来的，战争切断了所有的经济来源，生活很困难，所以他们相约起来办中学。西南联大的学生们一共办了20多所中学，后来都留下来了，成了后来云南教育发展的重要基础。这都是战争给云南带来的巨大的变化，昆明、重庆和桂林是抗战大后方重要的文化中心，抗战也是云南近代以来发展的一个重要历史时期。

闻黎明：抗战时期西南联大对五四精神的理解与继承

Interview with Wen Liming: The Spirit of the May Fourth Movement in Lianda

采+文：李汉臣　编：陆沉　图：云南师范大学西南联大博物馆，北京大学档案馆
interview & text: Li Hanchen　edit: Yuki　photo: The Museum of National Southwestern Associated University, Archives of Peking University

1938年5月4日是五四运动十九周年，也是抗日战争爆发后的第一个“五四”纪念日。在这天，蒙自分校的北大同学单独发表了《告全国同胞书》，这是西南联大“五四”纪念的第一份文献。它阐述“五四”意义时，连用三个“第一次”说明五四运动的历史作用，即“第一次明白地揭露了时代的真相”“第一次使全国同胞觉悟到中华民族的安危”“第一次表现了民众所具有的伟大的力量，揭开了他们身上的所担负着的历史的使命”。从此，西南联大的师生便与“五四”有着说不尽的情结。

1945年“五四”时，昆明大中学师生在云大草坪集会纪念闻一多教授在大会上讲“天洗兵”。
◎云南师范大学西南联大博物馆藏

profile

闻黎明，1950年9月生，闻一多先生的长孙，闻一多先生次子闻立雕之子；现任中国现代史学会副会长、全国闻一多研究会副会长、中国现代文化学会闻一多研究工作委员会主任；1977年7月毕业于北京大学历史系；1977年9月至中国社会科学院近代史研究所工作；1998年10月至1999年10月，任日本庆应义塾大学访问研究员；著有《闻一多传》（中日文版）、《闻一多年谱长编》《闻一多画传》《第三种力量与抗战时期的中国政治》《抗日战争与中国知识分子——西南联合大学的抗战轨迹》等。

知中：抗战时期的“五四”精神指什么？

闻黎明：“五四”精神是不分抗战时期与非抗战时期的。“五四”新文化运动和“五四”爱国运动实际上是两个运动。新文化运动是1915年开始，以《新青年》创刊为标志。新文化运动起到了普及作用，是文化和思想的解放，对当时那批青年人影响很深。而“五四”爱国运动是一次反帝爱国运动。至于你提到的“五四”精神，我认为与“民主”、与“科学”这两个口号有关。“民主”是思想层面的，它是政治问题也是学术问题；“科学”是要打破牢笼，讲求以科学的方法代替独裁、封建。古代讲究“忠君”，认为忠君就是爱国，现在则要将君和国分开。国是民，爱国的基点就是爱民。对人民有利，人民自然会拥护它。民主和科学当时还未在中国得到普及，这是从西方引进的比较先进的思潮，由知识分子先接受之后再进行宣传的，尤其体现在北京大学——蔡元培习惯把很多问题当成学术问题来进行讨论。在当时，马克思主义可以讲，希特勒也可以讲，这对中国来说是一次思想上的大解放，这是破除迷信、思想独立的精神，直到今天都有其意义所在。所以说，抗战时期是延续了抗战前的“五四”精神，只是时代不同，任务也就不同了。

知中：“五四”时期都有哪些思潮？你觉得为何要纪念五四运动？

闻黎明：五四运动时期有三种思想潮流。一是马克思主义，但在当时势力并不大。另外，国家主义也是一个思想潮流，接着是来自西方、来自美国的自由主义。

国家主义比较倾向于民族主义，强调每一个国民要爱自己的国家，国家利益才是最高利益，它针对的其实是共产国际。当时共产国际号召工人无祖国，都要拥护苏联，这肯定是行不通的，中国的工人也不同意去拥护苏联，所以国家主义和马克思主义是对立的。闻一多也是国家主义者，他写了《七子之歌》，大家现在对澳门比较熟知，但其实七子指的是七个地方，最后一个是当时属于苏联的旅顺大连。如果从完整的《七子之歌》来看，闻一多当时也反对苏联的。现在冷静地回看，苏联也伤害了我们的感情。因此，国家主义在当时是很受拥护的思想潮流。

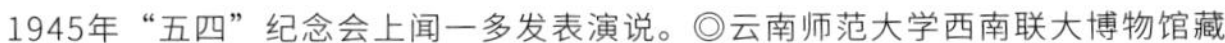

1945年“五四”纪念会上闻一多发表演说。©云南师范大学西南联大博物馆藏

我到西南联大的时候，三种思潮虽仍在延续，但在特殊的历史时期下，大家已经不分思潮了，我们的主要目标就是抗战。怎么对抗战有利就怎么做，所以要做到党派平等。在战争即将胜利时，建立联合政府的问题就在联大组织的“五四”纪念活动上被公开提出。中共是小心翼翼地提出这个提议的，他们不知道这个主张能不能被别人接受，毕竟这是公开反抗国民党的一党专政。但没想到社会对此反响强烈，媒体、记者及一干社会人士都觉得这是一个非常好的解决现实问题的途径。当时蒋介石还耍了个花招，他要求马上召集国民大会，但国民大会的成员多半是站前选举的国民党，他们代表人数又很多，因此中共强烈反对，否则很多对战争有贡献的人都不能发声。

1944年时，“五四”纪念活动还只是学校的史学会主办的纪念活动，到了1945年，就由学生联合会组织了。西南联大在1945年的“五四”纪念活动中，就明确地公开表示支持联合政府，学生会还召集了全体学生写了一封代表学生民意的信，这个信的影响很大。这天，联大再次与云南大学、中法大学、英语专科学校学生自治会联合举办“五四”纪念大会，会后的大游行中，同学们在大后方第一次公开高喊了“立即结束国民党独裁专政”“建立联合政府”等口号。当时闻一多写了一篇《五四断想》，文中开篇写道：“旧的悠悠死去，新的悠悠生出，不慌不忙，一个跟一个——这是演化。新的已经来到，旧的还不肯去，新的急了，把旧的挤掉——这是革命。挤是发展受到阻碍时必然的现象，而新的必然是发展的，能发展的必然是新的，所以青年永远是革命的，革命永远是青年的。”

知中：你在过去的文章中也提到，在抗战时期校园里流行着“中年人”和“青年人”两个专有名词，他们在当时有很明确的不同的立场吗？

闻黎明：“中年人”和“青年人”是很笼统的提法，是相对而言的。“中年人”可以说是五四运动的亲历者和参与者，他们在新形势下有种一贯的思想——求稳，渐进。他们反对突变，主张渐进改革；青年人则比较激进。如今我们再回顾当时青年人的行为，其中很多是违背法治的，例如打人、烧火等冲动的行为。今天我们在回忆录里面对此谈得很少，但是我们应该检讨五四运动的形式和方式。五四运动的发起人之一傅斯年当时就批评了这样过火，甚至违背初衷的做法，后来一系列的活动他都拒绝参加。准确地说，“青年人”和“中年人”这两个群体应该以政治态度来划分。

知中：在抗战时期，西南联大的学生们怎样理解

联大学生为竞选学生自治会理事投票。◎北京大学档案馆藏

联大学子进行选举筹备会。◎北京大学档案馆藏

五四运动？他们还延续着“五四”的哪些传统？

闻黎明： 抗战时期的最高国策是抗战建国，这是最基本的。抗战的目的是什么？是现代化。抗战建国就是要建立一个现代化的国家。所谓现代化不是狭义的，而是广义的，它包括政治、军事、思想等方面的全面现代化，这是抗战的目的。但抗战时期任务艰巨，既要坚持抗战，对敌斗争，又要建国。西南联大在这方面做得比较突出，它除了延续中国的文化命脉之外，还非常实际地配合了现代化建设，进行了很多基础的科学研究，例如人才教育、地方建设、边疆建设、对外关系等等。联大很有前瞻性，他们思考的不是眼前的利益，而是将来的利益。政治是很重要的，他们要在中国建立的政治绝对不是蒋介石的一党独裁制度，而是在不逾越孙中山的五权宪法的基础上改造出一个中国形式的议会制。所以说，抗战时期的“五四”精神更多体现在现代化的建设上。

抗战时期五四运动的纪念高潮实际上是1944年开始的，到1946年结束。1944年起战争形势有了很大变化——美国参战、中国战场进行反攻，这个情况下，国内的宪政运动也开始了，为的是建立一部符合世界潮流的宪法，按照宪法来制定规范。这就势必和蒋介石维护的一党独裁的想法是相违背的。很多西南联大的国民党员都是支持联合政府的，因为这是政治发展的常规。在抗战时期，要将国内所有抗日的力量团结在一起，不能排斥异己，1944年的五四运动纪念也是在这样的形势下开展的。当时的五四运动纪念是文化意义上的纪念，是要再次“打倒孔家店”，提倡科学民主。孔子忠君，所以“孔家店”代表了封建的东西，在那时指的是“一党独裁”。“五四”纪念活动实际上是一种纪念的形式，“五四”精神从那时开始就在不断丰富其内涵，这和当时的政治需要是挂钩的。

知中：那么闻一多先生参与了哪些活动？他在当时有哪些号召？

闻黎明： 联大时期的师生关系非常密切，这和在北平的时候完全不一样。从长沙到昆明的长征是11名老师（包括6名教授）和同学们一起走过的，闻一多也在其中。

闻一多的转变发生在1937年底，以其在开学第一堂课上讲了解放军诗人田间的诗为标志。在过去，新诗一般是走不上大学讲台的，解放区的诗歌也很少能在国统区的学校里面作为正式的讲课内容。当时闻一多和英国诗人罗伯特·白英合编了一本《中国新诗学》，为了把这本书翻译成英文到国外出版便要选诗，所以要看各种各样的诗集，刚好朱自清暑假回家乡四川成都探亲，带回来了一本杂志，里面就有田间的诗。闻一多一看，还有这样的诗啊！因为闻一多是唯美主义者，他以前认为这都不是诗，而是口号。但这次，他发现田间的诗里反映了敌后根据地的军民的抗战热情，这令他很欢

1949年12月15日，云南各界纪念护国起义29周年。图为闻一多在演讲。◎北京大学档案馆藏

喜，对他的思想也是一次撞击。所以开学的第一堂课上，他讲了一节课田间的诗，还说田间是“擂鼓的诗人”，这在当时非常震动。因为联大的课是公开的，外面也有不少人来旁听，之后就有人在报上说：“擂鼓的诗人摇擂鼓了！”闻一多这时开始有了变化，开始克服对共产党的偏见。共产党这时也开始争取他，派了南方局的宣传部长华岗去做闻一多和云南省政治部主席龙云的工作。华岗到我们家去时人们还很不解，说为什么去他（闻一多）家，他是新学派啊。华岗就拿出了一封信给他们看，是总理的信，信中说闻一多很正直，我们应该爱护和争取。闻一多得知这个消息也很高兴。

可以说，华岗对闻一多的影响非常大。闻一多并不懂政治，他只是一名学者、诗人，激情、冲动、感性的他从此也被感染了。华岗也希望闻一多能够去号召学生们。当时西南联大的教授里没有一位是共产党员，直到抗战胜利以后才秘密发展了几个助教。由于闻一多的学术地位比较高，又是一个有名的诗人，同时是诗社的负责导师，当时青年人喜欢写诗的人很多，他们便经常一起创作，闻一多在那时也收获了很多。他敢说且冲动，认为中年人走得太慢了，所以提出向青年人学习，要像他们一样敢做、敢说。

知中：闻一多先生与西南联大有哪些很难忘的故事吗？

闻黎明：闻一多并不是第一批到长沙的人。当时清华的老师每五年都有一次学术休假。闻一多是1932年到清华的，正好在1937年有一次学术休假。原本很多老师都会选择出国休假，但是闻一多当时恰好要写《毛诗字典》，就是把《诗经》里面所有的字都拆开一个一个解释，而且学校给他派了助手、下拨了经费，因此他就留在了北平，就在这时战争爆发了。在老家的奶奶让他赶紧离开北平到湖北老家避难，这时西南联大才刚成立的，11月1日要在长沙开学，三校老师抵达长沙的并不多，人手不够，所以朱自清写信给闻一多，让他推迟休假，来长沙教课，于是闻一多就马上赶赴长沙。后来闻一多又跟着步行团一路从长沙步行到云南。我们家人口很多，我爷爷（闻一多）其实也是为了省钱，他说：“我走着去昆明，省下的钱可以让全家坐车来。”从长沙到昆明的路上会有汽车跟着拉行李，有些人走不动了就坐车了，闻一多一次都没坐，愣是一步步走到云南。还有一个比他厉害的是北大化学系教授曾昭抡，他不仅是走到昆明，而且是走大路到的，闻一多有时候还会抄个近道。另外还有北京大学教授李继同，他与闻一多一路上都没刮胡子，两个人到昆明的时候还合了张影，相约抗战不胜利就不刮胡子。

这是当时的知识分子第一次接触到下层人民的疾苦，还发现了红军长征留下的大标语——他们走的路很多是和红军重合的。对闻一多来说，最大的收获是了解了民风。他是文学出身，上古文学中有很多和少数民族关系密切的内容，他后来写的龙图腾的研究，就用了很多长征时的材料，这算是很珍贵的田野考察。当时沿途他也拍了很多照片，到了昆明以后就把照片都挂了出来，内容有建筑、集市、服饰等，闻一多很关心这些。他还画了许多沿途的风景，都是古迹和文物。

知中：那时候云南方面对学生活动支持与否？联大时期的“五四”精神有没有变化？

闻黎明：当时云南省政治部主席龙云是很独立的，他一心想治理好云南，也允许这些言论公开发表。更特殊的一点是，他和蒋介石有矛盾，得时刻防止中央军队打进云南，所以他秘密加入了民盟。当时共产党还派了华岗到云南去和龙云接头。龙云是暗地保护这些学生运动的，他对学生们是同情的、支持的，所以后来蒋介石把龙云给搞掉了。也是因为外部环境下龙云的保护，才得使“五四”纪念等一系列学生活动能够顺利举行。

“五四”精神在抗战时期可以理解为为了民族、为了国家的整体利益。当时不能讲党派，因为外部敌人很强大，所以只能为了整体的利益去奋斗抗战，不能搞狭隘的党派活动。

知中：时过近百年，现在的高校教育还有“五四”精神的存在吗？

闻黎明：当然现在北大、清华、南开还是有“五四”的纪念活动，但现在的大学还有没有“五四”精神就很难说了，这与形势有关。当时基本上是全体同学支持抗战，坚持民族独立、国家独立，出国留学的同学最后很多都没有留在国外。当时闻一多他们还是美国人出钱留学，想留下很容易，但却没有人留在美国，他们有一种担当精神。现在青年人的自觉意识相比之前淡漠了不少，这是价值观和人生观发生了改变，也是时代影响的结果。其实我们现在很需要当时那些青年人的热血和激情。现在的人可能文化知识比当时的学生更加丰富，但是精神世界相对来说贫瘠很多。一些传统一旦消失，再去建立就很难了。过去西南联大的学生们从小学开始就有这方面的教育，在那个时候人们总是要以国家大局为重的。

西南联大
The Great Heritage of National Southwestern Associated University
ZHICHINA
The Great Heritage of
National Southwestern Associated
University
知中·《西南联大的遗产》特集

参考文献 REFERENCES

中文

1 班公 . 昆明的茶馆 [J]. 旅行杂志 ,1939,13(7).
2 陈海儒 . 泡茶馆 : 联大学生的特殊生活 [J]. 文史博览 , 2007(10).
3 迟玉华等 . 西南联大研究论文索引 [M]. 昆明 : 云南人民出版社 ,2010.
4 封海清 . 西南联大的文化选择与文化精神 [M]. 昆明 : 云南人民出版社 ,2006.
5 冯友兰 . 冯友兰自述——中国人自述丛书 [M]. 北京 : 中国人民大学出版社 ,2004.
6 冯友兰 . "国立西南联合大学纪念碑" 碑文 [J]. 语文新圃 ,2009(4).
7 冯至 . 冯至选集 [M]. 成都 : 四川文艺出版社 ,1985.
8 冯至 . 十四行集 [M]. 桂林 : 桂林明日社 ,1942.
9 冯至 . 冯至学术论著自选集 [M] 北京 : 北京师范学院出版社 ,1992.
10 冯至 . 冯至选集 (第二卷)[M] 成都 : 四川文艺出版社 ,1985.
11 何林龙 . 抗战时期日军空袭昆明研究 [J]. 昆明学院学报 ,2017(2):91-96.
12 何兆武 , 文靖 . 上学记 [M]. 北京 : 生活 · 读书 · 新知三联书店 ,2013.
13 侯敏 . 西南联大校歌歌词的 "史诗" 意蕴 [J]. 江汉大学学报 ,2011,30(4).
14 黄延复 , 马相武 . 梅贻琦与清华大学 [M]. 太原 : 山西教育出版社 ,1995.
15 蒋梦麟 . 个人之价值与教育之关系 [J] 教育杂志 .1918(4).
16 蒋梦麟 . 个性主义与个人主义 [J] 教育杂志 .1920(11).
17 蒋梦麟 . 西潮与新潮 [M]. 北京 : 东方出版社 ,2006.
18 江渝 . 西南联大 : 特定历史时期的大学文化 [M]. 成都 : 电子科技大学出版社 ,2010.
19 昆明 "一二 · 一" 惨案侧记 [J]. 云南文史丛刊 ,1985(1).
20 李文海主编 . 民国时期社会调查丛编——宗教民俗卷 [M]. 福州 : 福建教育出版社 , 2004.
21 李光荣 . 西南戏剧劲旅——论抗战时期的联大剧团 [J]. 西南民族大学学报 ,2011(1).
22 李光荣 . 西南联大剧艺社的重要演出 [J]. 抗战艺术研究 ,2009.
23 李洪涛 . 精神的雕像 : 西南联大纪实 [M]. 昆明 : 云南人民出版社 ,2001.
24 梁吉生 . 张伯苓教育思想研究 [M]. 沈阳 : 辽宁大学出版社 ,1994.
25 刘士杰 . 现代主义诗歌在中国的命运 [M]. 北京 : 社会科学文献出版社 ,2009.
26 刘宜庆 . 大师之大 : 西南联大与士人精神 [M]. 南京 : 江苏文艺出版社 ,2013.
27 罗家伦 . 蔡元培时代的北京大学与五四运动 [J] 传记文学 ,1989,324.
28 马勇 . 蒋梦麟教育思想研究 [M]. 沈阳 : 辽宁教育出版社 ,1997.
29 马勇 . 蒋梦麟传 [M]. 北京 : 红旗出版社 ,2009.
30 钱端升 . 清华改办大学之商榷 [A] 孙宏云 . 中国近代思想家文库 · 钱端升卷 [C] 北京 : 中国人民大学出版社 ,2014.
31 钱理群 , 温儒敏 , 吴福辉 . 中国现代文学三十年 [M]. 北京 : 北京大学出版社 ,1998.
32 沈卫威 . 民国大学的文脉 [M]. 北京 : 人民文学出版社 ,2016.
33 王学珍等 . 国立西南联合大学史料 (总览卷) [M]. 昆明 : 云南教育出版社 ,1998.
34 王燕 . 西南联大外文系的文化精神——外文系与联大诗人群 [J]. 廊坊师范学院学报 (社会科学版),2005.
35 王喜旺 . 学术与教育互动 : 西南联大历史时空中的观照 [M]. 太原 : 山西教育出版社 ,2008.
36 汪曾祺 . 泡茶馆 [J]. 滇池 ,1984,(8).
37 汪曾祺 . 一辈古人 [M]. 北京 : 北京十月文艺出版社 ,2012.
38 汪曾祺 . 西南联大中文系 [J]. 语文世界 : 教师之窗 ,2009.
39 汪子嵩 . 漫忆西南联大哲学系的教授 [J]. 书摘杂志 ,2007.
40 王佐良 . 穆旦 : 由来与归宿 [M]. 南京 : 江苏人民出版社 ,1987.
41 闻黎明 . 闻一多年谱长编 [M]. 武汉 : 湖北人民出版社 ,1994.
42 巫宁坤 . 西南联大的茶馆文化——纪念西南联大建校七十周年 [J]. 茶博览 ,2009(3).
43 吴晗 . 吴晗全集 [M]. 北京 : 中国人民大学出版社 ,2009.
44 西南联大《除夕副刊》. 联大八年 [M]. 北京 : 新星出版社 ,2010.
45 西南联合大学北京校友会 . 国立西南联合大学校史 [M]. 北京 : 北京大学出版社 ,2006.
46 西南联大编辑组 . 西南联大 [M]. 北京 : 中国文史出版社 ,2016.
47 谢泳 . 西南联大与中国现代知识分子 [M]. 福州 : 福建教育出版社 ,2009.
48 徐祖慧 . 蒙自忆旧 [J]. 云南师范大学学报 : 哲学社会科学版 ,1985(3):48-49.
49 杨立德 . 西南联大的斯芬克司之谜 [M]. 昆明 : 云南人民出版社 ,2005.
50 姚丹 . 西南联大历史情境中的文学活动 [M]. 桂林 : 广西师范大学出版社 ,2000.
51 一二 · 一惨案特辑 [M]. 解放日报 ,1945.
52 一二一运动 [M]. 中共党史资料出版社 ,1988.
53 一二 · 一运动史料选编 [M]. 云南 : 云南人民出版 ,1980.
54 易社强 . 战争与革命中的西南联大 [M]. 台北 : 传记文学出版社 ,2010.
55 尹建国 . 西南联大与昆明茶馆 [J]. 云南档案 ,2015(11).
56 尹建国 . 民国时期昆明茶馆与社会生活 [J]. 云南档案 ,2015(06).
57 岳南 . 南渡北归 [M]. 长沙 : 湖南文艺出版社 ,2015.
58 张曼菱 . 西南联大行思录 [M]. 北京 : 生活 · 读书 · 新知三联书店 ,2013.
59 张源潜 . 西南联合大学校歌歌词的作者究竟是谁 ?—— 从校歌制作过程中可找到答案 [J]. 书屋 ,2006(8):78-80.
60 张思敬等 . 国立西南联合大学史料 (教学、科研卷) [M]. 昆明 : 云南教育出版社 ,1998.
61 张锡祚 . 先父张伯苓先生传略 [M]. 天津 : 南开大学出版社 ,2006.
62 赵新林 , 张国龙 . 西南联大 : 战火的洗礼 [M]. 上海 : 上海教育出版社 ,2000.
63 郑天挺 . 郑天挺西南联大日记 [M]. 北京 : 中华书局 ,2018.

英文

1 Chuxi Supplement of The National Southwestern Associated University.Eight Years in Lianda[M].Chuxi Press,1946.
2 December First Movement[M].Chinese Communist Party History Press,1988.
3 Feng Zhi.Election of Feng Zhi[M]. Chengdu:Sichuan Literature and Art Publishing House,1985.
4 Feng Zhi.Inter Nationes Kunstpreis[M]. Guilin Tomorrow Press,1942.
5 Israel J.Lianda: a Chinese university in war and revolution[J].Journal of Asian Studies,1999,104(5).
6 John Israel.Lianda:A Chinese University in War and Revolution[M].Stanford University Press,1999.
7 Liu Shijie.The Fate of Moderist Poetry in China[M].Beijing:Social Science Literature Publishing House,2009.
8 Qian Liqun&Wen Rumin&Wu fuhui.Thirty Years of Chinese Modern Literature[M]. Beijing: Peking University Press,1998.
9 Record of December First Movement in Kunming[J].Yunnan Literature and History Series,1985(1).
10 Selected Historical Materials of December First Movement[M]. Yunnan:Yunnan people' s Publishing House,1980.
11 Special Edition for December First Movement[M].Jiefang Daily,1945.
12 Wu Han.Complete Works of Wu Han[M].Beijing: China Renmin University Press,2009.
13 Wang Zengqi.Department of Chinese in Lianda[J]. World of Chinese,2009.
14 Wang Yan.Spirit of the Department of Foreign Language and the Poet Group in Lianda[J].Journal of Langfang Teacher' s College(JCR-SSCI),2005.
15 Wang Zisong.Recall the Professor in the Department of Philosophy in Lianda[J]. Digest,2007.

知中 ZHICHINA 零售名录

网站
亚马逊
当当网
京东
文轩网
博库网

◇◆◇◆◇◆◇◆◇◆◇◆◇

天猫
中信出版社官方旗舰店
博文书集图书专营店
墨轩文阁图书专营店
唐人图书专营店
新经典一力图书专营店
新视角图书专营店
新华文轩网络书店

◇◆◇◆◇◆◇◆◇◆◇◆◇

北京
三联书店
Page One 书店
单向空间
时尚廊
字里行间
中信书店
万圣书园
王府井书店
西单图书大厦
中关村图书大厦
亚运村图书大厦

◇◆◇◆◇◆◇◆◇◆◇◆◇

上海
上海书城福州路店
上海书城五角场店
上海书城东方店
上海书城长宁店
上海新华连锁书店港汇店
季风书园上海图书馆店
上海古籍书店
"物心"K11 店（新天地店）

◇◆◇◆◇◆◇◆◇◆◇◆◇

广州
广州方所书店
广东联合书店
广州购书中心
广东学而优书店
新华书店北京路店

◇◆◇◆◇◆◇◆◇◆◇◆◇

深圳
深圳西西弗书店
深圳中心书城
深圳罗湖书城
深圳南山书城

◇◆◇◆◇◆◇◆◇◆◇◆◇

江苏
苏州诚品书店
南京大众书局
南京先锋书店
南京市新华书店
凤凰国际书城
常州市半山书局

◇◆◇◆◇◆◇◆◇◆◇◆◇

浙江
杭州晓风书屋
杭州庆春路购书中心
杭州解放路购书中心
宁波市新华书店

◇◆◇◆◇◆◇◆◇◆◇◆◇

河南
三联书店郑州分销店
郑州市新华书店
郑州市图书城五环书店
郑州市英典文化书社

◇◆◇◆◇◆◇◆◇◆◇◆◇

广西
南宁西西弗书店
南宁书城新华大厦
南宁新华书店五象书城

◇◆◇◆◇◆◇◆◇◆◇◆◇

福建
厦门外图书城
福州安泰书城

◇◆◇◆◇◆◇◆◇◆◇◆◇

山东
青岛方所书店
青岛书城
济南泉城新华书店

◇◆◇◆◇◆◇◆◇◆◇◆◇

山西
山西尔雅书店
山西新华现代连锁有限公司
图书大厦

◇◆◇◆◇◆◇◆◇◆◇◆◇

湖北
武汉光谷书城
文华书城汉街店

◇◆◇◆◇◆◇◆◇◆◇◆◇

湖南
长沙弘道书店

◇◆◇◆◇◆◇◆◇◆◇◆◇

天津
天津图书大厦

◇◆◇◆◇◆◇◆◇◆◇◆◇

安徽
安徽图书城

◇◆◇◆◇◆◇◆◇◆◇◆◇

江西
南昌青苑书店

◇◆◇◆◇◆◇◆◇◆◇◆◇

陕西
西安曲江书城

◇◆◇◆◇◆◇◆◇◆◇◆◇

香港
香港绿野仙踪书店

◇◆◇◆◇◆◇◆◇◆◇◆◇

云贵川渝
重庆方所书店
成都方所书店
贵州西西弗书店
重庆西西弗书店
成都西西弗书店
文轩成都购书中心
文轩西南书城
重庆书城
重庆精典书店
云南新华大厦
云南昆明书城
云南昆明新知图书百汇店

◇◆◇◆◇◆◇◆◇◆◇◆◇

东北地区
大连市新华购书中心
沈阳市新华购书中心
长春市联合图书城
新华书店北方图书城
长春市学人书店
长春市新华书店
哈尔滨学府书店
哈尔滨中央书店
黑龙江省新华书城

◇◆◇◆◇◆◇◆◇◆◇◆◇

西北地区
甘肃兰州新华书店西北书城
甘肃兰州纸中城邦书城
宁夏银川市新华书店
新疆乌鲁木齐新华书店
新疆新华书店国际图书城

◇◆◇◆◇◆◇◆◇◆◇◆◇

机场书店
北京首都国际机场 T3 航站楼
中信书店
杭州萧山国际机场中信书店
福州长乐国际机场
中信书店
西安咸阳国际机场 T1 航站楼
中信书店
福建厦门高崎国际机场
中信书店

◇◆◇◆◇◆◇◆◇◆◇◆◇

微博账号
@知中 ZHICHINA

微信账号
ZHICHINA2017

The National Southwestern Associated University
ZHICHINA
The Great Heritage of National Southwestern Associated University
知中·《西南联大的遗产》特集
西南联大

ZHICHINA

The Great Heritage of National